제안서의 **정석**

일러두기

1. 이 책에 소개된 예시 PPT 파일은 기획스쿨 웹사이트 www.planningschool.co.kr에서 다운로드할 수 있습니다.
2. 이 책에 소개된 기획 · 제안서 쓰는 방법론 6 proposal process®, 7 planning process sheet®는 ㈜기획스쿨이 개발한 교육 프로그램으로 저작권 보호를 받습니다.
3. 이 책은 2016년 출판된 『기획의 정석 실전편』의 개정판입니다. 기업과 대학의 많은 사람들이 이 책을 기획서 및 제안서 교과서로 삼고 있는데, 두꺼운 실무 책이 부담스러운 독자들을 위해 핵심 내용만 추려 재출판하게 되었습니다.

제안서의 정석

제안서 작성이 쉬워지는
6단계 비법

기획의 정석 실전편

박신영·최미라 지음

세종

막막한 시발점에서 펼쳐 드는 책

태초에 하나님이 천지를 창조하시니라.(「창세기」 1장 1절)

최초이자 최고의 기획자이시며, 나의 삶을 기획하시는 따뜻하신 하나님께 감사드린다. 매일 아침마다 그 존재가 신기하고 고마운 울 남편, 김성지에게 감사드린다. 따뜻한 가족과 시댁 가족, 있는 모습 그대로 받아주는 존경하는 친구들과 사랑하는 교회 셀 식구들, 그리고 지인들께 감사드린다. 나를 성장시켜주고 함께해준 전 직장 폴앤마크 식구들과 성장의 토대를 만들어준 제일기획 선배들께 감사드린다.

따뜻한 눈빛으로 강의를 들어주시는 존경하는 학습자들과 강의를 의뢰해주시는 존경하는 교육 담당자들, 그리고 무엇보다 지금 이 순간 이 책을 알아봐주신 센스 만점 당신께 감사드린다.

그리고 이 책이 아무런 형체 없이 미친한 아이디어로만 존재할 때, 골격을 만드는 삽질부터 함께해준 존경하는 공동 저자 미라와 중간중간 유쾌한 도움으로 함께해준 준민이, 사진 촬영으로 함께해준 소현이, 『기획의 정석』을 귀하게 키워주시는 세종서적 출판사 그리고 무엇보다 이 책이 나올 수 있도록 100% 실전 삽질 예시를 제공해주신 머시주스(Mercy Juice) 문정한 대표와 이영원 이사께 진심으로 감사를 표한다.

막막한 기획의 시발점(始發點)에 펼쳐 드는 책을 쓰고 싶다는 생각으로 시작한 '기획 교과서' 시리즈. "시발, 못 해먹겠다"가 아니라 "시발, 내가 하고 만다"라고 다짐한 사람들이 막막한 시발점에서 골격과 기반을 잡는 데 이 책이 유용하게 쓰이길 바란다.

늘 덕분에 삽니다.

감사합니다.

박신영

야근을 줄이는 데 필요한 책

하나님이 지으신 그 모든 것을 보시니 보시기에 심히 좋았더라.(「창세기」 1장 31절)

최초이자 최고의 디자이너이신 하나님께 감사드린다. 디자인의 과정이 하나님의 심정을 알아가는 과정이라는 것을 깨닫게 하시며 영감의 원천이 되어주심에 감사드린다. 행복의 근원인 사랑하는 가족, 멀리 떨어져 지내지만 매일 응원과 격려를 보내주는 사랑이 넘치는 우리 가족에게 감사드린다.

매번 새로운 것에 도전할 때마다 믿음으로 응원해주는 친구와 동료들에게 감사드린다. 디자이너가 되게 해주고, 디자이너로서 사는 즐거움을 알려준 영원 선배, 다양한 경험으로 큰 성장을 할 수 있게 도와준 핸드스튜디오 동료들, 특히 과중한 업무 속에서도 즐겁게 일하며 함께해준 역대 디자인 팀원들에게 감사드린다. 재미있고 뜻깊은 프로젝트를 의뢰해주시는 젠틀한 클라이언트들 덕분에 안주하지 않고 늘 배우며 성장하고 있다.

그리고 무엇보다 함께할 수 있는 기회를 준 신영이에게 감사의 말을 전하고 싶다. 하나님의 딸로 지혜롭고 겸손하게, 누구보다 치열하게 살아가는 친구를 알고 함께하게 되어 감사하다. 무엇보다 이 책이 직장인들의 야근을 줄이는 데 도움이 되길 진심으로 바란다.

감사합니다.

최미라

프롤로그

머릿속에 있는데 왜 표현이 안 되나

직장생활을 하다 보면 내 생각을 정리해서 발표해야 하는 일, 우리 제품이나 회사를 정리해서 발표해야 하는 일이 왕왕 생긴다. 문제는 그 문서를 내가 만들어야 할 때다. "생각해보고 다음 주에 한번 보자고." 열네 글자 밖에 안 되는 상사의 이 말 때문에 오늘도 밤을 지새운다. 그냥 쉽게, 한눈에 들어오게 정리하면 되는데 왜 안 되나?

제안서 쓰기는 정답이 없다. 정답이 없어서 아무도 안 가르쳐 준다. "써와라"는 명령과 "이건 아니야"란 질책은 풍성하지만 "어떻게"의 방법론은 흔치 않다. 그래서 나도 제안서 처음 쓰던 시절에 참 막막했다. 그때의 심경을 떠올리며 이 책을 썼다. 우선 2가지가 가장 막막했다.

- **논리** : 골격은 어떻게 잡지?
- **PPT** : PPT는 어떻게 만들지?

그래서 이 책은 공식처럼 쉽게 따라 쓰는 '논리 골격 6단계'와 다운받아 바로 사용 가능한 '실전 PPT 예시'를 제공하려 한다. (파일 다운로드 주소: www.planningschool.co.kr) 이 책 내용이 정답은 아니지만 2가지를 연마한다면, 시작은 가능하다. 이후 상황에 따라 응용하고 적용하는 건 독자님 몫으로 남긴다.

나는 기업에서 제안서 쓰기를 가르친다. 제안서 쓰기는 사실 그리 쉽지 않다. 그렇지만 어쨌든 2일 동안 1인 1 제안서를 쓰게 한다. 2일간 전투적으로 원리를 배우고, 실제 예시를 보며 따라 쓰다 보면 감이 잡힌다. 그 후 스스로 훈련해서 잘 쓰시는 분들을 많이 봐왔다. 이 책은 그 과정을 담기 위해 노력했다.

이 책을 쓰기 위해 3가지가 필요했다

현존하는 예시 기업

진짜 예시가 아니면, 설명이 교과서적이 된다. 그렇지만 대외비 이슈 때문에 예시 회사를 찾기는 쉽지 않다. 또한 책을 읽다가 예시 내용 자체가 어려우면 본문 내용조차 헷갈리는 경우가 많아서 이해가 쉽고 직관적인 브랜드를 가진 기업이 필요했다. 그때 다행히 핫한 스타트업, 머시주스가 함께해줘서 이 책이 탄생할 수 있었다. 머시주스에서 쓴 제안서를 받아 이 책에 나오는 6단계로 수정해서 다시 썼다. 이 과정을 보며 본인의 제안서를 작성·수정해보기 바란다. 물론 기획의 골격을 배우는 것이 주목적이기에 머시주스에 대한 필요 이상의 세부 내용은 의도적으로 삭제·변형하여 썼음을 알린다.

친절한 선배(가상의 인물)

어떻게 하면 내용을 좀 더 쉽게 알려드릴 수 있을까를 고민하다가 가상의 인물을 만들었다. 막막해하는 사원을 도와주는 정석 차장과 그야말로 참 막막한 막막 사원. 막연한 이론이 아닌, 실제적인 둘의 대화를 통해 좀 더 쉽게 이해할 수 있기를 바란다.

『기획의 정석』 책의 이론

이 책은 『기획의 정석』 책 내용을 기반으로 썼다. 『기획의 정석』이 기획을 시작하는 사람들을 위한 기본 이론을 담았다면, 이 책은 그래서 어떻게 응용·적용해서 실제 제안서를 만들어 내느냐에 집중한다. 『기획의 정석』을 읽지 않은 독자라면, 그 책을 먼저 읽기를 권하지만, 읽지 않아도 무방하도록 중간 중간 참고 설명을 넣어두었다.

어떤 일에 능수능란해진다는 것

시작은 항상 버겁다. 어떤 일을 하더라도 첫걸음을 떼는 것이 가장 어렵기 마련이다. 다른 사람들의 능수능란함을 바라보며 괜스레 힘이 빠지기도 하고 자괴감이 드는 경우도 적지 않다. 이와 관련해 SNS에서 화제가 되었던 세계적인 베이스 기타리스트 앤서니 웰링턴(Anthony Wellington)의 짧은 강의 내용을 잠시 소개하려 한다. 그는 어떤 일에 '능숙해지는 것'에 대해 4단계로 설명하고 있다.

무의식적 무지 Unconscious Not Knowing	의식적 지식 Conscious Knowing
의식적 무지 Conscious Not Knowing	무의식적 지식 Unconscious Knowing

그에 따르면 악기를 마스터하기 위해서는 4단계의 의식(awareness)을 거쳐야 한다. 첫 번째는 '무의식적 무지(Unconscious Not Knowing)'인데, 무엇을 모르는지 모르는 단계를 말한다. 마치 크리스마스에 악기를 선물받은

어린아이가 연주나 음 따위에는 신경 쓰지 않으며 그저 기뻐하고 행복해하는 단계라고 할 수 있다.

두 번째는 '의식적 무지(Conscious Not Knowing)'다. 이 단계에서는 자신의 부족한 지식을 확실히 깨닫게 된다. 친구들과 연주해보거나 레슨을 받으면서 연습해야 할 것들이 많아지고, 내가 상대적으로 무엇을 못하는지 알게 된다. 그렇기 때문에 그리 행복하다고 할 수는 없는 단계다.

세 번째는 '의식적 지식(Conscious Knowing)'이다. 자신의 연주를 파악하고 이론도 알게 되는 단계로 대부분의 '좋은' 뮤지션들이 주로 이 단계에 머무르고 있다. 하지만 이 상태 역시 행복하다고 할 수는 없다. 항상 자신의 연주에 대해 생각하고 비교 판단하며 절대적 부족함을 인지하는 단계이기 때문이다.

마지막은 '무의식적 지식(Unconscious Knowing)' 단계다. 자신의 연주를 너무나도 잘 파악하고 있어서 마치 숨을 쉬듯 자연스럽게 즐기면서 연주하는 행복한 단계다.

'빨리빨리' 문화 때문에 기획서나 PPT에 대한 1단계 무의식적 무지의 기쁨을 누리지 못한 채, 2단계 의식적 무지의 불행만을 느끼고 있는 분들에게 같은 경험을 미리 해본 사람으로서 3~4단계로 수월하게 넘어갈 수 있는 방법을 알려드릴 것이다.

그리고 똑같은 2단계를 보내도 어떤 사람들은 '나는 왜 이렇게밖에 못하나? 나는 왜 2단계인가!' 하며 격렬하게 분노하고 탄식하며 24시간을 보내고, 어떤 사람들은 '나는 2단계구나. 그럼, 어디 한번 배워볼까?' 하는 마음으로 24시간을 보낸다. 어렵겠지만 후자를 선택하면 100년 인생에서 남은 50년은 좀 더 깊은 내공을 가지고 살아갈 수 있을 것이다.

때론 감정 없이 2단계를 지내보는 것도 필요한 듯싶다. 남편의 프러포즈에 답하기 위해 10여 년 만에 피아노 앞에 앉았을 때, 상상 속 나와 달리 현실 속 내 실력은 '띵띵땅땅' 소리를 내는 수준으로 참혹했다. 시간이 부족해서 '큰일 났다. 못 해먹겠다'라는 감정도 사치였다. '우선 닥치고 100번만 치자. 그때도 최악이면 할지 말지 그때 생각하자' 하면서 속 터지는 100번 연주를 꾸역꾸역 채우기 시작했다. 몇십 번 감정 없이 반복하니 서서히 연주가 손에 익기 시작했다. 그리고 견고하게 기본기가 체득되었을 때, 필 충만한 변주가 가능해졌다. '불안은 영혼을 잠식한다'라는 영화 제목도 있지 않은가. 불안뿐이랴, 감정은 영혼을 잠식한다. 때론 감정으로부터 독립된 심드렁한 연마 시간이 필요하다. 나는 무엇을 하든 이것을 기억하며 담백한 감정으로 절대량을 채우려 한다.

실제로 『기획의 정석』이 쉽게 쉽게 읽힌다는 피드백을 많이 받아 이번 책은 더 쉽게 쉽게 읽히도록 오랜 시간 동안 어렵게 어렵게 노력했다. 하지만 너무 쉽게 읽히는 바람에 책은 이렇게 쉬운데 막상 기획서를 쓰려고 하면 '나는 왜 이렇게 힘든 걸까?'라고 생각하는 분들이 있을지도 모른다. 사실 누구에게나 어렵다. 나 역시 이 책에 들어 있는 기획서의 예시를 쓰는 것이 쉽지 않았다. 하지만 아무 생각 않고 자꾸 반복했다. 쓸데없는 감정 낭비를 하기보다는 그 에너지를 훈련에 쓰는 것이 더 좋다. 결국 훈련의 '절대량'이 좋은 기획서를 만들어내는 것이다.

그리고 생각해보면 기획서가 좋은 평가를 받아 한 번에 통과되는 것이 마냥 좋은 것만은 아니다. 그만큼 배움의 기회는 적어지기 때문이다. 그러나 잘못을 지적받고 여러 가지 피드백을 받으면, 그것을 받아들이는 만큼 성장할 수 있고, 그 훈련을 반복하다 보면 훗날 어떠한 상황에서도 능수능란하게 대처할 진짜 내공을 쌓을 수 있다.

나는 모든 일은 비판 가능하다고 생각한다. 내가 만든 결과물에 대해서도 어떤 때는 좋은 이야기를 듣지만, 어떤 때는 근거 없는 비판을 듣기도 한다. 일면 맞는 이야기들도 있지만, 나 역시 그 비판들에 대해 비판할 수 있다. 하지만 되도록 하지 않으려 노력한다. 창을 던진 사람에게 더 세게 창을 던지는 것보다는 그 사람이 왜 창을 던질 수밖에 없었는지를 이해하려고 노력하는 편이다. 대인배의 배포를 가져서라기보다 끊임없이 성장하고 싶은 마음이 있어서다. 다른 사람들의 비판을 받아들이면 그만큼 성장의 기회가 생기는 것이라고 믿기 때문이다. 멋진 기획서라는 목표를 위해 시발점에 서 계신 분들이라면, 감을 익힐 때까지 이 책에 나오는 방법으로 100개만, 아니 10개만 담백하게 만들어보시라. 어느 날 살포시 '감'이라는 녀석이 올 것이다. 그때를 기다리면서 저도 여러분도 훈련을 시작하자. 화이팅!

· 1장 ·

막막할 때 6단계를 따라가 보자

: 제안서 골격 만들기

PLANNING

X

PROPOSAL

잘 쓴 제안서란 뭘까?

우선 읽히는 제안서다. 안 읽고 덮어두는 읽기 싫은 제안서가 얼마나 많은가. 혹은 읽어보려고 애써도 안 읽히는 제안서도 참 많다. 그럼 잘 읽히는 제안서는 어떻게 쓰나? 우선 쉽게 상대방이 읽고 싶은 대로 쓰면 된다. 상대방이 궁금한 내용을 궁금해하는 순서로. 그럼 상대방이 쉽게 읽을 가능성이 커진다. 그래서 제안서의 목차는 상대방의 질문이어야 한다.

기획스쿨에서 개발하여 저작권 보호를 받고 있는 6PP(Proposal Process)® 는 상대방의 질문에서 제안서 골격 잡는 법을 알려준다.

6 Proposal Process®

기획 제안서 작성 6단계

상대방의 질문	나의 답변	제안 목차
왜?	너 이런 문제 있잖아	1단계. 문제 why
그게 왜?	사실 이것 때문이거든	2단계. 원인 why so
그래서 뭐?	그래서 이걸 제안	3단계. 제안 what
딴 것도 많잖아?	다른 것 대비 이게 좋아 3가지	4단계. 비교 우위 what else
그래서 어쩌라고?	이렇게 진행할 수 있어	5단계. 진행/계획 how
근데 꼭 해야 되나?	이런 효과를 얻을 수 있어	6단계. 예상성과 if

이 6단계를 따라가며 제안 내용을 정리하고 PPT를 만들면 된다. 이 책에서는, 4가지 상황(우리 제품을 모르는 이들에게 제안할 때, 우리 서비스를 모르는 이들에게 선제안하고 싶을 때, 비즈니스 모델을 설명하고 투자받고 싶을 때, 사회적 기업 아이디어를 설명하고 투자받고 싶을 때)으로 나눠 6단계를 어떻게 적용하는지 보여준다. 대외적인 회사소개서, 제품 제안서, 투자 제안서 예시를 보여드리는 데 반해 사내 제안서는 비록 대외비 이슈로 못 담았지만 내부적으로 의견을 개진할 때(업무 개선 아이디어 제안, 신제품 제안, 경영지원 아이디어 제안 등)도 이 6단계를 응용해서 쓴다.

이제 실제 예시들을 보면서 같이 훈련해보자.

· 2장 ·

우리 제품을 모르는 이들에게 제안할 때

: 머시주스 웨딩라인 제안서

PLANNING

X

PROPOSAL

우선 외부에 우리 회사를, 우리 제품을, 우리 브랜드를 소개하고 제안할 기회가 있을 때 긴급히 써야 할 '제안서' 쓰기부터 살펴보자. "저희가 제품에 대해 알 수 있게 소개하는 제안서 좀 보내주세요", "10분 발표 시간 드릴 테니, 제품 홍보 PT 준비해주세요"라는 말을 들었을 때, 눈앞이 깜깜한 것은 당연하다. 그러나 앞으로 배우게 될 골격에 맞춰 우선 써보면 훨씬 가뿐한 마음으로 준비할 수 있을 것이다.

머시주스 회사의 아침 회의 시간. 대표가 직원들을 긴급히 소집해서 말한다.

머시주스 대표: 2주 뒤 '30대 예비 신부' 대상으로 '머시주스 웨딩라인'을 발표하기로 했어요. 초안 준비해서 3일 뒤에 봅시다. 정석 차장 디렉팅하에 막막 사원이 준비해봐요. 오늘 회의는 여기까지.

눈앞이 캄캄해진 막막 사원이 정석 차장을 바라본다.

정석 차장: 정답은 없어. 우선 네가 할 수 있는 만큼 써서 내일 가져와봐. 초안 보고 같이 보완해보자.

막막 사원이 책상 위에 앉아 고민을 하고 있다.

막막 사원: 흠……. 뭐부터 써야 하나. 내 머리는 PPT 초기 화면처럼 새하얗기만 한데……. 울고 싶다. 그래, 우선 내일까지 완성해야 하니까……. 우선 제목부터 쓰자. 예비 신부들에게

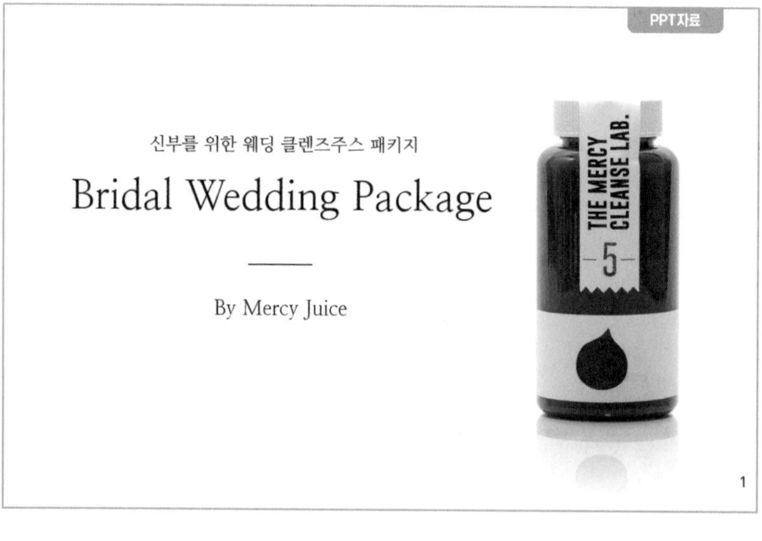

PPT자료

Cleanse Juice?

클렌즈주스란?

클렌즈주스란 환경과 음식 등 여러 요인으로 인해 쌓인 독소를 제거하는 프로그램이다. 일정 기간 동안 음식 섭취를 제한하여 소화 기관을 쉬게 하고 주스를 통해 신선한 영양을 공급하여 체내 독소 제거와 신체 밸런스를 회복시키는 과정임. 이 과정에서 노화 예방, 다이어트, 피부 탄력, 피로 회복, 생활 활력, 두뇌 회전 등에 영향을 주어 건강한 라이프 스타일에 도움을 줌.

특히 클렌즈주스의 경우, 결혼을 앞두고 눈에 띄는 몸의 변화가 필요한 예비 신부에게 적합한 바디케어 프로그램임.

2

어필해야 하니까 왠지 있어 보이게 영어로 Bridal Wedding Package라고 쓸까?(지금부터 볼 기획서는 머시주스에서 직접 작성한 초안이다)

막막 사원: 이제 뭘 말하지? 아, 우선 우리 클렌즈주스에 대한 소개 글을 써야지. 클렌즈주스란…….

그리고 기획서에서는 상황 분석이 중요하니까 착즙주스 전체 시장에 대해 넣어야겠다. 얼마나 성장하고 있는지! 이제 우리 주스의 좋은 점을 소개해야지! 직접 착즙한다는 것과 안전관리인증을 받은 것, 맛있는 주스를 만들기 위해 늘 메뉴를 개발하는 것, 최고의 재료를 넣기 위해 유기농 전문업

PPT자료

주스 시장의 트렌드 변화 :
가공주스 → 생과일주스 → 착즙주스

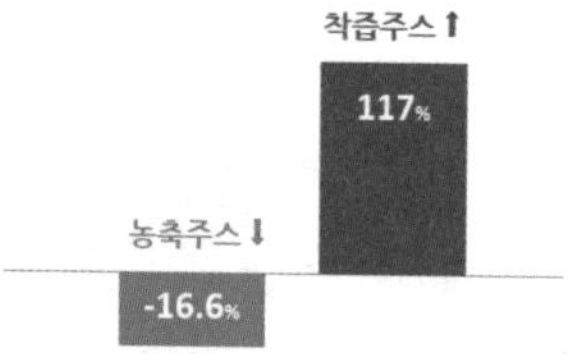

한 대형마트의 주스 매출 자료에 따르면
전체 주스 매출은 2013년 1분기 전년 동기 대비 16.6% 줄어들었는데
착즙주스 매출은 117.6% 늘었다.(한겨레 2012년 8월 9일).

Juice & Cleansing Market

시장 상황

비가열 건강주스의 수요는 건강한 라이프스타일은 추구하는 소비 흐름에 따라 국내외를 막론하여 인식이나 수요가 꾸준히 증가하고 있는 추세이다.

- 해외 주스/프로그램: BLUEPRINT JUICE, JUICE GENERATION, JUICE PRESS, SUJA JUICE, ORGANIC AVENU
- 국내 주스/ 프로그램: 콜린스그린, 저스트주스, 블루프린트, 스퀴즈빌리지, 아이민주스…….

3

PPT자료

About Mercy Juice

브랜드 소개

국내에서 유일하게 주문 시 **현장에서 갓 짜는** 살아 있는 시스템 구축

안전관리인증 HACCP 식품의약품안전처

클렌즈세트의 안전화, 표준화, 차별화를 위해
HACCP 공장 설립과 X1기계 도입

지속적인 메뉴 개발과
주스 클래스 운용을 위한
별도의 R&D센터 운영

최고의 원료를 안정적으로 수급하기 위해
유기농 전문 업체와 협업

4

PPT자료
Mercy Cleanse Program
클렌즈 프로그램
Mercy Juice의 클렌즈 프로그램은 총 1.5L의 주스를 2시간 간격으로 250ml씩 마실 수 있도록 구성되어 있습니다.
따라서 프로그램용 6병의 주스 위엔 넘버링이 되어 있으며, 순서대로 2시간마다 한 병씩 섭취하면 됩니다.
Green Cleanse
알로에, 케일, 밀싹, 아스파라거스, 시금치 등의 다양한 유기농 및 친환경 채소를 베이스로 체내 독소와 노폐물을 제거하는 Detox 역할을 합니다. 비움 뒤 채움 단계: 독소 제거(그린 클렌즈)후 신체 밸런스를 위해 영양분을 채우는(레인보우 클렌즈) 분들도 많습니다.
Rainbow Cleanse
다양한 야채와 과일이 베이스가 되어, 체내 영양을 충분히 공급해주는 Body Balance 라인입니다. 특히 Non-Dairy Milk인 넛밀크는 우유 대신 아몬드로 즙을 내려 유당 불내증을 가진 사람도 단백질이나 칼슘 등을 섭취할 수 있도록 합니다.
Rebooting Cleanse
기존의 클렌즈가 몸을 클렌징하기 위한 '준비와 기초' 단계로 몸을 설정해주었다면, Rebooting Cleanse는 한층 더 업그레이드된 재료로 흐트러진 몸을 전면적으로 재부팅하고 본격적인 클렌징을 통해 신체의 건강한 회복을 도와주는 프로그램입니다.
5

체와 협업한다는 것을 보여줘야겠다.

음……. 이제 뭐하지? 각각의 프로그램을 설명해야겠다.

세부적으로 프로그램이 어떻게 구성되어 있는지 예전 자료를 가져다가 붙이고……. 오, 예뻐! 예뻐! 음. 이 프로그램을 개괄적으로 설명하고 머시주스랑 협업하면 좋은 점도 좀 써야겠다. 이제 얼마인지도 알려줘야지. 이 정도면 다 된 것 같군. 다했다. 퇴근!

다음 날 아침 막막 사원은 당당하게 정석 차장에게 간다.

막막 사원: 정석 차장님. 초안 여기 있어요. 좀 봐주시겠어요?(으쓱으쓱)

PPT자료
4 Day Bridal Special
신부를 위한 특별한 4일
Day 1
Tonic
Juice 1
Juice 2
Milk
Juice 3
Day 2
Tonic
Juice 1
Juice 2
Milk
Juice 3
Day 3
Tonic
Juice 1
Juice 2
Milk
Bridals' Special Days
Day 4
Good Morning Juice
Raw food
Good Night Juice
Special
Boost for Lemon water
6

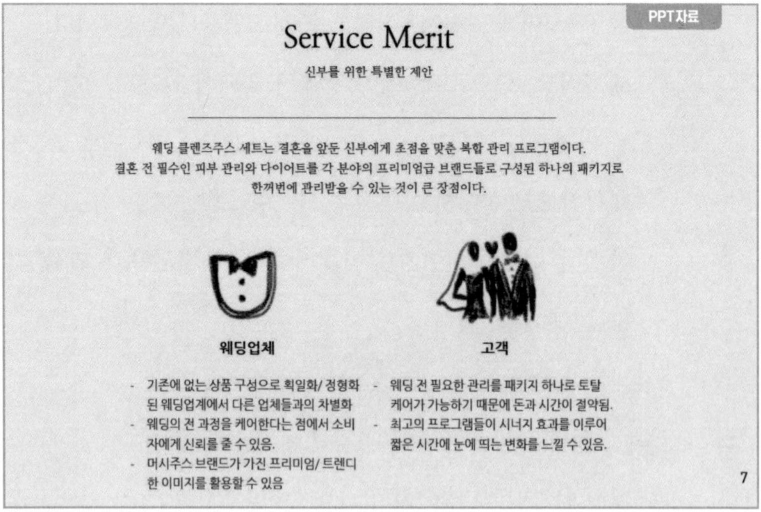
PPT자료
Service Merit
신부를 위한 특별한 제안
웨딩 클렌즈주스 세트는 결혼을 앞둔 신부에게 초점을 맞춘 복합 관리 프로그램이다.
결혼 전 필수인 피부 관리와 다이어트를 각 분야의 프리미엄급 브랜드들로 구성된 하나의 패키지로
한꺼번에 관리받을 수 있는 것이 큰 장점이다.
웨딩업체
- 기존에 없는 상품 구성으로 획일화/ 정형화 된 웨딩업계에서 다른 업체들과의 차별화
- 웨딩의 전 과정을 케어한다는 점에서 소비자에게 신뢰를 줄 수 있음.
- 머시주스 브랜드가 가진 프리미엄/ 트렌디 한 이미지를 활용할 수 있음
고객
- 웨딩 전 필요한 관리를 패키지 하나로 토탈 케어가 가능하기 때문에 돈과 시간이 절약됨.
- 최고의 프로그램들이 시너지 효과를 이루어 짧은 시간에 눈에 띄는 변화를 느낄 수 있음.
7

PPT자료

Appendix-Details

프로그램 구성

프로그램	기간	기능	구성	가격	음용 방법
4 Day Bridal Cleanse	4일	붓기 제거 + 탄력	Day1~3 - 450ml 유리병 5개 구성(주스3+토닉1+밀크1) / Day 4 - 450ml 유리병 2개 구성(주스2) / Shot x 2"	197,000	1. 하루에 5병을 2.5시간 간격으로 음용(10시/12시30분/3시/5시30분/8시) 2. 주스와 토닉, 그리고 밀크를 하루에 섭취하여 영양소를 골고루 섭취 3. 레몬이나 허브티를 중간에 음용
7 Day Bridal Cleanse	7일	브라이트닝 + 드레스 라인	Day1~6 - 450ml 유리병 5개 구성(주스3+토닉1+밀크1) / Day 7 - 450ml 유리병 2개 구성(주스2) / Shot x 4	362,000	
Bride & Groom Cleanse for 4 Days	4일 x 2주	가장 소중한 사람과 함께	"For Bride" Day1~3 - 450ml 유리병 5개 구성(주스3+토닉1+밀크1) / Day 4 - 450ml 유리병 2개 구성(주스2) / Shot x 2" "For Groom" Day1~3 - 450ml 유리병 5개 구성(주스3+토닉1+밀크1) / Day 4 - 450ml 유리병 2개 구성(주스2) / Shot x 2"	387,000	

8

정석 차장: 오! 우선 너무 수고했어. 지금 쓴 기획서, 살이 붙어 있으면 코칭이 어려우니 뼈부터 발라보자. 전체 골격을 한번 쪼개어 보면 첫 장에는 타이틀이 있고, 두 번째 장에는 클렌즈주스 설명, 세 번째 장에는 착즙주스 전체 시장에 대한 보고, 네 번째 장에는 우리 머시주스의 강점, 다섯 번째, 여섯 번째 장에는 프로그램 세부 내용, 일곱 번째 장에는 웨딩라인 설명, 마지막 장에는 프로그램 비용이 나와 있네. 쓰고 싶은 것을 다 썼구먼.

막막 사원: 아, 네. 써야 되겠다 싶은 내용들을 우선 다 써봤는데요…….

정석 차장: 응. 이거 누가 읽지? 막막 사원이 읽나?

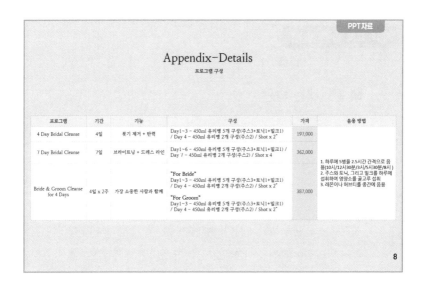

빡신 기획 습관 NO.1

뼈 발라내는 습관

기획서를 분석할 때 처음부터 너무 세세하게 한 단어 한 단어씩 살펴보면 금세 지쳐버린다. 따라서 각 페이지에서 무엇을 이야기하고 있는지부터 다시 말해 전체 뼈대부터 크게 크게 나누어 살펴보는 습관을 들여야 한다. 뼈대를 나눈 후 그 뼈대와 이 책에서 알려주는 골격을 비교해보라. 비어 있다면 채워나가고 쓸데없는 부분이 있다면 빼버리면 되는 것이다. 같이 해보자.

막막 사원: 네? 아니요?

정석 차장: 음. 그게 시작점인 것 같아.

막막 사원: 네? 뭐가요?

정석 차장: 네가 읽는 게 아니라면 네가 써야겠다 싶은 것을 쓰면 안 돼. 사람들이 보게 하려면 우선 사람들이 보고 싶은 것을 써야지.

막막 사원: 아, 너무 당연한데……. 그렇네요.

정석 차장: 냉정하게 생각해보면, 듣는 사람들은 '제가 바빠 죽겠는데, 이걸 왜 들어야 하나요?'라는 의문이 들잖아. 즉 왜 들어야

7 Proposal Process Sheet®

복잡한 생각을 정리하는 7단계 기획 프로세스 시트

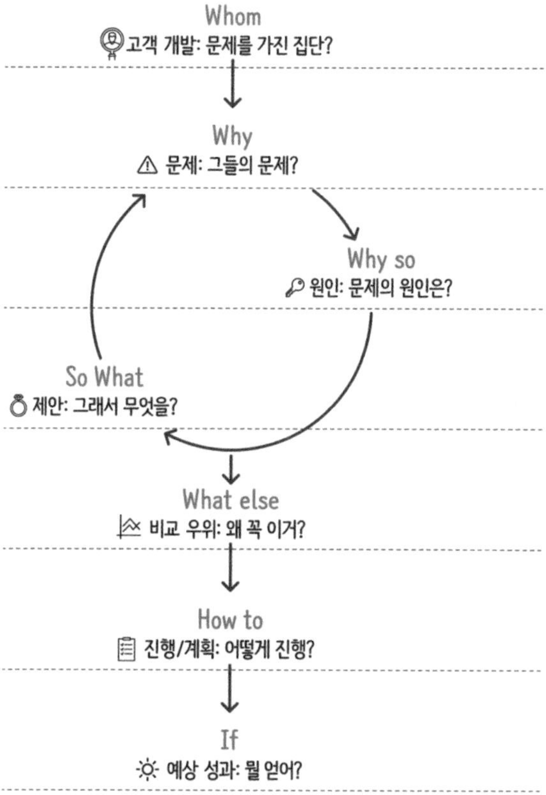

하는지에 대한 고객의 이슈(Why)를 먼저 이야기하고, 그것을 해결할 경쟁사 대비 우위인 우리의 솔루션(What)을 제안하면 되는데…….

막막 사원: -_-;;

정석 차장: 괜히 힘주면서 이야기한 거야. 쉽게 할 수 있어. 자, 우선 간단하게 시작해보자. 우선 앞의 표를 한번 봐봐. 먼저 네 제안을 듣는 사람이 누구인지 생각해보고 표의 6단계에 맞춰 내용을 정리하면 돼.

1. Who? 듣는 사람이 누구인가?

정석 차장: 듣는 사람이 누구인가? 이걸 먼저 생각해보자. 우리 웨딩라인 발표를 듣는 그리고 제안서를 보는 사람들은 누구일까?

막막 사원: 결혼을 앞둔 신부요.

정석 차장: 오케이. 먼저 그녀들의 머시주스 웨딩라인에 대한 지식과 관심도가 얼마인지 알아야 해. 그것에 따라 내용 전개가 전혀 달라지기 때문이야. 지식이나 관심도가 조금 있다면 그들이 이미 알고 있는 것들은 센스 있게 넘어가고 실제 구매하도록 유도해야 하고, 전혀 모르고 있다면 다짜고짜 정보부터 주기

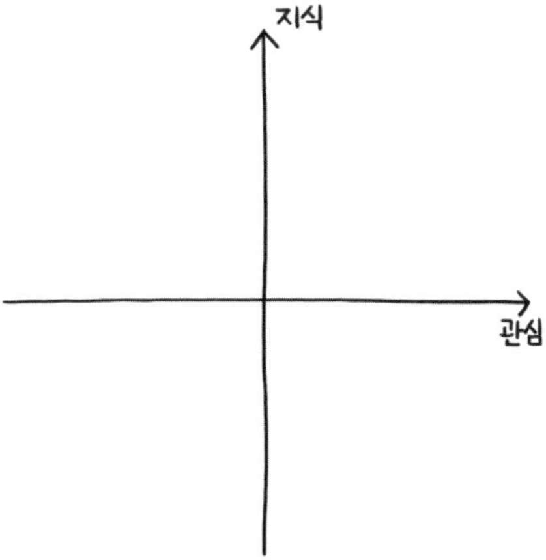

보다는 그들의 관심부터 끌어야 해.

회사 내에서도 마찬가지야. 만약 상사가 전혀 상황을 모를 때는 왜 이걸 들어야 하는지에 대한 배경(Why) 설명이 있어야 해. 그리고 우리의 상황은 어떤지 그래서 말하고자 하는 결론(What)이 무엇인지를 이야기해야 해. 하지만 상사가 어느 정도 상황을 알고 있다면, 우선 결론(What)부터 명확하게 이야기하고 좀 더 논리적으로 설득하기 위해 이유나 근거(Why)를 들고 구체적인 방법(How)을 제시하는 것에 좀 더 심혈을 기울여야겠지. 이번에는 어느 정도인지 여기 표에 표시해봐.

막막 사원: 둘 다 낮은 상태라서 여기일 것 같아요.

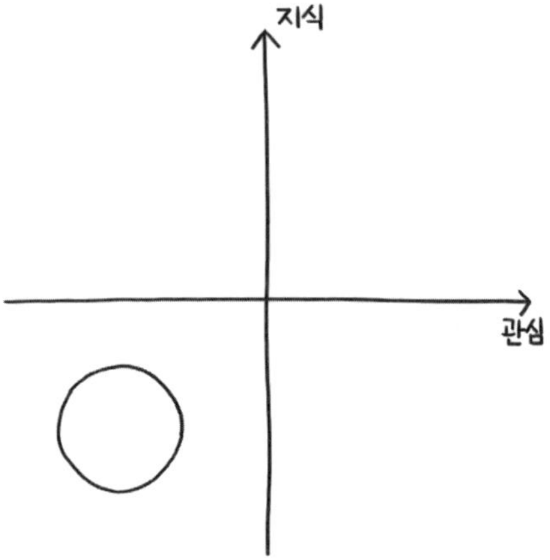

정석 차장: 좋아. 그렇다고 치면……. 관심도 지식도 낮은 입장에서 지금 쓰인 초안을 봐봐. 소개서를 펼치자마자 '클렌즈주스'(제품) 이야기부터 나오네? 안 그래도 클렌즈주스에 무관심하고 무지한 그녀인데 다짜고짜 클렌즈주스를 언급하고 있으니, "바빠 죽겠구먼. 내가 이걸 왜 알아야 하냐고?" 하며 안 듣게 되겠지. 즉 그녀와 머시주스가 연결조차 안 되는 것이야.

막막 사원: 모르니까 그것부터 이야기하는 거죠. 그리고 우리 대표님 입장에서는 제품 이야기를 하고 싶어 하실 테니까.

정석 차장: 맞아. 물론 대표님 입장에서는 자신의 상품을 빨리 알리고 제안하고 싶어서 우리 제품 이야기부터 자동으로 나오겠지. 마음은 이해하지만, 이것은 마치 여자친구가 너무 슬픈 일을

겪어서 남자친구를 긴급히 불러냈는데 남자친구가 다짜고짜 자기가 하고 싶은 '야구 이야기'부터 하는 것과 마찬가지야. 여자친구는 '지금 그게 할 소리냐고, 내가 왜 그걸 듣고 앉아 있어야 되냐'고 물을 거야. 이때 남자친구는 먼저 이야기할 것과 나중에 이야기할 것을 구분해야 해. 순서가 중요한 거야. 제일 먼저 여자친구에게 '기분은 괜찮은지, 지금은 어떤지'를 먼저 묻고, 서로 이야기가 오간 후에(그녀와 연결이 된 후에) 남자친구가 하고 싶었던 야구 이야기를 해야 되는 거야. 즉 너무나 당연하게도 그녀의 귀를 열려면 그녀 이야기부터 해야 해. 그녀는 냉정하게도 우리에게 관심이 없다는 걸 늘 기억하기!

막막 사원: 아, 그렇군요. 제가 소개하고자 하는 '클렌즈주스'(What)부터 다짜고짜 이야기할 게 아니라 그녀가 '왜'(Why) 이걸 들어야 하는지부터 말해야 하는군요. 우리 제품보다 그녀 이야기부터 하기!

정석 차장: 그러려면 우선 그녀가 누구인지 먼저 알아야 해. 그래야 그녀가 끄덕끄덕할 이야기로 연결시킬 수 있지. '결혼을 앞뒀다' 정도가 아닌 그녀의 진짜 속마음, 우리랑 연결될 고리를 찾아야지.

빡신 기획 습관 NO.2

네가 듣고픈 순서대로 시작하는 습관

세계적인 베스트셀러 작가, 지그 지글러(Geeg Gygler)는 일반적인 사람들로 하여금 뭔가에 몰입하거나 관심을 갖게 하는 비법을 설명했는데 사람들은 딱 하나의 주파수 WII-FM에만 관심을 갖는다는 걸 발견했다. 즉 "What's In It For Me?(그 안에서 나한테 도움이 되는 건 뭐야?)"이다. 한마디로 자신과 연관이 있는 것이 무엇이냐는 말이다. 사람들은 이에 대한 대답이 있을 때에만 반응을 보이고 관심을 갖기 시작한다. 그러니 내 방송을 듣게 하려면, 상대방 주파수에 먼저 맞춰야 한다.

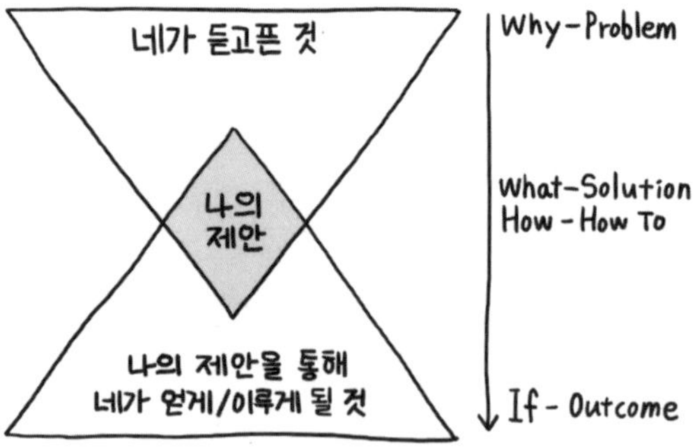

2. Whom? 누구를 위한 전략인가?

정석 차장: 우리의 전략적 고객은 누구지?

막막 사원: 전략적 고객이라…….

정석 차장: 쉽게 말해 '누가 이걸 살까?'를 생각해보는 거야. 이 생각을 안 하고 '난 이걸 팔 거야'에만 집중하면, 실컷 만들어놓고도 사는 사람이 없어서 팔지를 못해. 그래서 진짜 살 사람이 있는, 다시 말해 시장성이 있는 타깃인지를 점검해봐야 해. "그 사람이 이걸 왜 사야 해?"를 생각해보고, 그 사람에게 필요한, 그 사람이 살 수밖에 없는 제품을 우리가 팔고 있는지를 점검해봐야 해.

막막 사원: 아…….

정석 차장: 쉽게 차근히 생각해보자. 우선 그녀는 누구지?

막막 사원: 30대 초반 여자요.

정석 차장: 어떤 여자?

막막 사원: 결혼을 앞두고 있고요.

정석 차장: 그렇지. 근데 여기서 주목해야 할 점은 '그녀가 우리 제품을 왜 사야 하는지'를 파악해야 해. 그러자면 결혼을 앞둔 그녀의 생활이 어떤지, 또 심경은 어떤지를 생각해봐야 해. 우리 제품이 해결해줄 수 있는 그녀의 문제나 욕망을 좀 더 정리

해봐야지.

막막 사원: 지금 엉망이죠. 일과를 그려보면, 어제도 10시까지 야근을 했고, 결혼을 앞두고 다이어트하리라 다짐은 했는데, 일하면서 결혼 준비까지 하려니 체력이 달려서 오늘도 야식을 먹어야 할 판이겠죠. 웨딩플래너가 있지만 뭔가 선택하고 결정하려면 리서치하고 협의해야 하는데, 그러기엔 시간이 너무 부족하죠. 발품 팔 것도 많아서 배고픔을 견딜 만한 힘도 없는 그런 상황일 거예요. 혼란스럽고 피곤하고 우울한 상태일 거예요.

정석 차장: 체력 소모와 스트레스가 그 어느 때보다 높은 상황이겠구나. 결혼 준비 때문에 잘 먹어야 하지만 예쁜 신부가 되기 위해서는 다이어트를 해야 한다니, 참 아이러니한 상황이네. 좋은 포인트다.

3. Why? 그녀는 왜 우리를 알아야 하는가?

정석 차장: 그럼 이제부터는 『기획의 정석』에서도 인용했던 5Why 질문법으로 결혼을 앞둔 신부들과 클렌즈주스의 연결고리를 생각해보자. 그녀가 왜 우리 머시주스를 알아야 하지?

막막 사원: 아무래도 웨딩드레스 때문이겠죠.

정석 차장: 웨딩드레스가 왜?

막막 사원: 신부는 '라인'이 생명인데 누구든 최고로 예쁜 몸매 상태에서 웨딩드레스를 입고 싶은 거죠.

정석 차장: 그게 왜?

막막 사원: 그러니까 아무래도 단기간에 살을 빼고 싶은데…….

정석 차장: 빼면 되는데 뭐가 문제야?

막막 사원: 살 뺀다고 무조건 안 먹으면 얼굴이 너무 안돼 보이고 피부도 푸석푸석해져요. 그러다 보면 결혼식 날 화장도 잘 먹지 않게 되죠. 한마디로 살은 빠지면서도 피부는 좋아지는 다이어트를 해야 하는 거죠.

정석 차장: 음……. 네가 이야기한 그녀들의 문제는 '살을 빼되, 피부와 체력은 살리면서 단기간에 빼는 것' 정도로 정리할 수 있겠다. 이 문제들과 머시주스를 연결해야겠구나.

빡신 기획 습관 NO.3

고객 개발부터 하는 습관

이 책에서는 고객이 이미 '예비 신부'로 설정 되어 있는데 이게 매우 중요한 포인트다. 실컷 열심히 기획해서 제품을 만들었는데 그 누구도 사지 않는 제품은 너무나 많다. 아무리 좋고 멋진 제품이어도 고객이 없으면 실패한 제품이다. 그래서 고객 개발이 매우 중요하다.

'누구를 위한 기획인가?'란 질문은 '이걸 살 수밖에 없는 집단은 누구인가?'의 의미가 되어야 한다. 즉 추상적으로 인구통계학적으로 '이런 사람들이 살 것이다. 샀으면 좋겠다' 정도가 아니라 이걸 살 수밖에 없는 집단을 찾는 것이다.

때로는 '주스를 만들겠다'보다 '이 주스를 먹을 수밖에 없는 집단은 누구인가?'를 고민하고 '결혼식을 앞두고 독하게 살을 빼야 하는 예비 신부'와 같은 집단을 찾는 게 더 중요하다. 그리고 그 집단의 고민을 좀 더 파서 우리 제품을 업그레이드하고, 그 문제를 가진 집단이 더 찾아오게 되고, 더 많은 문제들이 수집되고, 우리 제품이 업그레이드되고, 고객이 더욱 만족하는 이런 선순환의 고객 개발이 필요하다. 그래서 무언가를 기획할 때 항상 다음과 같이 질문해본다.

- 살 수밖에 없는 집단?
  고객 개발
  - 누가 이걸 사?
    시장성 있는 집단 찾기
  - 그 사람은 이걸 왜 사?
    우리 제품과 연결된 문제 찾기

혹은 순서가 바뀔 때도 있다.

- 살 수밖에 없는 집단?
  고객 개발
  - 우리는 어떤 문제를 해결해줄 수 있어?
    우리 제품의 역할 찾기
  - 이 문제를 겪고 있는 사람들은 누구야?
    시장성 있는 집단 찾기

4. Why So? 근본 원인은 무엇인가?

정석 차장: 핵심 이슈를 다시 생각해보자. 무작정 굶는다고 해서 살이 잘 빠지는 것도 아니고 설사 빠진다고 해도 유지하기가 쉽지 않다는 것이지. 결국 피부도 망치고 건강도 망치기 십상이지. 그렇다면 이것들의 진짜 근본 원인은 뭘까? 여기서 우리가 할 일은 '왜 그런 걸까?' 하는 근본 원인을 전문가 입장에

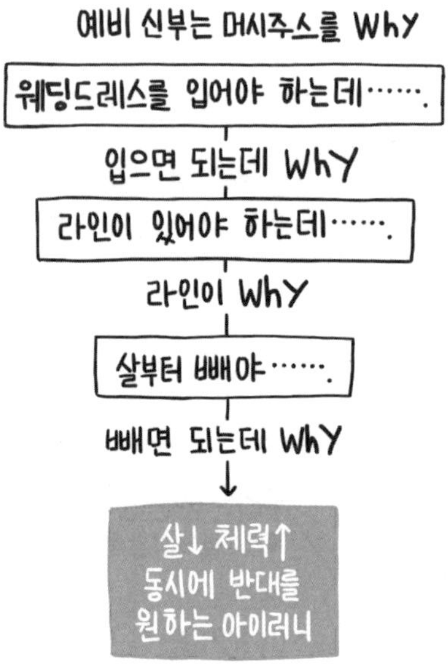

서 우리가 가진 강점으로 알려주는 것이야.

막막 사원: 머시주스 입장에서 봤을 때 원인은 '독소'죠.

정석 차장: 그렇지. 사실 이 모든 것의 근본 원인은 몸속에 쌓여 있는 '독소'야. 알다시피 우리 몸에는 인스턴트식품, 가공식품, 패스트푸드, 카페인, 감미료, 과로, 화학물질, 흡연(간접흡연 포함), 불면증 등으로 인한 독소가 매우 많이 쌓여 있는데 독소가 많이 쌓여 있으면 살 빼기가 어려워. 물론 우리 몸에는 자체적으로 독소를 없애는 능력이 있어. 그러나 독소가 지나치게 많이 들어오면 전부 해독하지 못하고 지방세포 안에 쌓이

빡신 기획 습관 NO.4

문제만 보여주지 말고 문제와 원인을 같이 보여주는 습관

이슈에 대한 해결책으로 바로 우리 제품을 제안할 수도 있지만, 이슈의 근본 원인을 전문가적인 입장에서 찾아주고 그것의 해결책으로서 우리 제품을 이야기하는 게 설득력이 높다.

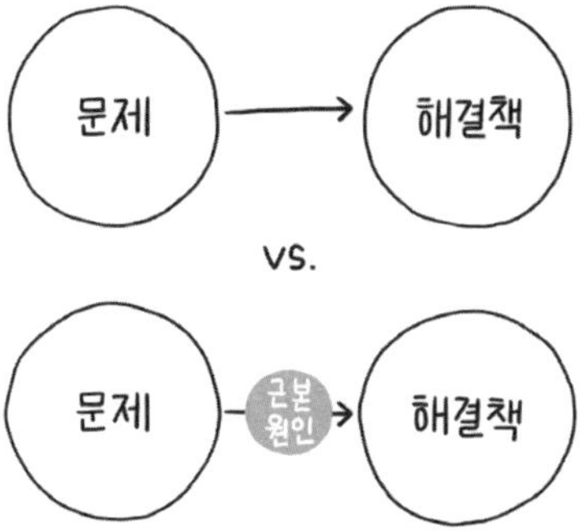

쉽게 말해 "A라는 문제가 있으니 B라는 해결책을 써"라고 말하면 듣는 사람 입장에서는 "흠……. 그렇게만 하면 되나?" 의심하며 듣게 된다. 그러나 "A라는 문제의 진짜 근본 원인은 C야. C를 해결하기 위해서는 B라는 해결책이 필요해"라고 말하면 "아, 그게 C 때문이었구나" 하면서 근본 원인을 짚어준 전문가의 이야기를 신뢰할 가능성이 높다. 결국 B라는 해결책에 좀 더 관심을 기울이게 되는 것이다.

게 되지. 그런데 지방세포는 쉽게 파괴되지 않기 때문에 그 안에 쌓인 독소는 시간이 지날수록 점점 불어나게 돼.

막막 사원: 그렇게 독소가 많이 쌓이면 우리 몸에 있는 에너지는 독소를 해독하기에도 모자라게 되죠. 이 때문에 살을 빼기 위한 운동이나 뇌 활동에 쓸 에너지가 부족하게 되죠.

무엇보다 요즘 사람들은 일을 너무 많이 하잖아요. 대부분 과로를 하는데 그럴수록 사람들은 음식을 더 챙겨 먹으려고 하죠. 그렇게 되면 다이어트는 물 건너가게 되고요. 사실 독소의 80%가 음식물에서 나오니까 섭취할수록 몸은 더 피곤해지게 돼요. 왜, 점심시간이나 명절날 한 상 푸짐하게 먹고 나면 졸리고 피곤해지잖아요. 그렇듯 독소의 영향 아래서는 다이어트, 피부 미용, 건강은 어려워질 수밖에 없는 거죠.

정석 차장: 그래, 그게 포인트야! 우리는 당연히 알고 있는데 그녀는 모르고 있는 것, 바로 그런 근본 원인을 알려줘야 해. 독소 영향 아래에서는 진정한 다이어트도 건강한 피부 관리도 모두 할 수 없다는 것을 알려줘야 하는 거야.

막막 사원: 그녀가 가진 문제의 근본 원인인 독소에 대한 해결책으로서 우리 제품을 소개해줘야겠어요.

정석 차장: 그래. 주저리주저리 설명을 늘어놓기보다는 핵심 내용이 머릿속에 쏙쏙 들어오도록 도식화해서 보여주면 더욱 좋지.

빡신 기획 습관 NO.5

한 장으로 도식화, 상대방의 머릿속에 그림을 그려주는 습관

얼마 전 정신없이 강의를 준비하고 있는데 남편에게서 카톡이 왔다. "오늘 강의 가기 전에 꼭 밥 묵고 가삼. 그냥 가지 말공." 뭔가에 집중하면 식사도 잘 챙기지 못하는 성격인데 그걸 챙겨주는 남편의 카톡이었던 것이다. 속으로 '어머, 이 까칠한 남자가 웬일로 밥을 다 챙기네?' 하며 혼자 부끄부끄 감동감동했는데, 연달아 오는 메시지가 이랬다.

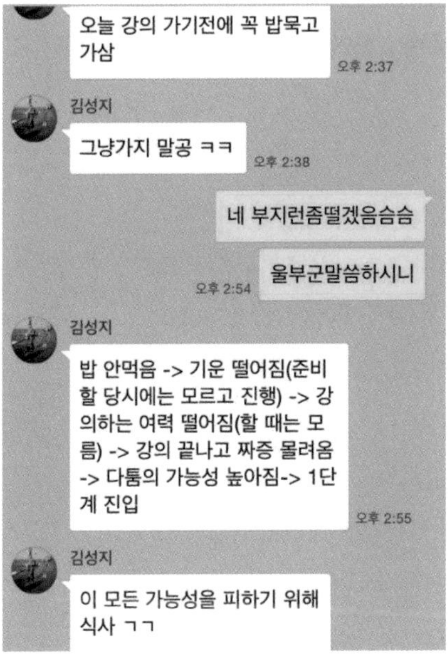

너무 논리적이라 반박이 불가했고, 괄호까지 넣어 이해시켜주는 그의 섬세함에 '푸하하' 하고 빵 터졌다. 남편의 메시지에 등장하는 1단계는 내가 배가 고플 때 표정 관리가 안 되고 짜증내기 전 긴장감이 감도는 순간을 말한다. 그래서 그날은 꼭 밥을 챙겨 먹고 강의실로 갔다. 이 카톡에서 우리는 상대방 머릿속에 그림이 그려지게 하는 방법을 배울 수 있다.

"너 또 강의 갔다 와서 배고프고 힘들다고 짜증 내지 말고 강의 가기 전에 밥 먹고 가라!"라고 했으면 "내가 무슨 짜증을 냈다고 그래? 그리고 말을 왜 그런 식으로 해? 내가 맨날 짜증내는 사람인 것 같잖아! 아, 짜증 나. 나 밥 안 먹어!" 하고 반응했을 것이 뻔하다.

하지만 남편은 납득할만한 근거를 보여주고 있다. 그것도 주저리주저리가 아닌 단계별로 정리해서.

밥 안 먹음

→ 기운 떨어짐(준비 당시에는 모르고 진행)

→ 강의하는 여력 떨어짐(할 때는 모름)

→ 강의 끝나고 짜증 몰려옴

→ 다툼의 가능성 높아짐

→ 1단계 진입

⇒ 이 모든 가능성을 피하기 위해 식사 고고!

이렇게 단계별로 얘기해주니까 '음……. 맞아, 그렇긴 하지. 그랬었지' 하며 고개가 끄덕여지고 반박할 수 없게 된다. 제안서도 마찬가지다. 내가 말하고 싶은 대로 결론만 말해버리면 상대방은 "아니! 난 안 그런데!" 하며 바로 거부할 수 있다. 그러니 결론만 질러버리기보다는 상대방이 납득할만한 문제를 단계별로 보여줘야 한다.

주저리 주저리 말하는 것 → 단계 구분하기

여기서 한 단계 더 나아간다면, 내용을 한 장의 도식으로 그려줄 수 있다.

결론 + 말 → 공감 얻을 문제 + 그림 보여주기

이런 것을 그릴 때는 우선 '주체'를 분류하고 그다음에 주체의 '행동'을 정리하여 보여주는 것이 좋다. 여기에서는 남편, 아내, 일이라는 3개의 주체가 있으니 우선 동그라미 3개를 그리고 각 주체를 연결해보자.

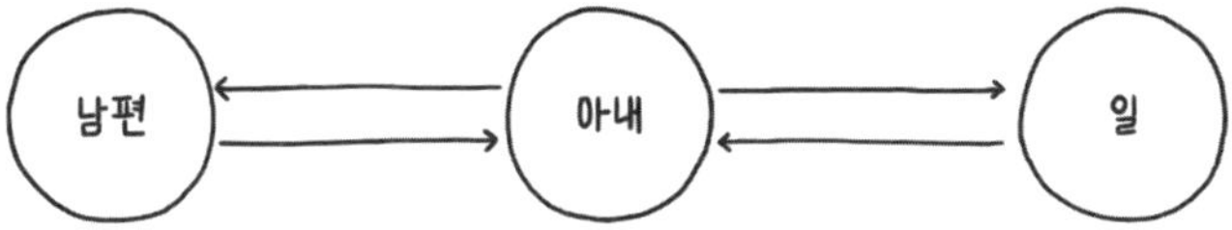

이제 주체 간의 상관관계를 구체적으로 넣어보자.

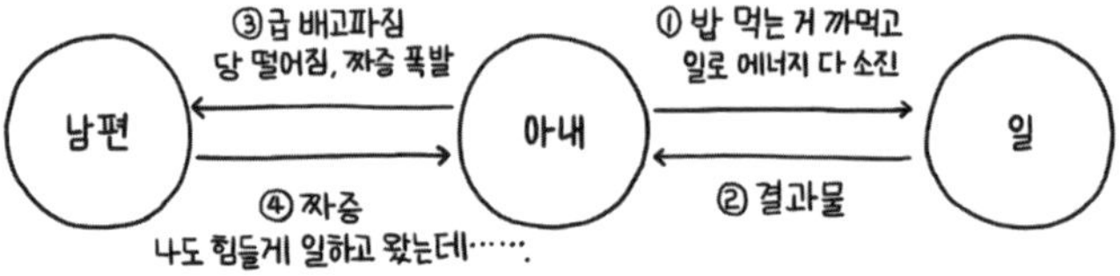

여기서 한 단계 더 나아간다면, 남편 주장의 설득력을 높이기 위해 남편 말대로 했을 때와 그렇지 않았을 때를 '비교'해서 보여주면 좋다.

before

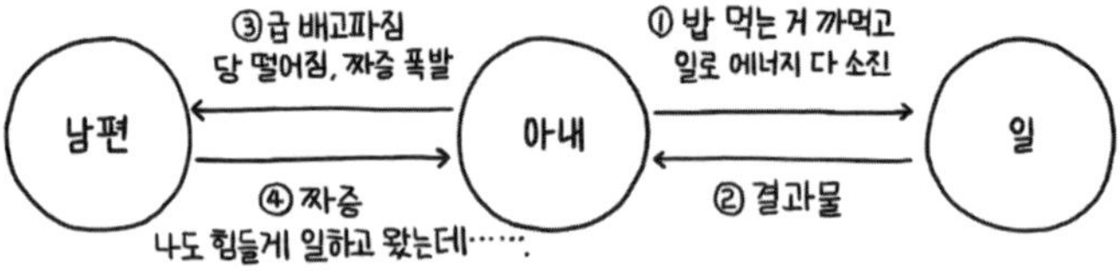

after

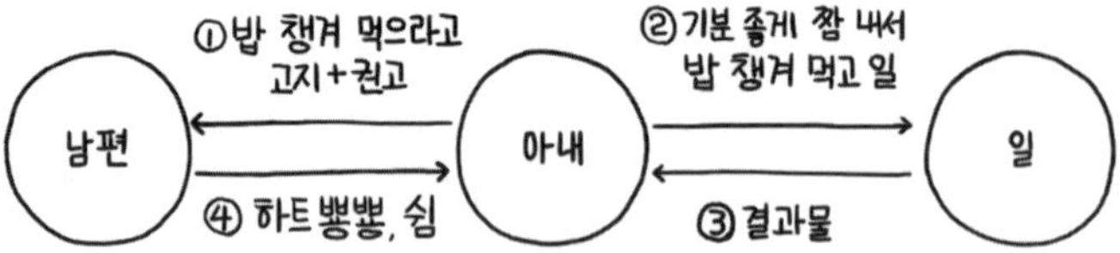

이 도식화는 머시주스 웨딩라인에서도 응용할 수 있다. '몸속 에너지를 어디에 쓰느냐'를 중점으로 3개의 동그라미(왼쪽, 오른쪽, 아래쪽)를 그리고, 대부분의 에너지를 해독에 쓰느라 다른 곳에는 쓸 수 없는 상태로 표현해보았다.

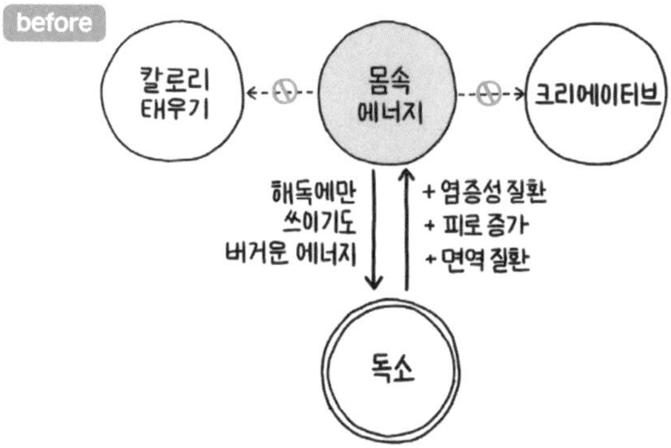

여기서 머시주스 웨딩라인의 도움을 받았을 때 어떻게 바뀔 수 있는지를 비교해서 그려주었다.

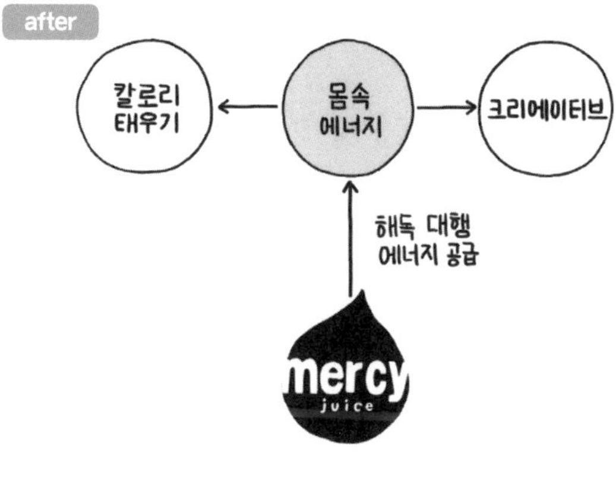

이렇게 하면, '도식화하기, 너무 당연한 거 아닌가?'라고 생각할 수 있지만, 대부분의 기획서들은 "너 돌아오자마자 짜증 내지 말고 밥 먹고 가라!"와 같이 다짜고짜 제안하는 경우가 많다. 그러니 내가 말하고자 하는 논리를 펼칠 때는 공감할 문제에 대해 ① 단계로 나눠 보여주기, ② 한 장 그림으로 정리해주기를 하면 좋다.

이를 훈련하기 위해서는 요즘 애용되는 기업의 구조도나 비즈니스 모델 그려보기를 해보는 것이 좋다. 예를 들면, 일만 하다가 죽게 된 현대인들을 위해 탄생한 액티비티 스타트업 '프렌트립(www.frientrip.co.kr)'을 가지고 구조도를 그려보자. 프렌트립은 따로 떨어져 있는 개인들, 특히 액티비티를 너무 하고 싶지만 개인적으로 하려고 하면 엄두가 안 나는 희망자를 모아 각각의 전문가들과 엮어 액티비티 클래스를 만들어주는 소셜 액티비티 플랫폼이다. 잘 아는 사람은 알겠지만, 처음 듣는 이들은 어려울 수 있으니 한 장의 도식으로 설명해보자.

우선 관계자를 정리해보자. 액티비티 희망자가 있고, 액티비티 전문가가 있고, 그 가운데 프렌트립이 있고, 이 액티비티를 후원해주고 협력해주는 스포츠 전문 브랜드와 대관업체가 있을 것이다.

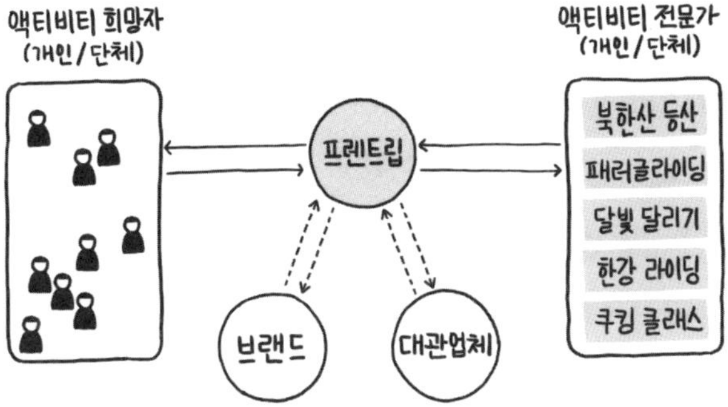

이제 각 영역들의 상관관계를 적어보자. 또한 단순 상관관계를 넘어 수익 모델이 될 만한 것들은 센스 있게 따로 체크해주면 비즈니스 모델을 이해하는 데 도움이 된다.

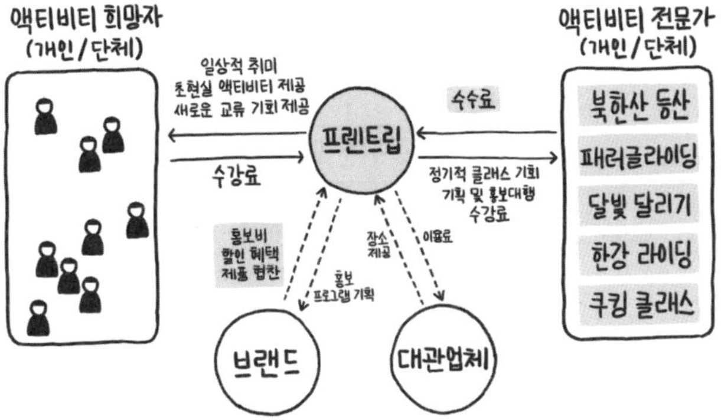

5. What? 그래서 해결책을 한마디로?

정석 차장: 이번에는 우리가 말하고자 하는 제품이 뭔지 한마디로 정리해야 해.

막막 사원: 그게 무슨 말이에요?

정석 차장: 바로 그거야. 이것 또한 "그게 무슨 말이야?"를 묻는 거야. 우리가 제안할 것에 대해 그것이 무슨 말인지를 묻고 또 물어 명확하게 한마디로 정리하는 거지. 예를 들어 지금 말하고자 하는 게 머시주스의 웨딩라인이잖아. 이것에 대해 '그게 무슨 말이야?'를 계속 물어보는 거야.

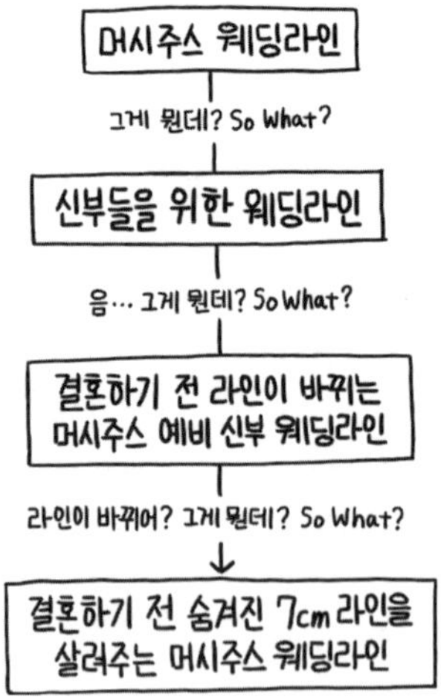

정석 차장: 이런 식으로 계속 "그게 뭔데?"를 묻다 보면, 남들이 따라 할 수 없는 우리만의 아이덴티티에 대한 한마디를 발견하고 정리해나갈 수 있어.

'지식의 저주(The curse of knowledge)'라는 개념이 있어. 이것은 스탠퍼드 대학교 경영학과 교수 칩 히스(Chip Health)와 그의 동생 댄 히스(Dan Health)가 2007년에 출간한 『스틱!(Made to Stick)』이라는 책에 나오는 개념이야. 너무 많은 걸 알고 있는 사람은 자기가 말하고자 하는 것에 대해 한마디로 쉽게 이야기를 못 한다는 거야. 예를 들면 의사, 변호사, 제품 담당자도 마찬가지지. A라는 개념도 말해야 할 것 같고, B의 원리도 이야기해야 할 것 같고, C의 최신 이론도 말해야 할 것 같은데 이것저것을 다 빼고 Z 한마디만 하라고 하면 못 하는 거지. 자신이 그래도 전문가라는 생각에 있어 보이는 어려운 설명만 늘어놓게 된다는 거야. 그러다 보면 자연히 일반 사람들에게 제대로 설명할 수 없게 되고, 결국 설명이 전달되지 않는 저주에 빠지게 되는 거지. 그래서 이 저주에서 풀려나기 위해서라도, 어깨에 힘을 빼고 '그게 뭔데?'를 스스로 묻고 또 물어 한마디로 설명하는 걸 훈련해야 해.

빽신 기획 습관 NO.6

'5 What'을 묻는 습관

'5 Why'만큼 그걸 한마디로 정리해줄 '5 What'도 중요하다. 힘겹게 찾아낸 것을 한마디로 표현하지 못해 고객에게 기억되지 않으면 너무 억울하니까 말이다. 그러므로 "그게 뭐?", "그게 무슨 말이야?"를 스스로에게 묻고 또 동료에게 친절한 말투로 물어보자. 친절한 말투를 강조하는 이유는 "그게 뭐?"라고 아무 감정 없이 이야기하면 듣는 사람 입장에서 기분 나쁘게 받아들일 수 있기 때문이다. 그것은 결국 일의 효율을 떨어뜨려 자신에게 손해가 된다.

여기서 정리의 핵심은 상대방이 우리가 제안하는 해결책(What)을 채택했을 때 가질 수 있는 효용을 최대화시켜 상대방이 쉽게 설득될 수 있도록 만들어야 한다는 점이다.

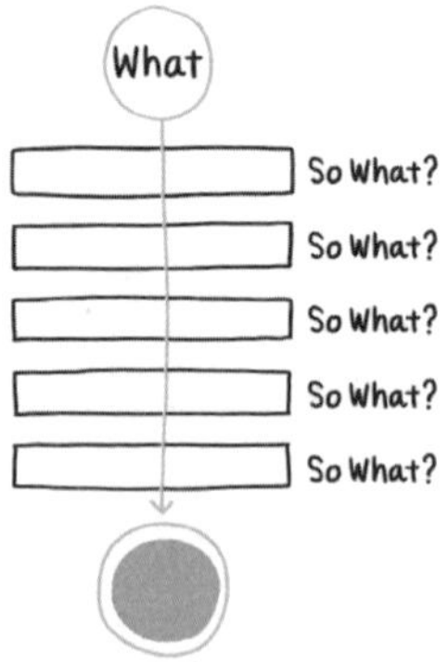

그리고 눈치 챘겠지만, 『기획의 정석』 10장 Storytelling에서 나온 대로 주저리주저리 줄글로만 쓰는 것보다는 '숫자'를 넣어 명확한 한마디로 정리하는 것이 좋다. 숫자는 정리되어 '기억'되는 것을 넘어 고객에게 신뢰감을 줄 수 있다.

빡신 기획 습관 NO.7

내가 하고 싶은 이야기에 관련된 숫자를 찾아 말해주는 습관

— 현대인들에게 ○○가 필요하죠. vs. 산성화된 현대인의 몸은 200여 가지 질병에 노출되어 있어서 ○○가 필요합니다.

— 우리가 먹는 식품에 독성이 가득하죠. vs. 우리가 먹는 식품 속 방부제, 색소, 표백제 등 합법적 식품 첨가물만 무려 350종. 1인당 식품 첨가물 평생섭취량 150kg. 어마어마한 독성을 먹고 있죠.

— 주스 만들 때 열이 나면 영양소가 파괴됩니다. vs. 2도 이상의 열이 발생할 때 과일과 야채 속 비타민과 미네랄, 효소가 파괴되기 시작합니다.

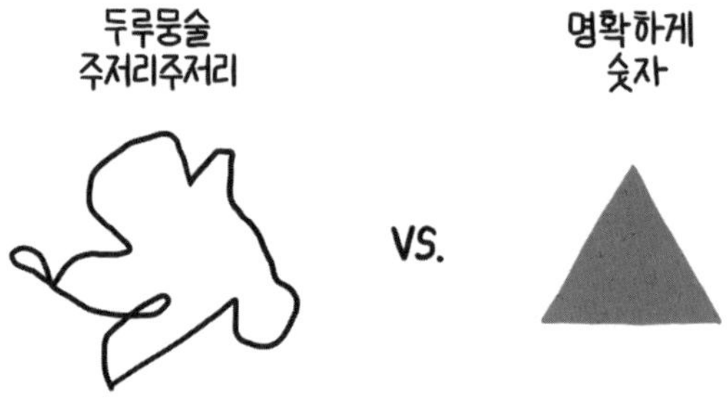

앞서 말한 것처럼 팩트(fact)를 명확히 나타내거나 주장을 더욱 강화할 때는 숫자를 넣어주는 것이 좋다. 또 기억해야 할 것은 이때 제시하는 숫자는 '증명된' 숫자를 써야 한다는 것이다. '7cm 라인을 살려주는'이라는 표현 역시 증명해내야 하는 숫자다. 내부적으로 시간이 필요한 사안이기에 우선 최종 PPT에는 7cm 숫자는 빼고 만들었다.

6. What else? 비교 우위는 뭐야?

정석 차장: 이번에는 '수많은 클렌즈주스가 아닌 왜 꼭 머시주스 너여야 하니?'에 대한 답을 정리해야 해.

막막 사원: 굳이 수많은 클렌즈주스를 가져와서 비교해줘야 해요?

정석 차장: 그렇지. 'What?'을 한마디로 정리할 때 유념해야 할 것이 있어. 그것이 우리끼리의 자화자찬 찻잔 속의 회오리가 되어서

는 안 된다는 것이야. 반드시 경쟁사 대비 비교 우위를 찾아내어 그것을 직간접적으로 표현해야 해. 즉 고객의 문제를 해결할 경쟁자 대비 비교 우위 솔루션이 필요한 것이야. 여기서 비교 우위는 객관적인 지표일 수도 있고, 그냥 인식상의 비교 우위일 수도 있어. 어쨌든 경쟁사와 비교했을 때 고객이 우리를 선택해야 할 이유를 확실하게 보여주어 불안한 고객, 의심하는 고객을 안심시켜줘야 해. 왜냐하면 그녀는 감성적으로 우리를 선택했어도 이성적으로 남편과 친구들 그리고 자기 자신을 설득해야 하기 때문이지. 그렇게 합리화할 것이 필요한 거야. 없으면 만들어서라도 줘야 해.

막막 사원: 음. 우리 머시주스는 설탕, 첨가제, 보존제, 물 한 방울도 안 들어가고 과일과 채소만 들어가죠.

정석 차장: 그렇지. 그것만으로도 대단하지. 하지만 냉정하게 생각하면 다른 착즙주스도 그렇잖아? 그럼에도 불구하고 왜 꼭 머시주스를 선택해야 하는지를 생각해보자.

막막 사원: 우리는 우리니까. 아, 이런 걸 꼭 얘기해줘야 하나요?

정석 차장: 응. 꼭 얘기해줘야 해. 얼른 생각해봐. 주스에 들어가는 재료가 비슷하다면, 머시주스만의 다른 '공정'이 있다든지, 아니면 다른 '패키지'에 담았다든지 하는 차별점을 말이야. 꼼꼼히 하나하나 다 생각해봐.

빽신 기획 습관 NO.8

어떻게 해서라도 다른 점을 찾아 보여주는 습관

사실 누구나 이 지점에서 어려움을 느낀다. '경쟁자 대비 비교 우위'는 말이 쉽지 참으로 찾기 어려운 것이기 때문이다. 파격적인 품질 차이를 절대 느낄 수 없는 요즘 같은 기술 상향 평준화 시대에 경쟁자 대비 비교 우위는 정말로 찾기 힘들다. 그러나 어렵다고 '차별화? 다 뻥이지' 혹은 '뭐. 다 똑같지. 그러니 고객아, 네가 생각해서 골라'라고 말하는 것은 너무 무책임하다.
최소한 고객을 배려한다면 고객의 머릿속에 '비교 지도'를 그려주고, 왜 저것 대비 이것인지 최선을 다해 찾아 보여주어야 한다. 그것이 제안자의 몫이고 책임이다. '품질 차이가 있다'와 '품질 차이가 인식된다 또는 보여진다'는 전혀 다른 문제이기 때문에 찾아서 보여주는 것이 매우 중요하다.

Q. 그게 뭔데?
A. <u>다른 애들은 이런데</u> <u>우린 이래.</u>
①   ②

보여줄 때는 ②번만 보여주면 안 되고 ①번을 같이 보여줘야 한다. 다음의 그림처럼 말이다.

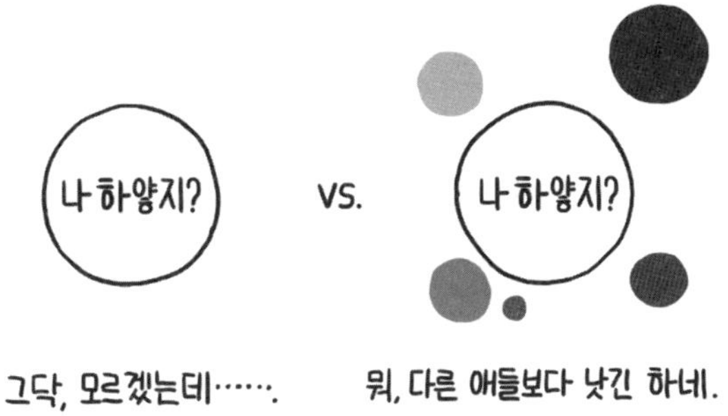

이와 관련해 '찾다 찾다 없으면 (거짓말이 아닌 한도에서, 있는 것에 의미를 더해) 만들어내라'는 명제를 은연중에 알려주는 흥미로운 개념이 있다. 노스웨스턴 대학 마케팅 교수인 그레고리 카펜터와 버클리 하스 경영대학원의 라시 글레이저, 버지니아 공과대학의 켄트 나카모토 교수가 제안한 '무의미한 차별화(meaningless differentiation)'가 그것이다. 비록 제품의 성능에 큰 영향을 주지 않더라도 경쟁 제품에 없는 속성을 강조하여 소비자에게 제품을 인식시키는 차별화 전략이다. '알아서 알아줘' 하기에는 경쟁자들이 너무나 많다. 안 그래도 머릿속이 복잡한, 인지의 구두쇠인 소비자들에게 제품을 확실하게 각인시킬 수 있는 축과 한마디를 만들어주자.

막막 사원: 음……. '공정'이라……. 우리는 다른 착즙주스와는 다르게 '콜드프레스(Cold-Pressed)'라는 공정을 거치는데요.

정석 차장: 그게 뭐지?

막막 사원: 말 그대로 '콜드'는 차갑게, '프레스'는 누른다는 거죠. 즉 신선하고 차갑게 보관된 원료를 눌러 짠다는 거예요. 야채나 과일 속에 있는 비타민, 미네랄, 효소는 '활성 영양' 상태라야 진짜 영양이 살아 있는 것인데, 재료를 가열하거나 재료가 장시간 공기 중에 노출되면 '불활성 영양' 상태가 돼요. 그런데 대부분의 경우, 착즙하는 동안 모터에 열이 많이 발생하잖아요. 집에서 과일이나 채소를 갈아먹을 때 쓰는 기계를 손으로 만져보면 엄청 뜨겁잖아요. 근데 머시주스는 압력만으로 차가운 상태에서 눌러 착즙을 하니까 열에 의한 영양소 파괴가 없죠. 물론 다른 경쟁사 중에서도 콜드프레스를 하는 곳이 있긴 하지만, 소비자들에게 명확히 인식이 안 된 상태이니까 우리의 비교 우위로 내세우면 좋죠. 회사 초창기 때 이 비싼 기계를 사느라 얼마나 생고생을 했다고요.

정석 차장: 그렇군. 정리하면 콜드프레스를 해야 진짜 활성 영양 상태가 되고 그래야 진짜 해독, 진짜 영양 공급이 된다는 거. 맞니?

막막 사원: 네. 게다가 결혼을 앞둔 예비 신부는 엄청 예민하잖아요. 스트레스도 많이 받고. 이렇게 신경을 많이 쓰면 면역력도 떨어

지는데 이때 머시주스를 먹으면 건강을 챙길 수 있죠.

정석 차장: 근데, 우리가 흔히 먹는 '스무디'도 차갑게 갈아서 먹는 거 아냐? 머시주스가 더 좋은 이유가 있어?

막막 사원: 스무디는 아무리 갈았다고 해도 건더기와 섬유질이 그대로 남아 있잖아요. 섬유질은 잘 씹어서 침이랑 섞여야 소화가 쑥쑥 되는데, 아무래도 스무디는 그냥 호로록 넘기잖아요. 그래서 침이랑 잘 안 섞여서 소화기관에 부담을 많이 줘요. 근데 우리는 건더기와 섬유질을 필터링하니까 소화기관에 부담이 전혀 없죠. 심지어 섬유질 사이사이에 존재하는 골수 영양까지 착즙하니까 아주 진한 영양소를 빠른 시간 내에 흡수할 수 있죠.

정석 차장: 그럼, 과일이나 야채를 생으로 먹는 게 제일 좋은 거 아냐?

막막 사원: 생으로 먹을 때보다 착즙하면 체내 흡수율이 67% 이상 증가해요. 거기다가 거친 섬유소는 제거하고 미세 섬유소가 장 운동을 부드럽게 도와주니 머시주스가 장 속 노폐물을 몸 밖으로 배출시켜주는 거죠.

정석 차장: 그렇군. 방금 말한 공정 비교 우위 하나, 그리고 모 방송 블라인드 테스트에서 1위 한 맛 비교 우위 둘, 유기농이랑 친환경 야채만 쓰는 재료 비교 우위 셋. 이렇게 3가지로 비교 우위 정리하면 되겠다.

빡신 기획 습관 NO.9

인식의 프레임을 던져주는 습관

지금까지는 콜드프레스와 콜드프레스가 아닌 것만을 가지고 비교했으나, 좀 더 적극적으로 비교 우위를 인식시키기 위해 우리에게 유리한 항목을 더해 비교표를 만들어 보여주는 것도 좋다. 고객 입장에서는 어쨌든 1차적으로 제공받은 비교표로 생각의 프레임을 갖게 되고, 그 프레임 안에서는 비교 우위를 갖는 자사를 긍정적으로 인식할 것이다.

	머시주스	경쟁사A	경쟁사B	경쟁사C
콜드프레스 공법	O	X	O	X
No HPP	O	O	X	X
무첨가	O	X	X	O

'프레임을 제공한다'는 것은 '인식의 틀을 선점한다'는 점에서 매우 유리할 수 있다. 물론 고객에게 강하게 인식될 만큼 설득력이 있는 프레임을 제공하는 것이 전제되어 있어야 한다. 프레임의 핵심은 우리의 강점은 최대화하고 약점은 최소화하는 것이다. 동시에 경쟁사의 강점은 최소화하고 약점은 최대화해야 한다. 이를 염두에 두고 비교표를 만드는 것이 좋다.

만약 우리가 제공하지 않은 다른 축으로 프레임으로 만들어 우리를 비판하는 적극적인 소비자가 있다면 이것은 환영할 만한 일이다. 그 소비자와 자리를 만들어 그의 이야기를 많이 들어볼수록 좋다. 내부에서는 못 보고 있지만, 향후 우리가 추구해야 할 방향과 축을 그 까칠한 소비자가 알려줄 수 있기 때문이다. 빌 게이츠도 "가장 큰 불만을 가진 고객은 가장 위대한 배움의 원천이다(Your most unhappy customers are your greatest source of learning)"라고 하지 않았는가? 잘난 척하는 분을 받아주면 이것은 결과적으로 우리가 진짜 잘나갈 수 있는 기회가 된다.

7. How So? 진짜 그 해결책을 쓰면 좋은가?

정석 차장: 계속 점검해나가야 할 것 중 하나는 우리만의 '주장'이 되어서는 안 된다는 것이야. 남아프리카공화국 성공회 대주교이자 인권운동가인 데즈먼드 투투(Desmond Tutu) 님이 그러셨잖아. "목소리를 높이지 말고 주장을 강화하십시오." 목소리 높이는 건 시끄럽기만 할 뿐이야. 고객이 조용히 납득할 수 있도록 우리의 주장에 대해 근거와 예시를 넣어야 해. '어떻게 그럴 수 있는가?', '정말 그런가?', '어떻게 그것이 가능한가?' 차원에 대해서 듣는 사람이 고개를 끄덕일 수 있도록

말이야.

막막 사원: 그럼, 우리 회사 이야기뿐만 아니라 구체적인 자료, 절대량의 사례, 판단 가능한 비교 기준 등을 줄 수 있어야겠네요.

정석 차장: 그렇지! 그러니까 머시주스 해독으로 그녀들이 원하는 라인 만들기와 다이어트가 진짜 가능한지에 대해 권위 있는 자료를 내미는 것이 필요해. 포인트는 '내가 이것을 주장한다'라는 주관적 주장에서 멈추지 말고 'A도, B도, C도 이렇다고 하는데?'라며 객관적 사실로 보이도록 표현해야 한다는 점이야.

막막 사원: 네. 좀 더 찾아볼게요. 영양학자이자 비만 전문가이며 무엇보다 DEM(Detox-Eat-Move) 시스템의 창시자인 JJ 스미스가 지은, 미국에서 100만 부 팔린 『10-Day 그린스무디』라는 책이 있는데, 책 속에 실린 사례들 중에 제안서에 쓸 만한 것들이 있는지 찾아볼게요. 아, 혹은 그 사람 아세요? 호주 사업가로, 희귀병에 걸렸었는데 60일 동안 클렌즈주스만 먹고 40kg 빼고 건강을 되찾았을 뿐만 아니라, 몸매 라인도 찾고 이목구비도 찾아 훈남이 된 조 크로스. 그 사람 이야기도 도움이 될까요?

정석 차장: 네가 판단해봐. 이것들을 근거로 썼을 때 예비 신부들에게 더 신뢰성 있는 자료가 무엇일지.

빽신 기획 습관 NO.10

주관적 주장을 넘어 객관적 사실을 증명해서 보여주는 습관

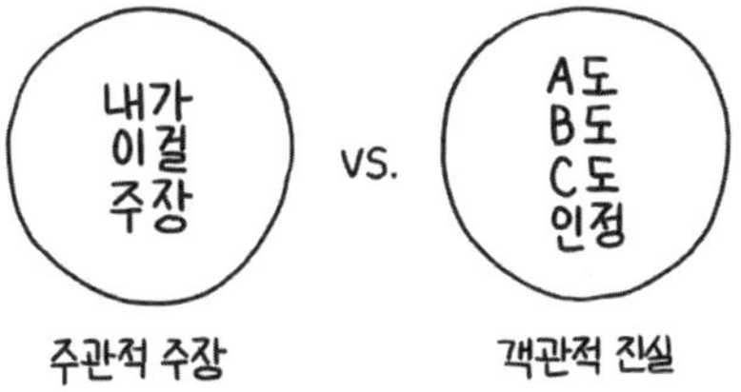

여기서 말하는 권위 있는 자료란, 나와 경쟁사 외에 제3자 또한 끄덕일 수 있는 절대량의 검증을 받은 '객관적 자료'를 말한다. 구체적 데이터를 가진, 절대적인 권위가 인정한, 출처가 명확한 자료 말이다. 하버드 대학의 새뮤얼 아브스만 박사는 저서 『지식의 반감기』에서 우리가 알고 있는 지식의 절반이 틀린 것으로 드러나는 데 걸리는 시간, 즉 '지식의 반감기'를 말해주고 있는데 물리학은 13.07년, 경제학은 9.38년, 수학은 9.17년, 심리학은 7.15년, 역사학은 7.13년, 종교학은 8.76년이라고 한다.
인간은 신처럼 '전지'하지 않기에 다들 '부분'만 '흐릿하게' 본다. 그리고 전지하다는 착각 속에 자신이 본 부분을 전체로 확신하는 경향이 있다. 그러나 반대로 매사에 '이 사실은 과연 객관적 사실인가?'라는 질문을 던지며 살 수는 없다. 그리고 '인간이 만

든 자료에는 진리가 없다'며 침묵하거나 만사에 냉소적으로 대하는 것도 옳지 않다. 그러니 우선 '지금까지'의 '상식적 수준'에서 '절대량의 지지'를 받은 자료를 겸허한 마음으로 최선을 다해 보여주는 것이 중요하다.

그리고 꼭 PPT 자료 우측 하단에 출처를 밝혀야 한다. 출처 없이 자료만 덩그러니 있으면 매우 신뢰성이 떨어져 보인다.

8. How To? 해결책을 어떻게 실행할 것인가?

정석 차장: 오케이. 그럼 지금까지 이야기한 근거로 설득이 된 고객들에게 우리 제품의 이용 방법을 구체적으로 알려주자.

막막 사원: 어떻게 먹는지, 어떻게 신청하는지, 어떻게 선택하는지 등을 알려줘야겠네요.

정석 차장: 그렇지! 이것 역시 그녀들이 보기 편하도록 '나는 이걸 설명한다'가 아닌, '너는 이걸 이렇게 이용할 수 있다'라는 말투로! 예를 들면 '머시주스는 하루에 6병씩 마시도록 구성되어 있습니다'가 아닌 '당신은 하루에 2시간 간격으로 6병을 드시면 됩니다'라는 식으로 써야 해. 이 두 문장은 내용은 같지

만 전혀 다른 이야기야. 예를 들어, 제품 종류를 소개할 때도 '뭐 뭐 뭐가 있다'보다는 '너의 뭐 뭐 뭐에 좋다!'처럼 그녀가 원하는 효능을 중심으로 써야 해. 그래야 그녀 입장에서 이해가 더 쉽겠지?

정석 차장: 더불어 지금까지 쭉 설명한 것이 머시주스 담당자에게는 너무나 익숙한 것들이지만, 처음 듣는 사람들에게는 너무 많은 정보가 한꺼번에 전달된 것일 수 있어. 그렇기 때문에 다시 한 번 간단히 정리해주는 게 중요해. 내가 '이야기했다'가 중요한 게 아니라 고객이 '정리됐다', '기억됐다'라고 하는 것이 중요하니까. 즉 앞에서 이야기한 것을 그냥 주저리주저리 줄글로 쓰기보다 동그라미 3개에 담아 설명해주면 이해가 쉽겠지. '이렇게 하면 된다'보다는 '이 3가지만 하면 된다'가 머릿속에 더 잘 들어오겠지?

효용성과 사용성 위주로 이야기하는 습관

제품 특징(Feature/What) 위주의 설명보다는 효용성과 사용성(Benefit/How To) 위주의 설명이 고객 입장에서 보다 친근하다. 즉 우리가 말하고 싶은 것보다 고객이 알고 싶은 것, 알아야 하는 것 위주로 정보를 재배열하는 것이 좋다.

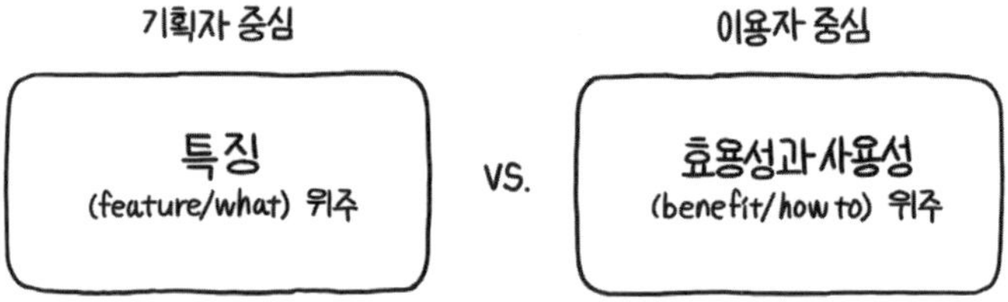

예를 들어보자. "박신영은 좋은 사람이다"라고 회사에서 소개할 때, 나의 관점에서 이야기한다면 내게 중요한 것 위주로 이야기하게 된다. 박신영이 좋아하는 꽃, 글쓰기, 집순이 성향 등을 항목으로 정해서 "박신영은 꽃을 좋아한다. 꽃 좋아하는 사람치고 나쁜 사람 없다……." 이런 식의 상대방이 궁금하지 않은 이야기만 가득해진다. 그러니 상대방은 안 듣는다.
하지만 상대방 입장에서 원하는 것, 문제 해결을 바라는 것을 항목으로 나눠 그것에 대해 박신영이 무얼 가지고 있는지, 어떤

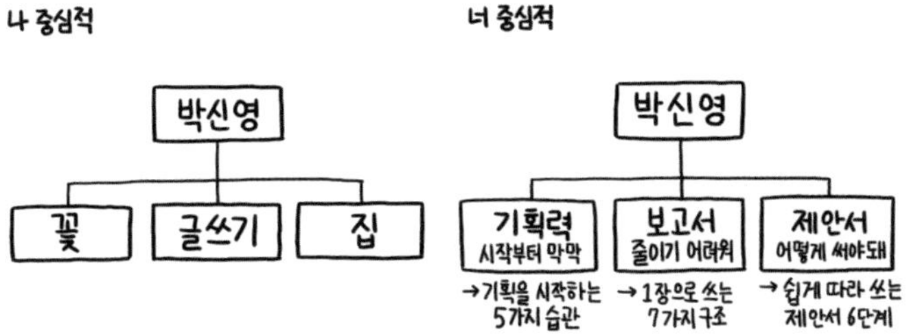

도움을 주는지를 설명한다면 상대방 입장에서도 도움이 되니까 좋은 사람이라고 생각할 수 있다.

"아무래도 회사에서 우리가 힘든 건 기획, 보고, 제안 때문이죠. 박신영은 이 3가지에 대한 실질적인 도움을 드리려 합니다. 기획, 시작부터 막막할 때 '기획을 시작하는 5가지 습관'을 알려드릴 거고요. 보고, 1장으로 핵심만 줄여 쓰는 방법을 7가지 구조와 함께 알려드릴게요. 제안서 쓰기도 어렵죠. 막막할 때 쉽게 따라 쓰는 6단계를 알려드리고요."

정리하면, 박신영에 대한 수많은 항목 중 상대방이 중요하게 생각하고 원하는 것을 선별해서 정리해야 상대방이 듣는다. 항목 자체가 상대방 중심으로 바뀌는 것이다. 그러니 우리 제품의 특징을 알려주는 항목부터 점검해봐야 한다. 상대방이 원하는 것과 그와 관련된 우리 제품이 가진 것을 잘 보여줄 수 있도록.

머시 사례로 살펴보자.

① 일반적인 주저리주저리 PPT

PPT자료

Green Cleanse

알로에, 케일, 밀싹, 아스파라거스, 시금치 등의 다양한 유기농 및 친환경 채소를 베이스로 체내 독소와 노폐물을 제거하는 디톡스(Detox) 역할을 합니다. 비움 뒤 채움 단계: 독소 제거(그린 클렌즈) 후 신체 밸런스를 위해 영양분을 채우는(레인보우 클렌즈) 분들도 많습니다.

Rainbow Cleanse

다양한 야채와 과일이 베이스가 되어, 체내 영양을 충분히 공급해주는 Body Balance라인입니다. 특히 Non-Dairy Milk인 넛밀크는 우유 대신 아몬드로 즙을 내려 유당 불내증을 가진 사람에게 좋고, 단백질이나 칼슘이 많이 들어 있습니다.

Rebooting Cleanse

기존의 클렌즈가 몸을 클렌징하기 위한 '준비와 기초' 단계로 몸을 설정해주었다면, Rebooting Cleanse는 한층 더 업그레이드된 재료로 흐트러진 몸을 전면적으로 재부팅하고 본격적인 클렌징을 통해 신체의 건강한 회복을 도와주는 프로그램입니다.

② '네가 원하는 무엇에 좋다' 효용성 위주로 정리한 PPT

PPT자료

독소부터 빼려면
Green Cleanse

체내 독소와 노폐물을 제거하는 디톡스가 필요하다면 알로에, 케일, 밀싹, 아스파라거스, 시금치 등의 다양한 유기농 및 친환경 그린 채소가 듬뿍 들어 있는 Green Cleanse를 추천합니다.

영양 공급부터 채우려면
Rainbow Cleanse

체내 영양을 충분히 공급해주고 싶다면 영양소가 가득한 야채와 과일이 베이스가 된 Body Balance를 추천드립니다. 특히 Non-Dairy Milk인 넛밀크는 우유 대신 아몬드로 즙을 내려 유당 불내증을 가진 사람도 섭취할 수 있도록 했습니다. 그리고 단백질과 칼슘 흡수에 도움을 줍니다.

몸의 회복부터
Rebooting Cleanse

기존의 클렌즈가 몸을 클렌징하기 위한 '준비와 기초' 단계로 몸을 설정해주었다면, Rebooting Cleanse는 한층 더 업그레이드된 재료로 흐트러진 몸을 전면적으로 재부팅하고 본격적인 클렌징을 통해 신체의 건강한 회복을 도와줍니다.

③ 글을 표로 정리한 PPT

PPT자료

핵심 효능	해독부터_디톡스	영양 공급부터_밸런싱	몸 회복부터_리부팅
라인 구분	Green Cleanse	Rainbow Cleanse	Rebooting Cleanse

구성 성분	해독으로 유명한 알로에, 케일, 밀싹, 아스파라거스, 시금치 등의 다양한 유기농 및 친환경 그린 채소들	풍부한 영양 공급으로 유명한 사과, 당근, 레몬, 오렌지, 자몽, 파인애플, 양배추, 고구마, 아몬드가 베이스	몸의 회복에 탁월한 샐러리, 파슬리, 오이 등 한층 업그레이드된 그린 재료들
핵심 스킬	체내 독소와 노폐물을 제거하는 Super Detox 역할	체내 영양 공급, 피부/위장 트러블 완화, 탄력에 탁월한 Body Skin Balance 라인	몸을 전면적으로 회복시켜주는 Ultra Rebooting 라인

이번 상황에서는 메뉴를 하나하나 설명하기에는 시공간적 제약이 있어서 패키지로 설명하고 있지만, 만약 상품 하나하나를 따로 설명할 때가 있다면 그때는 고객 입장을 염두에 두고 제안서를 써야 한다. 예를 들어, 기획자 중심의 설명은 '여기에는 밀싹이 들어 있습니다'처럼 특징 위주의 설명이다. 만약 이용자(고객)를 생각한다면 '지구상에 존재하는 102가지 영양소 중 무려 96개의 영양소가 들어 있어 힘 빠졌을 때 힘을 쑥쑥 주는 영양 덩어리, 밀싹이 들어있습니다'라고 설명해야 한다. 그래야 고객들이 왜 밀싹을 먹어야 하는지 납득을 하게 된다.

특별한 기호가 없는 이들에게 설명할 때에도 '여기에는 당근이 들어가 있어요'라고 말하기보다는 '피부 미용과 스트레스 완화에 탁월한 당근 주스예요. 당근은 스마트폰으로 피로해진 시력 보호에 좋고요'라고 설명해야 고객과 쉽게 연결될 수 있다.
이를 위해 제품을 설명할 때는 아래 4가지로 구분하여 생각해 보고 정리해보는 습관이 필요하다. 혜택과 사용성 위주로 쉬운 커뮤니케이션을 하되, 가장 중요한 핵심 내용의 근거와 명확한 특징이 내부적으로 잘 정리되어 있어야 한다. 그래야 신뢰감 있는 의사소통이 되기 때문이다.

• 특징과 속성(What/Feature)
  당근 주스

• 혜택과 효용(If/Benefit)
  시력 보호

• 이유와 근거(Why/Evidence)
  당근의 풍부한 비타민A와 칼륨 → 시력 보호와 시력 회복

• 사용성(How)
  8시간 내내 컴퓨터로 눈을 혹사한 날이라면 한잔하는 습관!

또한 우리가 늘 기억해야 할 것은 나와 상대방 머릿속에 '한 단어'에 대한 '다른 정의'가 저장되어 있다는 점이다.

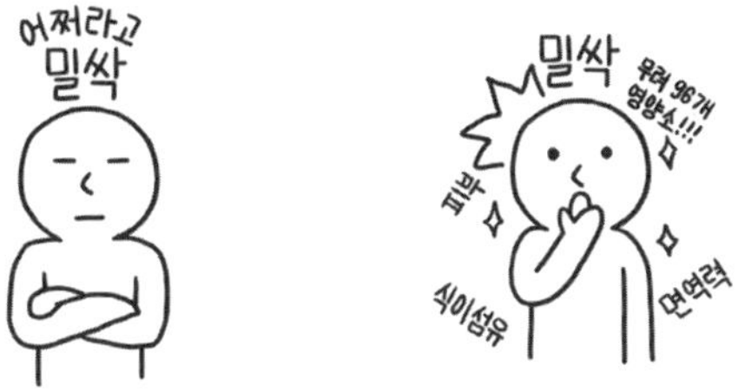

기획자 입장에서는 밀싹에 대한 여러 가지 정보가 이미 머릿속에 있다. 그래서 구체적으로 설명하지 않고 '밀싹이 있다고!'라고만 이야기한다. 그러나 고객 입장에서는 그냥 아무 의미 없는 '밀싹'이란 단어가 들릴 뿐이다. 그렇기 때문에 '너에게 왜 밀싹이 필요한지'를 설명하는 효용성 중심의 접근이 필요하다.

우리 뇌는 주저리주저리 나열한 것보다 정보를 구조화한 것들을 쉽게 기억한다. 앞에 사용한 유형별 카테고리 만들기 외에도 시간의 흐름이나 단계별로도 구조화할 수 있다. 즉 '시간대별로 먹으면 더 좋은 과일 순', '가지고 있는 영양소 단계'에 따라 이야기하는 것이 좋다.

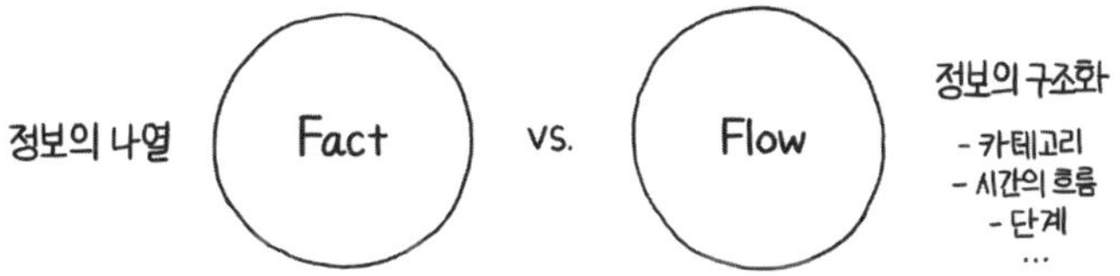

9. If? 해결책을 실행하면 뭐가 좋은가?

막막 사원: 이제 드디어 끝나나요?

정석 차장: 그치! 여태까지 내용 구성한 것만도 너무 수고했다. 마지막으로 한 번 더 설득하고 끝내고 싶으면, '만약에 이걸 하면 이렇게 좋을 거다'란 이미지를 그려주면 좋아. 근데 사람이 참 재밌는 게, 예를 들어 착한 남자만 만나면 착한 남자의 행동이 고마운 줄 모르잖아. 근데 나쁜 남자 만나서 실컷 고생하고 나면 착한 남자의 착함이 얼마나 귀한 것인 줄 알잖아. 기대 효과를 쓸 때도 마찬가지 같아. 그냥 '이렇게 하면 좋다'만 보여주면 '흠……. 그런가?' 하니까 '하지 않았을 때는 이러하지만, 하고 나면 이렇다' 식으로 'Before vs. After'를 비교해서 기대 효과, 예상 성과를 보여주는 것도 방법이야. 이거 어디서 많이 본 것 같지 않니?

막막 사원: 성형외과 광고요!

정석 차장: 그치. 그냥 예쁜 모습만 보여주면, 나와 상관없는 현실성 없는 이야기인데, Before를 보여주어 공감을 시킨 후에 After로 설득시키니까 '헉……. 대박!' 하며 설득당하게 되는 거지. 하지만 사람 얼굴이 다 똑같아지는 게 슬프기도 해.

막막 사원: 그러면 여기서는 머시주스를 경험하지 않은 칙칙한 신부로

공감을 얻은 후에 클렌즈주스로 해독 완료된 상큼한 신부를 보여주며 설득해야겠어요! 혹은 웨딩드레스 라인이 통짜인 신부와 허리 라인이 7cm 쏘옥 들어간 신부를 비교해주던지.

정석 차장: 그래. 정답은 없으니 이것저것 다 생각해보고 베스트를 선별해봐. 그리고 이 좋은 기회를 이용해서 웨딩라인뿐만 아니라 이후에 함께할 수 있는 다음 라인도 자연스럽게 소개하며 끝맺는다면 더 좋겠지. 예비 신부니까, 웨딩 전 브라이덜 샤워라던가, 베이비 샤워 때 혹은 소형 웨딩 때 사용할 수 있는 출장 서비스에 대한 소개를 하면 좋을 것 같아.

막막 사원: 네, 간단히 소개할 것들을 정리해볼게요.

정석 차장: 여기까지 쓴 걸, 한 장의 도식으로 정리해봐. 스스로 다음 질문에 바로바로 대답이 나오는지를 체크해보고.

상대방의 질문		제안 목차
Whom	누가 사?	0단계. 고객 개발
Why	그 사람들은 왜 사?	1단계. 문제
Why so	그 사람들은 왜 그런 거야?	2단계. 원인
What	그래서 뭐?	3단계. 해결책/제안
What else	딴것도 많잖아?	4단계. 비교 우위
How	그래서 어쩌라고?	5단계. 진행/계획/이용 방법
If	근데 꼭 해야 되나? 뭐 더 없어?	6단계. 예상 성과/+α제안

7 Proposal Process Sheet®

복잡한 생각을 정리하는 7단계 기획 프로세스 시트

Whom
고객 개발: 문제를 가진 집단?

↓

Why
문제: 그들의 문제?

Why so
원인: 문제의 원인은?

So What
제안: 그래서 무엇을?

↓

What else
비교 우위: 왜 꼭 이거?

↓

How to
진행/계획: 어떻게 진행?

↓

If
예상 성과: 뭘 얻어?

Whom 고객 개발: 문제를 가진 집단?	웨딩드레스 라인이 중요한 예비 신부
Why 문제: 그들의 문제?	1. 드레스 라인 위한 몸매 관리 2.피부 관리 3. 체력 관리 → 도저히 불가
Why so 원인: 문제의 원인은?	몸 속 독소 때문 : 독소 안 빼면 살도 안 빠지고 체력도 시들시들
So What 제안: 그래서 무엇을?	예비 신부의 숨겨진 7cm 라인을 찾아주는 〈머시주스 웨딩라인〉
What else 비교 우위: 왜 꼭 이거?	1. [공법] 영양 손실 최소화, 콜드프레스 공법 2. [맛] 유명 TV 프로 블라인드 테스트 1등 3. [재료] 유기농+친환경 재료만, No HPP, 첨가물
How to 진행/계획: 어떻게 진행?	기간, 효능, 대상 3가지 선택 후 3가지 방법으로 신청 가능 →홈페이지, 전화(02-540-3596), 현장 신청(×% 할인)
If 예상성과: 뭘 얻어?	숨겨진 7cm 10일 프로그램 선택 시 결혼 관련 행사 출장 서비스 10% 할인

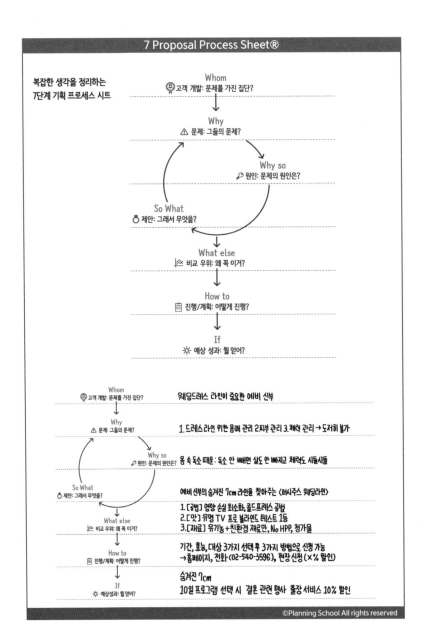

본인의 제안서에 대해 이 시트를 채우며 7단계에 대한 생각을 정리한 뒤 PPT를 만들어 봐. 만약 정리해봤는데 한 장으로 안 되면 다시 돌아가서 각 항목에 대한 답을 더 명확히 이야기하고 돌아와야 해. 정리가 안 된 상태에서 PPT 자료를 만들면 시간이 너무 많이 걸리니까. 그리고 논리뿐만 아니라 뇌리에서 지워지지 않는 강렬한 그림 한 장으로 뭘 남길지 생각해봐도 좋아. 머시주스가 결국 하고 싶은 이야기가 '네 안의 독소, 머시주스가 죽여줄게'라고 한다면 이렇게 그릴 수 있지.

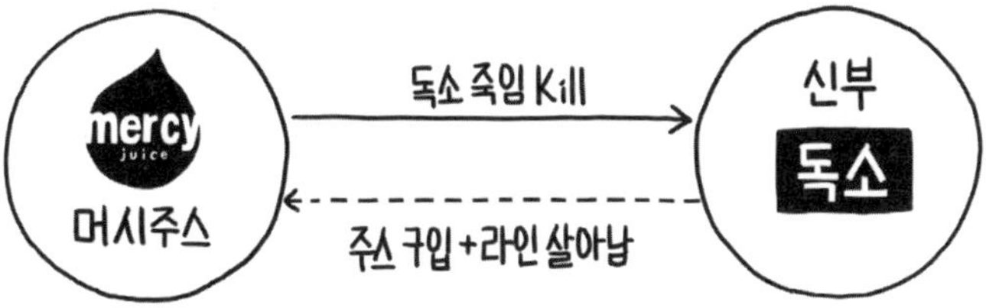

투자의 대가 피터 린치(Peter Lyuch)가 한 말이 있어. "그림으로 표현할 수 없는 아이디어에는 투자하지 말라." 왜냐하면 나에게 그림이 안 그려진다면, 사람들에게는 당연히 안 그려질 것이고, 그렇다면 그건 팔리지 않는 아이디어가 될 테니까. 그러니까 꼭 한 장으로 그려봐야 해.

빡신 기획 습관 NO.12

PPT 작성하기 전 A4 용지를 PPT화하는 습관

앞의 대화들이 어떻게 PPT 한 장 한 장으로 구성되는지 이제부터 함께 살펴보자. 대화를 마친 후, 컴퓨터를 켜고 PPT 프로그램부터 다짜고짜 열지 마시라. 왜냐면 또다시 막막해진다. 막막하면 자꾸 딴 길로 새고 시간은 날아간다.

이런 저런 [말]을 → 정리된 [글]로 → 보여지는 [그림]으로 전환하려면 연습이 필요하다. 많이 쓰는 방법 중 하나는 A4 용지를 접어서 혹은 노트의 구획을 나눠서, 나뉜 공간 1개가 PPT 1장이라 생각하고 적어보고 그려보는 거다.

① 8 Box PPT

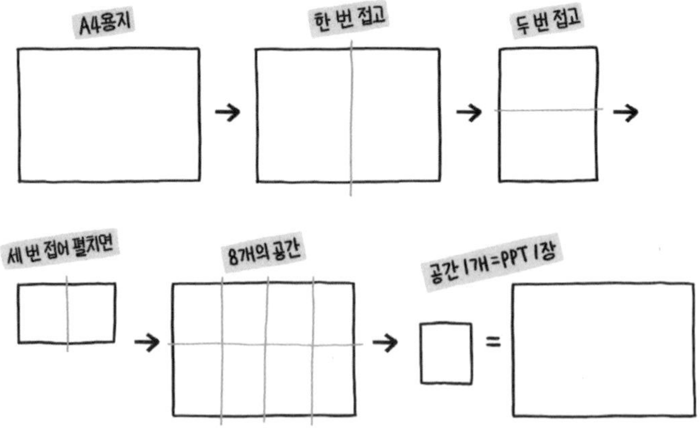

즉 아래와 같이 준비해서 다음과 같이 적어보는 것이다.

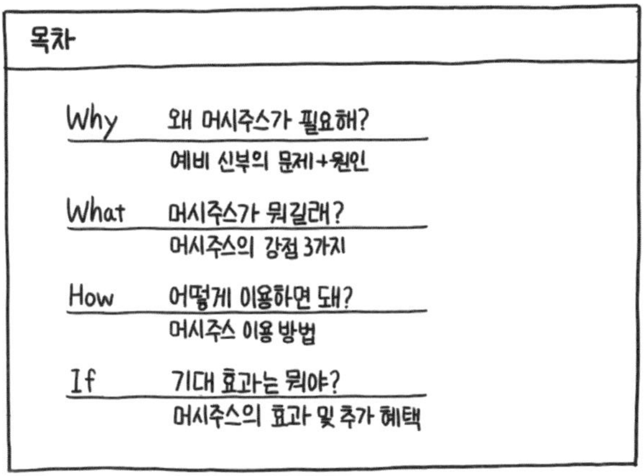

목차
Why
왜 머시주스가 필요해?
예비 신부의 문제+원인
What
머시주스가 뭐길래?
머시주스의 강점 3가지
How
어떻게 이용하면 돼?
머시주스 이용 방법
If
기대 효과는 뭐야?
머시주스의 효과 및 추가 혜택

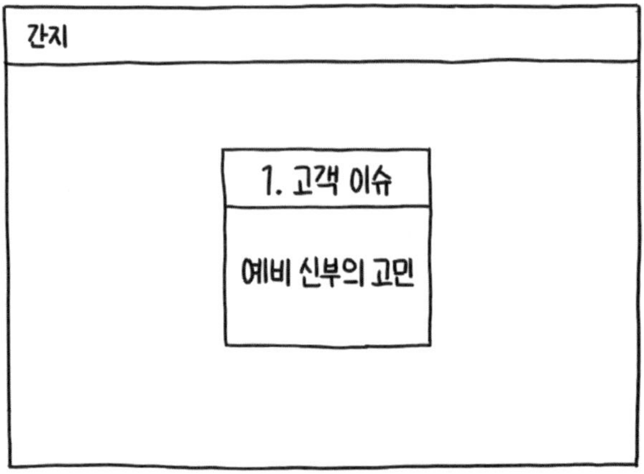

간지
1. 고객 이슈
예비 신부의 고민

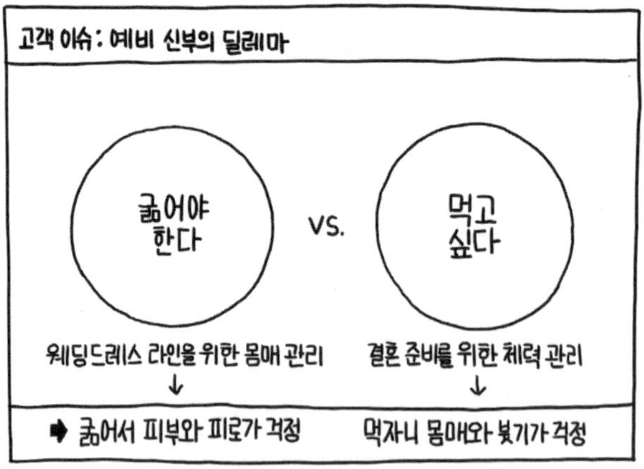

고객 이슈 : 예비 신부의 딜레마
굶어야 한다
vs.
먹고 싶다
웨딩드레스 라인을 위한 몸매 관리
결혼 준비를 위한 체력 관리
➡ 굶어서 피부와 피로가 걱정
먹자니 몸매와 붓기가 걱정

레이아웃도 PPT 레이아웃에 맞게 선을 그어서 그리면 좋다. 이렇게 몇 장 그려보면 말이 글로 정리되고, 글 중에서 그림으로 표현하면 좋을 것들이 보인다. 다 완성하고 나면 PPT 프로그램을 열고 바로 작업 가능하다. 물론 PPT상에서 보면 또 다른 느낌이 들기 때문에 고쳐야 하지만 이 과정을 거치지 않았을 때보다는 효율적으로 일할 수 있다. 한 장 그린다고 바로 나오는 게 아니라 여러 장을 그리면서 정리되기 때문이다. 이 작업을 할 때 나는 영화 속에 등장하는 작가 코스프레를 많이 한다. "이건 아니잖아! 이게 아니라고!" 하면서 A4 용지를 굳이 구겨서 던져보는 것이다. 결국 내가 치워야 하지만, 최대한 재미있게 이 과정을 밟아가려는 노력의 일환이다.

정리를 위한 또 하나의 방법을 공유하자면, 이름 하여 '전단지 정리법'이다. A4 용지를 2번 접으면 앞뒤 3개씩 총 6개 공간이 나온다. 거기에 제목, 문제, 원인, 해결/제안, 이용 방법, 기대 효과/약속을 채워보는 것이다. 이 훈련을 반복하면 정말 필요하고 쓸모 있는 내용만으로 정리하는 게 습관이 된다.

그리고 팀을 짜 팀원들 각자가 만든 내용들 중에서 좋은 것들로 한 장을 채우면 완성도 있는 한 장을 만들어낼 수 있고, 이 과정 속에서 핵심 내용들을 잘 정리할 수 있다. 또한 팀별로 전단지를 만들어보고 이것을 제안하여 가장 많은 사람들로부터 승낙받은 팀에게 승리를 주는 방식으로 진행해보는 것도 좋은 방법이다. 이렇게 하면 정말 다양한 정리가 나오는데, 거기서 많은 것을 배울 수 있기에 실행해볼 것을 추천한다. 다음은 예시다. 두 번 접어서 나오는 맨 윗장은 제목 장이 된다.

② 6 Box Handout

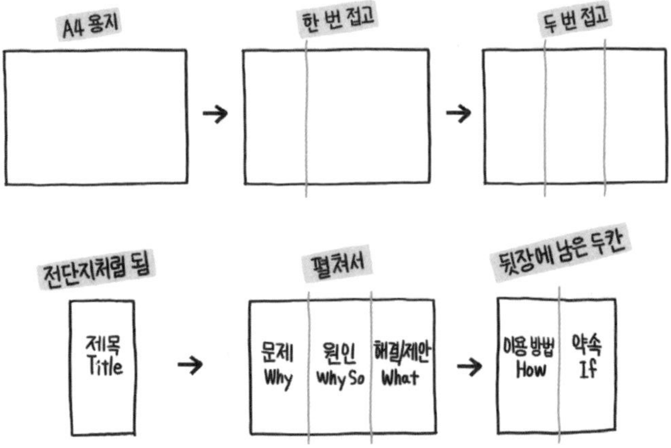

이것을 펼치면 고객의 핵심 이슈(Why), 근본 원인(Why So), 해결책(What)이 나온다. 물론 상황에 따라 항목은 조정될 수 있다.

뒷장으로 넘기면 근거(How So)와 이용 방법(How To), 그리고 추가 혜택(If)에 대한 설명이 들어간 한 장이 나온다.

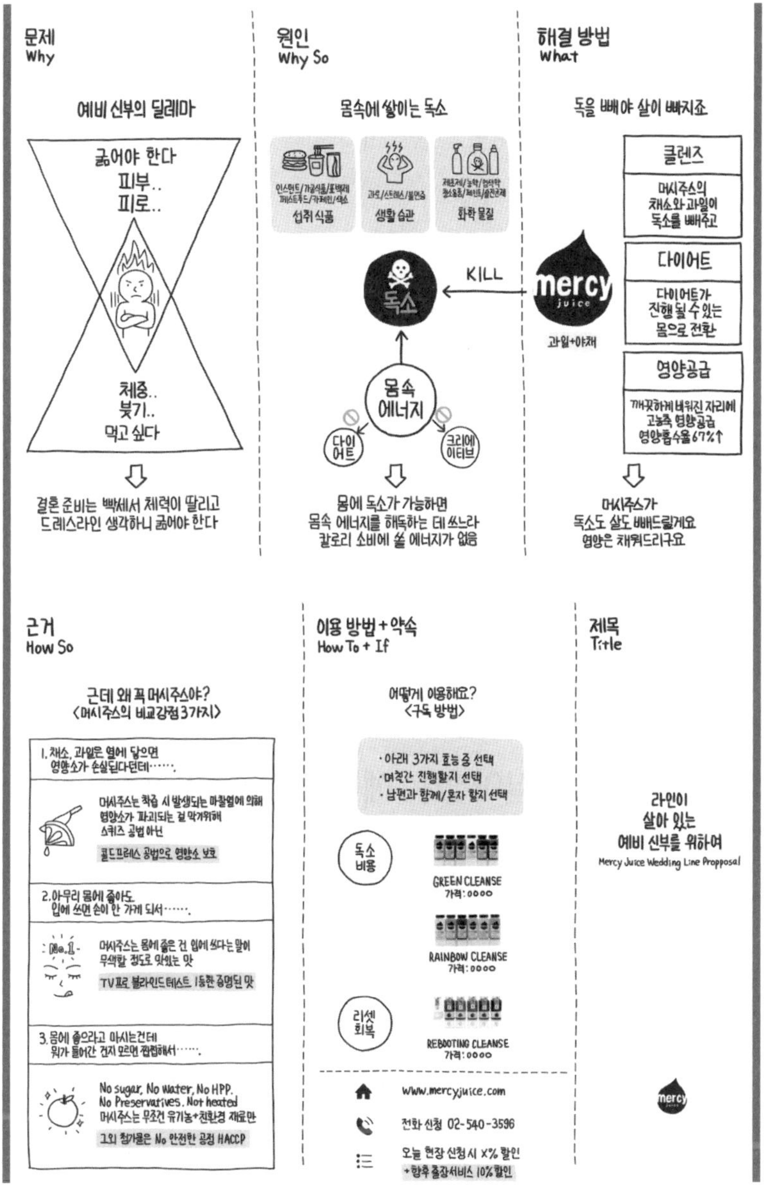
문제
Why
예비 신부의 딜레마
굶어야 한다
피부..
피로..
체중..
붓기..
먹고 싶다
결혼 준비는 빡세서 체력이 딸리고
드레스라인 생각하니 굶어야 한다
원인
Why So
몸속에 쌓이는 독소
인스턴트/가공식품/표백제
패스트푸드/카페인/색소
섭취 식품
과로/스트레스/불면증
생활 습관
화학 물질
독소
KILL
몸속
에너지
다이어트
크리에이티브
몸에 독소가 가능하면
몸속 에너지를 해독하는 데 쓰느라
칼로리 소비에 쓸 에너지가 없음
해결 방법
What
독을 빼야 살이 빠지죠
mercy juice
과일+야채
클렌즈
머시주스의
채소와 과일이
독소를 빼주고
다이어트
다이어트가
진행될 수 있는
몸으로 전환
영양공급
깨끗하게 비워진 자리에
고농축 영양공급
영양흡수율 67%↑
머시주스가
독소도 살도 빼드릴게요
영양은 채워드리구요
근거
How So
근데 왜 꼭 머시주스야?
<머시주스의 비교강점 3가지>
1. 채소, 과일은 열에 닿으면
영양소가 손실된다던데…….
머시주스는 착즙 시 발생되는 마찰열에 의해
영양소가 파괴되는 걸 막기위해
스퀴즈 공법 아닌
콜드프레스 공법으로 영양소 보호
2. 아무리 몸에 좋아도
입에 쓰면 손이 안 가게 되서…….
No.1
머시주스는 몸에 좋은 건 입에 쓰다는 말이
무색할 정도로 맛있는 맛
TV프로 블라인드테스트 1등한 증명된 맛
3. 몸에 좋으라고 마시는건데
뭐가 들어간 건지 모르면 찜찜해서…….
No sugar, No water, No HPP.
No Preservatives. Not heated
머시주스는 무조건 유기농+친환경 재료만
그외 첨가물은 No 안전한 공정 HACCP
이용 방법+약속
How To + If
어떻게 이용해요?
<구독 방법>
· 아래 3가지 효능 중 선택
· 며칠간 진행할지 선택
· 남편과 함께/혼자 할지 선택
독소
비움
GREEN CLEANSE
가격 : 0000
RAINBOW CLEANSE
가격 : 0000
리셋
회복
REBOOTING CLEANSE
가격 : 0000
www.mercyjuice.com
전화 신청 02-540-3596
오늘 현장 신청시 X% 할인
+향후 출장서비스 10% 할인
제목
Title
라인이
살아 있는
예비 신부를 위하여
Mercy Juice Wedding Line Propposal
mercy

지금까지 이야기한 걸 바탕으로 PPT에 내용을 얹어보자고. 한 장 한 장에 너무 많은 시간 쓰지 말고, 오히려 한 번 빨리 채우고, 여러 번 반복해서 고치는 게 최종 완성도를 높일 수 있다는 거 참고하기!

다음은 웨딩라인 PPT를 새롭게 정리한 것이다. 앞의 대화 내용을 PPT로 만들 때 기억해두면 좋은 센스들을 PPT와 함께 소개하려고 한다.

보는 사람과 연결해서 제목을 짓는 센스

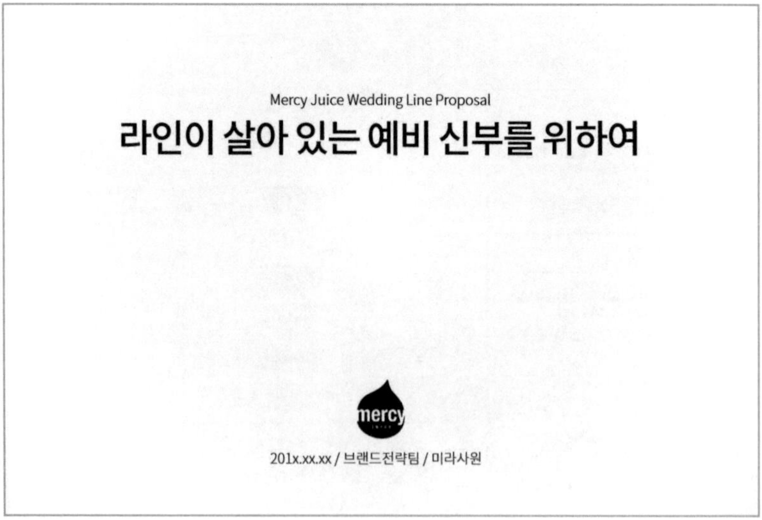

제목 또한 보는 사람과의 연결고리를 생각해서 짓는 게 좋다. 그냥 '머시주스 소개'보다는 '라인이 살아 있는 예비 신부를 위하여'가 낫다. 보는 사람의 관심이나 고민들이 나오는 제목에 눈길이 더 가기 마련이다. 그래서 왼쪽 페이지와 같은 표지를 만들었다.

(웃기지만) 어딘가에 영어 한 줄을 가미하는 센스

그리고 정말 웃기다고 생각하지만, 제목을 쓸 때는 한글만 쓰기보다 영어 한 줄을 더 가미해서 써주면 보기에 좋다. 아래 그림을 보면 좀 더 느낌이 올 것이다.

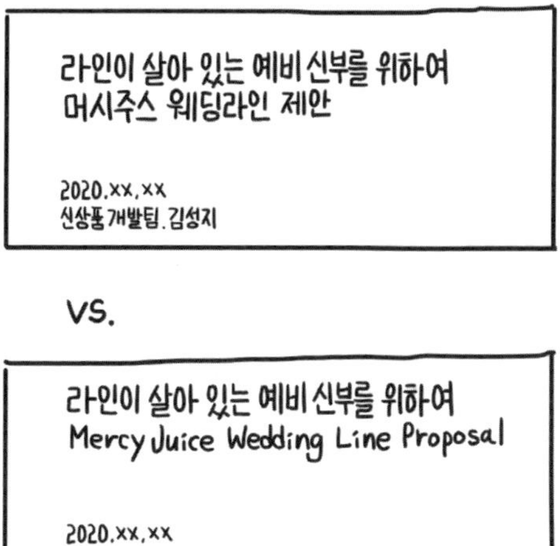

라인이 살아 있는 예비 신부를 위하여
머시주스 웨딩라인 제안
2020.xx.xx
신상품 개발팀. 김성지
VS.
라인이 살아 있는 예비 신부를 위하여
Mercy Juice Wedding Line Proposal
2020.xx.xx
신상품 개발팀. 김성지

목차를 보는 이의 궁금증과 나의 대답으로 구성하는 센스

목차도 '내가 이걸 말하겠다' 식의 일방적인 통보보다는 '네가 궁금한 것+나의 대답'으로 쓰는 편이 보는 사람이 훨씬 이해하기 쉽다. 오른쪽 페이지처럼 '단순 명사'를 '네가 궁금한 것+나의 대답'으로 바꾸는 연습을 해보길 추천한다. 이것 또한 다음 페이지의 그림을 참고하자.

물론 경우에 따라서는 윗쪽 목차를 더 선호하시는 상사들도 있다. 그럴 경우 '이 사람, 참 이상하네'라고 생각할 필요 없이 '이 사람은 이런 스타일이구나' 하고 맞춰드리면 된다. 예전에 진행한 프로젝트에서 사장님과 부사장님의 성향이 극단적으로 다른 경우가 있었다. 발표를 한 분씩께 따로 진행해야 했는데, 사장님은 대단히 우뇌적인 스토리텔링을 좋아하시고, 부사장님은 명확한 좌뇌적인 스타일을 좋아하셨다. 다행히 부사장님이 사장님과 자신의 스타일이 다르다는 것을 인정하셔서 1차 보고 때는 윗쪽 목차 스타일로, 사장님께 하는 2차 보고 때는 아래쪽 목차 스타일로 2개 버전을 만들어 진행한 적도 있었다. 그만큼 인간의 취향은 가지각색이다.

이럴 때 진짜 고수는 자기를 드러내기보다는 일이 진행될 수 있도록 양식에 맞춰줄 수 있는 사람이 아닐까? 물론 다 맞춰주려면 속 터질 때도 있지만, 안 맞춰주면 일은 안 끝난다. 여기서 본질이 무엇인가? 바로 일이 진행되는 것이다. 빨리 일 끝내고 사랑하는 사람 만나러 가는 것이 본질

목차

1. 제안 배경 p.3

2. 머시 소개 p.10

3. 이용 방법 p.16

4. 추가 혜택 p.20

vs.

목차

1. 왜 머시주스가 필요한가? p.3
- 예비신부님의 어려움

2. 머시주스가 뭐길래? p.10
- 예비 신부님께 꼭 필요한 머시주스 강점 3가지

3. 어떻게 이용하지? p.16
- 머시주스 사용법: 정기 구독 및 이용 방법

4. 결과적으로 얻는 건? p.20
- 기대 효과 및 추가 혜택

이라면 결국 나를 위해 상사에게 맞춰주는 것을 생각해보자.

나는 일반적으로 좀 더 쉽게 이해할 수 있는 목차는 아래쪽 목차라고 말하고 싶지만, 윗쪽 목차를 고른 사람들의 취향도 존중하는 바다. 개인

적으로 진정 근사한 것은 자기 스타일만 고집하기보다 두 가지 스타일을 알고 있는 것이라고 생각한다. 그리고 대상에 따라 맞춰줄 수 있는 것이라고 생각한다.

간지를 만들어, 보는 사람의 숨통을 틔워주는 센스

본문만 계속 이어지면 보는 사람들은 '도대체 무슨 이야기를 하는 거지?' 하는 생각이 들면서 머릿속에 정리가 안 된다. 그러므로 중간중간 간지를 만들어 내용을 구분해주는 것이 좋다. 내용 골격은 우선 Why,

What, How, If로 크게 나누어놓자. 물론 용어는 달라질 수 있다. 위 PPT에는 'Why=고객 이슈'로 쓰고 있다. 이것이 훈련되면 더 흥미롭게 나눌 수 있지만, 우선 처음에는 기본에 충실하길 추천한다.

운율을 맞추는 센스

요즘 힙합 오디션 프로그램이 대세다. 결국 기억에 남는 가사는 운율(라임)을 기가 막히게 맞춘 가사들이다. 기획서도 마찬가지다. 예비 신부들의 고민을 주저리주저리 이야기하지 말고 이왕이면 운율을 맞춰 정리

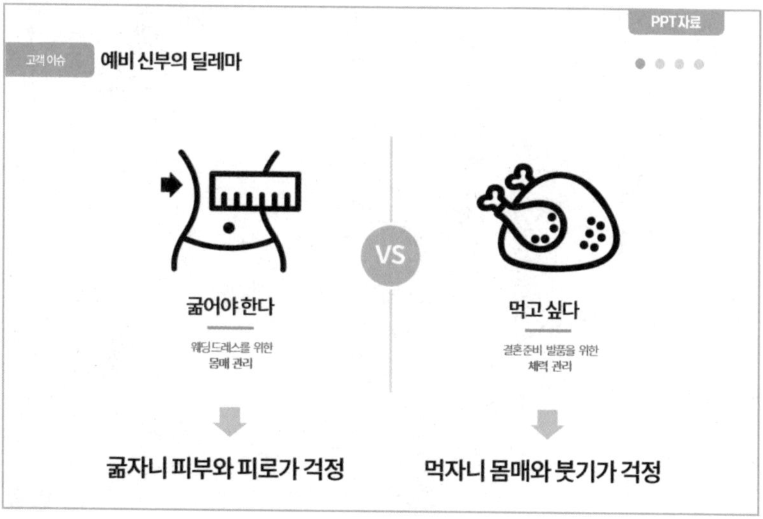

해주면 좋다. 위 PPT에는 "굶자니 피부와 피로가 걱정, 먹자니 몸매와 붓기가 걱정"으로 음률과 글자 수를 최대한 맞추고 있다.

중요한 건 한 번 더 이해시켜주는 센스

처음 듣는 입장에서는 '그게 진짜 예비 신부들의 걱정인가?'라고 생각할 수 있으니 한 번 더 정확하게 설명해주는 것이 좋다. 핵심 이슈가 공감이 안 된 상태에서 급하게 해결책을 제시하면 당연히 관심을 얻기 힘들고 그 빈틈만큼 반감이 생기기 마련이다.

따라서 성급한 해결책 제시보다 핵심 이슈에 대한 깊은 공감이 우선되어야 한다. 쉽게 말해서 어깨가 아파서 병원에 갔는데, 한의사 선생님이 다짜고짜 침을 찌르면 '흠. 이 사람은 내가 어디 아픈지 알고나 처방하는 건가?' 하는 의심과 반감이 들 수 있지만, 선생님이 아픈 부분을 정확히 누르며 "여기가 아프죠?" 하고 물으시면 "네. 거기 많이 아파요" 하며 고개를 끄덕이게 된다. 그리고 선생님이 "여기도 많이 아플 거예요"라고 말하면 바로 "네. 거기도 아파요"라고 대답하며 '흠, 정확한데?' 하며 조금씩 마음의 문을 열게 된다. 그리고 "여기는 특히 더 아프죠?" 하면 "오, 네! 맞아요"라고 대답하며 '내가 아픈 부분을 완전히 잘 알고 있는 선생님이다. 믿어도 되겠네' 하고 생각하게 된다. 이처럼 무작정 약(해결책)을

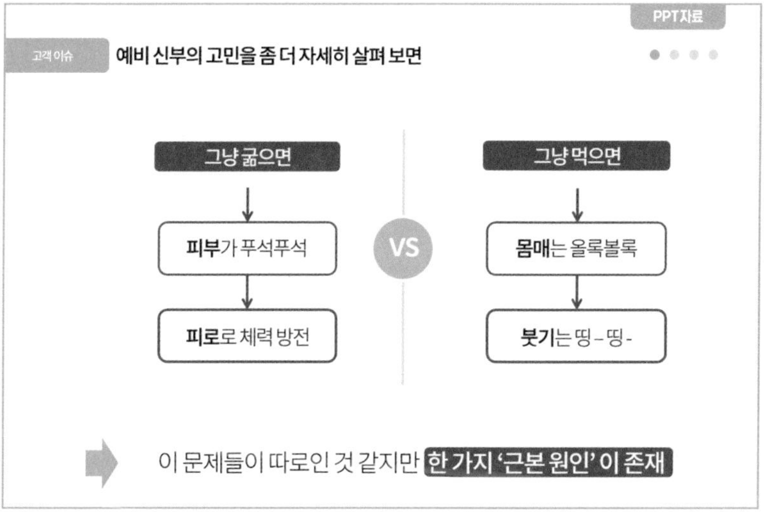

이야기하지 않고 병(문제)에 대해 깊이 있게 짚어주고 난 후 해결책을 제시하면 '아, 이 사람은 진짜 내가 어디가 아픈지 문제의 현상과 원인을 정확히 알고 그에 따른 진단을 내리고 있구나' 하고 안심하며 설득될 가능성이 높아진다.

그래서 앞 페이지의 아래 PPT처럼 예비 신부의 고민을 한 번 더 짚어주며 "맞아, 내가 아픈 곳은 거기야" 하며 공감을 이끌어내고 있다.

정보를 구조화해서 보여주는 센스

또한 명확하게 근본 원인을 정리해주는 것이 좋다. '근본 원인=독소'라고 하나의 '의견'을 제시하는 것을 넘어서 전문가적인 '논리'를 신뢰감 있게 보여주는 것이 좋다. 일상생활 속에서 얼마나 많이 독소가 쌓이는지를 구조화(카테고리 나누기, 단계별로 구성하기)하여 보여주는 것이 좋다.

다음은 "알다시피 우리 몸에는 인스턴트식품, 가공식품, 패스트푸드, 카페인, 감미료, 과로, 화학물질, 흡연(간접 흡연 포함), 불면증 등으로 인한 '독소'가 매우 많이 쌓여 있는데……"라는 말을 어떻게 간단하게 구조화할지 고민했다. 결국 섭취하는 경로로 나누기 시작해서 아래의 그림을 그려보았다.

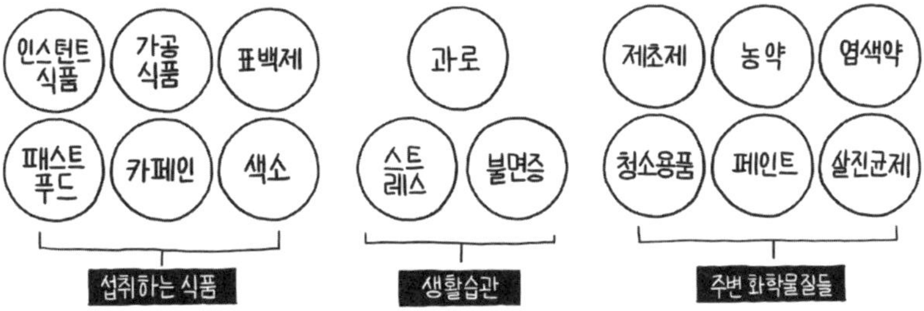

그리고 PPT에는 좀 더 간단하게 아이콘을 활용하여 이렇게 정리했다.

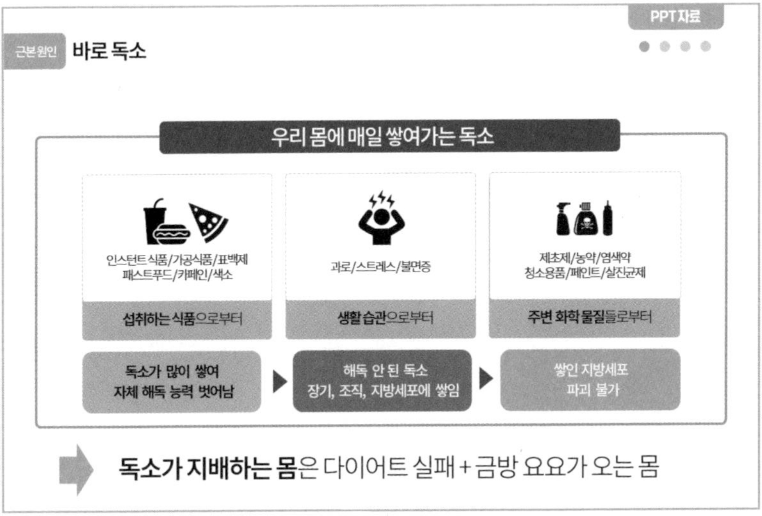

주장을 강화하기 위해 앞으로 발생할 수 있는 문제를 미리 보여주는 센스

해독이 안 되면 일어날 수 있는 예상 문제를 '보여줌'으로써 주장을 더 견고하게 할 수 있다. 담당자에게는 당연한 정보이지만, 예비 신부에게는 새롭고 중요한 정보일 수 있기 때문이다. 해독이 안 되서 발생할 수 있는 문제가 머릿속에 그려지도록 하나의 그림으로 정리해줘야 한다. 그러려면 내가 하고 싶은 말이 뭔지 알아야 한다. 다음은 "너 머시주스로 해독 안 하면, 네가 가지고 있는 에너지 다 독소 해독에만 쓰여. 하지만 머시주스가 해독해주면 너의 에너지를 이렇게 좋은 곳에 쓸 수 있지"라고 생각하고 그려본 것이다.

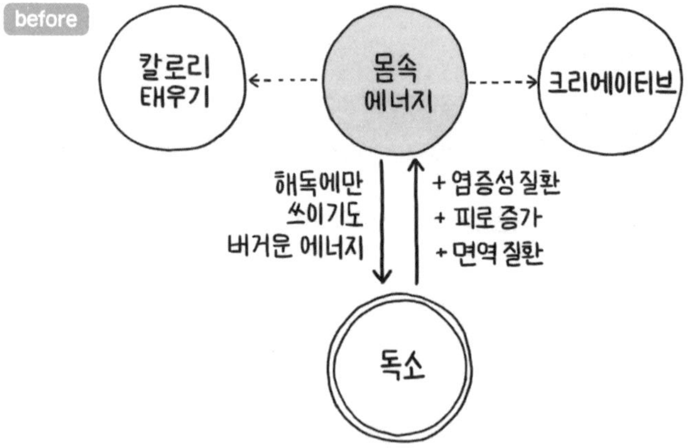

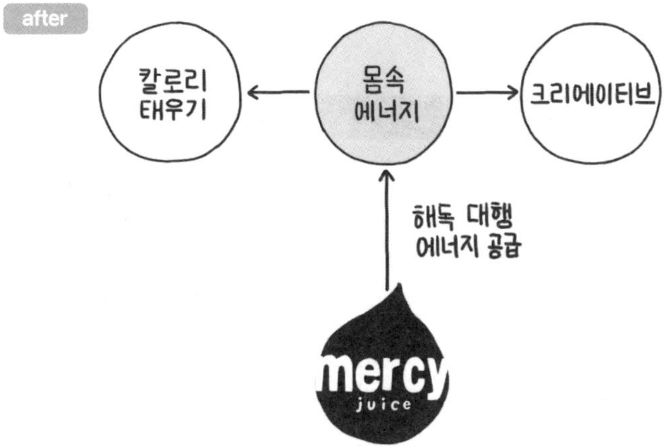

그리고 PPT에서 두 그림을 비교해주며 다음과 같이 정리했다.

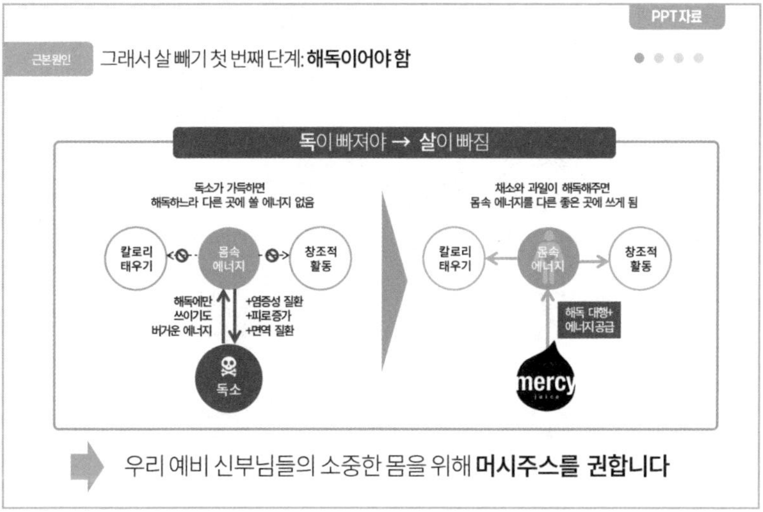

집중시켜야 할 때는 새로운 레이아웃으로 보여주는 센스

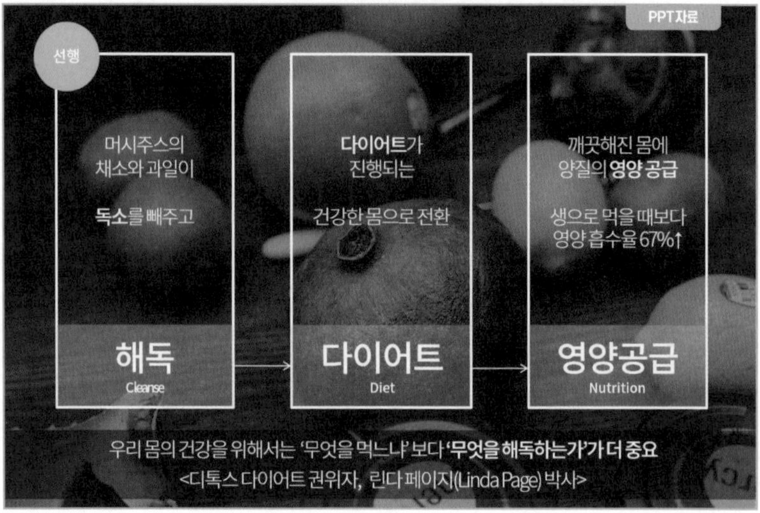

왼쪽 페이지의 PPT는 '머시주스가 왜 당신에게 필요한가?'를 정리해주는 가장 중요한 장 중의 하나이다. 예비 신부가 단순 정보로 읽지 않고 '오?' 하면서 집중할 수 있도록 새로운 레이아웃으로 만들어보았다. 다만 이런 장이 너무 많으면 정신없으니 남용은 금물이다. 이러한 색다른 레이아웃은 전체 대비 3~5% 정도 있으면 좋다.

근거에 객관적 사례를 들어주는 센스

고객이 실컷 끄덕이면서 듣다가도 '진짜 그런가?' 하는 생각이 들 수

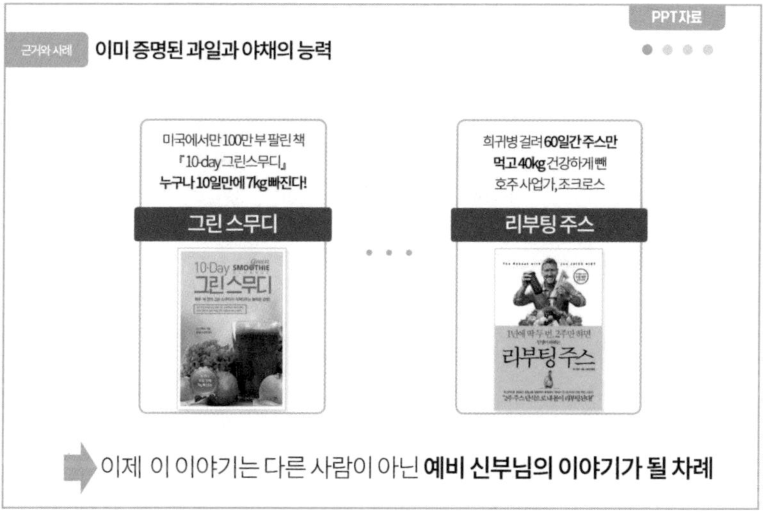

있으니 주장에 대한 근거를, 또는 근거에 대한 사례를 들어줘야 할 때가 있다. 사례는 너무 주관적인 것보다는 권위를 인정받거나 절대량의 표본에서 입증된 사례가 바람직하다.

간지에 말랑말랑한 말투를 적는 센스

딱딱한 말투가 필요할 때도 물론 있지만, 지금처럼 예비 신부, 특히 여성이 타깃이라면 말랑말랑한 말투가 도움이 된다. 특히 보는 사람이 가질 법한 의문문을 PPT에 적어두면 좋다. '주스는 많은데……. 왜 꼭 머

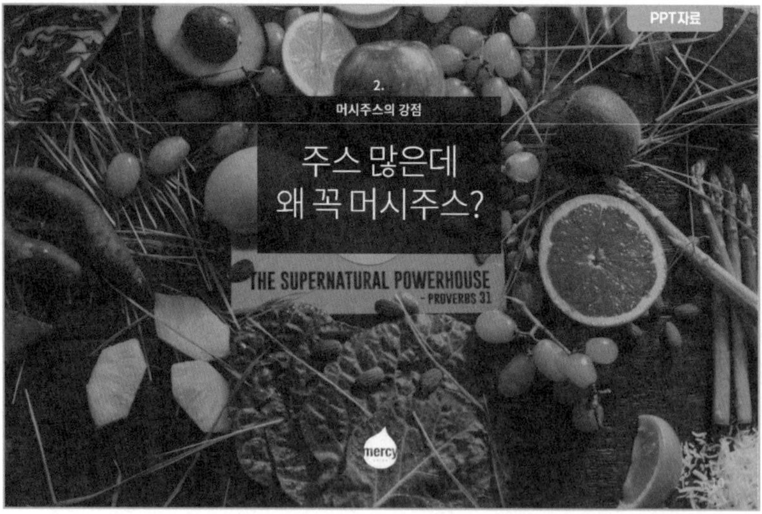

시주스지?'라는 질문이 PPT에 적혀 있으면 '맞아. 저게 궁금했었어'라며 보는 사람이 고개를 끄덕일 수 있고, 다음 장에 그에 대한 답변이 나오면 훨씬 긍정적인 자세로 PPT를 보게 된다. 즉 일방적인 통보가 아닌 질문에 대한 답이 있는 대화 형식의 발표를 할 수 있게 PPT가 장치를 만들어주는 것이다. 그러므로 간지는 보는 사람이 가질 법한 의문을 담고, 다음 장은 그에 대한 답변을 담는 것이 좋다.

'문장+문장'을 '물음+답변'으로 바꾸는 센스

앞서 말한 목차와 간지뿐만 아니라 문서를 만들거나 발표를 할 때도 '문장+문장'의 구조보다는 '(듣는 사람이 궁금해하는) 물음 +답변' 구조가 훨씬 이해하기 쉽다. 내가 가지고 있는 제안서 중에 '문장+문장'으로 되어 있는 부분을 '물음+답변'으로 바꿔보는 훈련을 해보자. 간지러운가? 그걸 참는 만큼 PPT는 더 좋아질 것이다. 그리고 유치한 말투가 아닌 그냥 '생각의 말투'를 담백하게 적어두면 좋다.

예를 들어 제품 소개를 할 때도 좋은 점만 마구마구 나열하면 듣는 사람 입장에서는 '그렇게나 좋다고? 혹시 부작용 있는 거 아냐?'란 생각을 할 수 있으니 제품 소개 아래에 'Q. 그래도 부작용은 없는지?'를 써넣어 듣는 사람이 가질 법한 질문과 그에 대한 답을 미리 적어두어 고객이 안심하고 선택할 수 있도록 돕는 것이 좋다.

글을 비교 도식으로 보여주는 센스

'이게 좋아'를 보여줄 때는 '이것보다 이게 좋아'라는 식으로 비교표와 도식을 보여주는 것이 효율적이다. 처음에는 동그라미 두 개로 비교점을 그려보았다. 하지만 그리다 보니 단순 '비교'를 넘어 어떻게 하면 좀 더 영양소가 손실되고 보존되는 것을 극대화하여 보여줄 수 있을까를 고민하여 세모로 바꿔 표현했다.

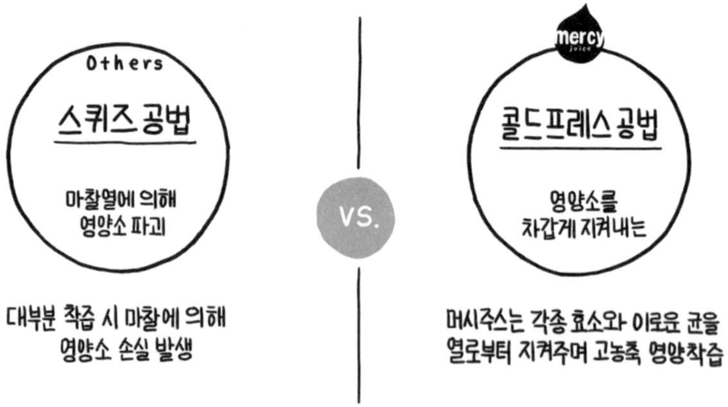

PPT자료

머시강점1 영양소 파괴를 막는 **머시주스의 콜드프레스(Cold-Pressed) 공법**

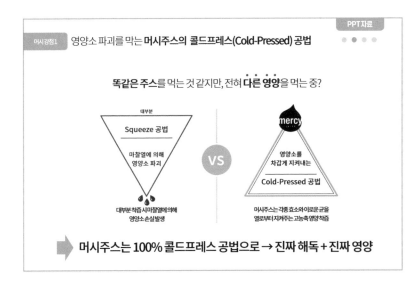

똑같은 주스를 먹는 것 같지만, 전혀 **다른 영양**을 먹는 중?

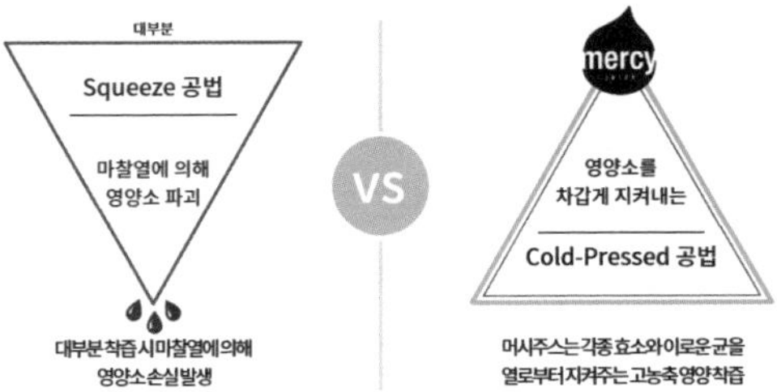

머시주스는 100% 콜드프레스 공법으로 → 진짜 해독 + 진짜 영양

PPT자료

머시강점2 몸에 좋은 건 대개 입에 쓰지만 **맛있기까지 한 머시주스**

유명 TV프로그램에서 **'맛있는 착즙주스' 로 블라인드 테스트 1등**

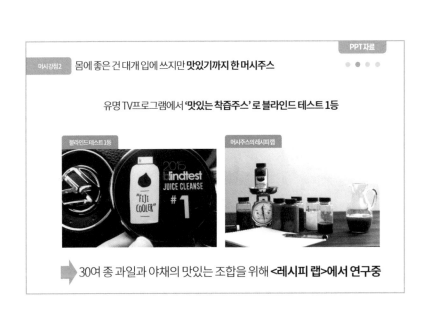

블라인드 테스트 1등

머시주스의 레시피 랩

30여 종 과일과 야채의 맛있는 조합을 위해 **<레시피 랩>에서 연구중**

상대방 입장에서 재정리해주는 센스

'내가 이것을 말한다'가 아닌 '네가 이렇게 이용하면 된다'로 정리해서 보여주는 것이 중요하다. 상품 소개를 할 때도 '이런 종류가 있다'보다 '네가 원하는 효능을 골라라'로 보여주는 것이 좋다.

PPT자료
3.
머시 사용법
어떻게 이용하면
되나요?
mercy

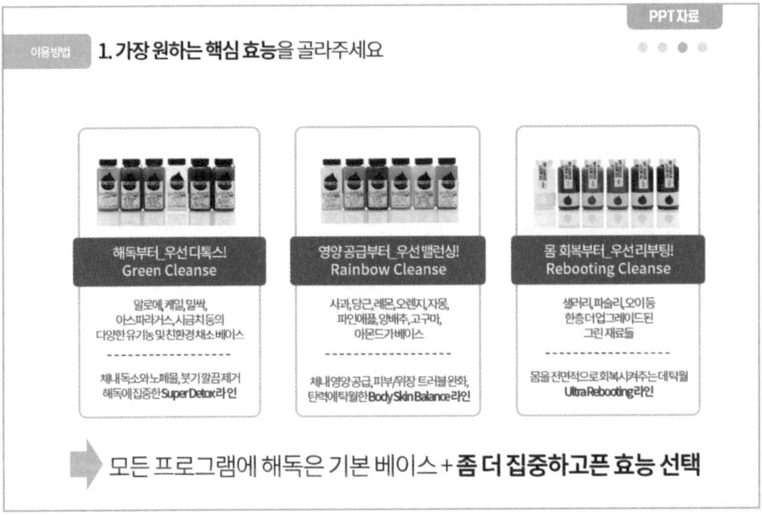
PPT자료
이용방법
1. 가장 원하는 핵심 효능을 골라주세요
해독부터_우선디톡스!
Green Cleanse
알로에, 케일, 밀싹,
아스파라거스, 시금치 등의
다양한 유기농 및 친환경 채소 베이스
체내독소와 노폐물, 붓기 깔끔제거
해독에 집중한 Super Detox 라인
영양공급부터_우선 밸런싱!
Rainbow Cleanse
사과, 당근, 레몬, 오렌지, 자몽,
파인애플, 양배추, 고구마,
아몬드가 베이스
체내영양공급, 피부/위장 트러블 완화,
탄력에 탁월한 Body Skin Balance 라인
몸 회복부터_우선리부팅!
Rebooting Cleanse
셀러리, 파슬리, 오이 등
한층 더 업그레이드된
그린 재료들
몸을 전면적으로 회복시켜주는 데 탁월
Ultra Rebooting 라인
모든 프로그램에 해독은 기본 베이스 + 좀 더 집중하고픈 효능 선택

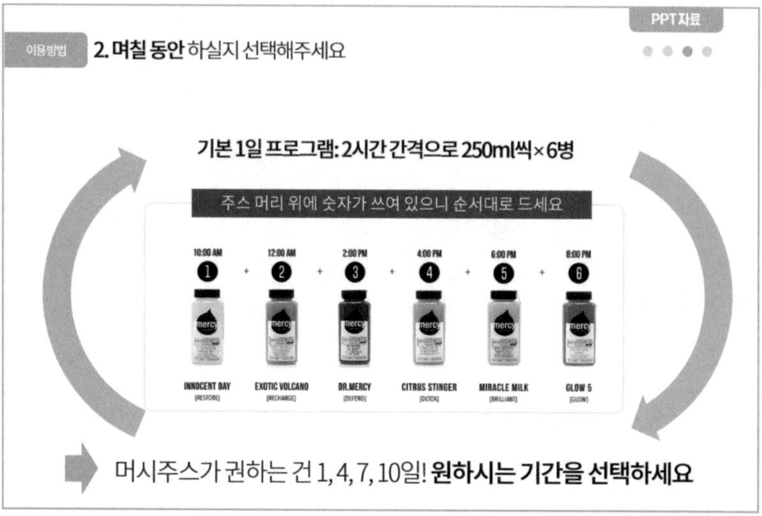
PPT자료
이용방법
2. 며칠 동안 하실지 선택해주세요
기본 1일 프로그램: 2시간 간격으로 250ml씩 × 6병
주스 머리 위에 숫자가 쓰여 있으니 순서대로 드세요
10:00 AM
12:00 AM
2:00 PM
4:00 PM
6:00 PM
8:00 PM
1
2
3
4
5
6
INNOCENT DAY
[RESTORE]
EXOTIC VOLCANO
[RECHARGE]
DR.MERCY
[DEFEND]
CITRUS STINGER
[DETOX]
MIRACLE MILK
[BRILLIANT]
GLOW 5
[GLOW]
머시주스가 권하는 건 1, 4, 7, 10일! 원하시는 기간을 선택하세요

PPT자료
이용방법
3. 예비 신랑도 함께하실지 선택한 후, 신청!
며칠
1,4,7,10일
×
핵심 효능
디톡스, 밸런스, 리부팅
×
예비 신랑과 함께
or Not
www.mercyjuice.com
오늘 현장 신청
전화 신청 02-540-3596
신청서와 프로그램 가격은 브로슈어에 있으니 선택 후 제출해주세요

중간중간 정리해주는 센스

여태까지 이야기한 것 중에서 '3가지만 기억하면 된다'라고 쉽게 받아들일 수 있도록 정리해주면 좋다.

더, 더, 더 간단하게 아이콘으로 표현해주는 센스

사진이 너무 많이 나오면 정신없기에 중간중간 절제하는 것이 반드시 필요하다. 몸매 라인이 없는 신부와 몸매 라인이 살아 있는 신부를 사진으로 보여줘도 좋겠지만, 어떻게 하면 더, 더, 더, 간략하게 대비해서 보

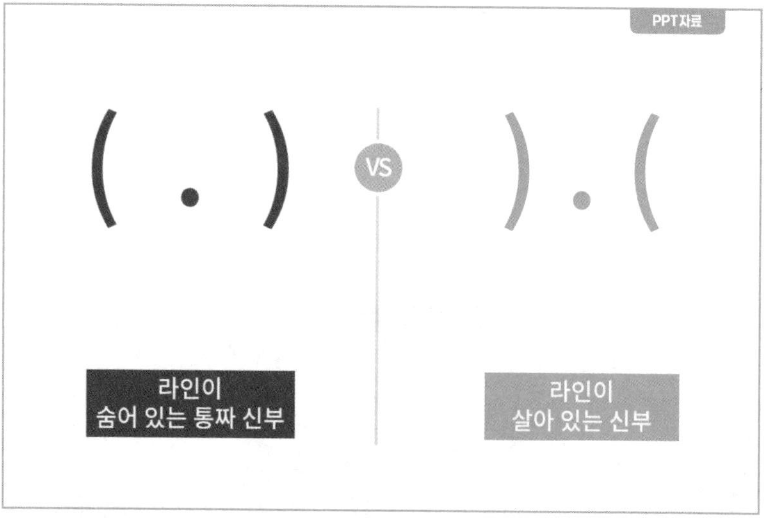
PPT자료
VS
라인이
숨어 있는 통짜 신부
라인이
살아 있는 신부

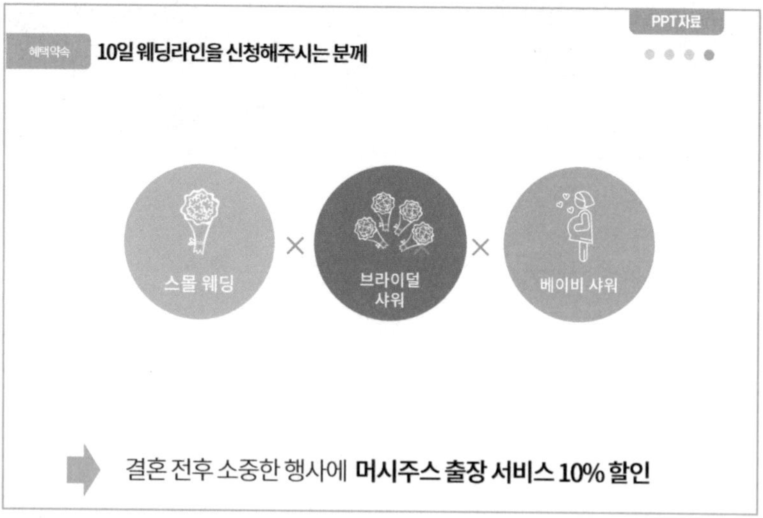
PPT자료
혜택약속
10일 웨딩라인을 신청해주시는 분께
스몰 웨딩
브라이덜
샤워
베이비 샤워
결혼 전후 소중한 행사에 머시주스 출장 서비스 10% 할인

여줄까를 고민한 끝에 괄호로 표현했다. 사진과 아이콘의 적절한 조화가 필수다.

마지막에 한 장으로 정리해주는 센스

지금까지 한 이야기들을 깔끔하게 아래와 같이 정리해 한 장으로 보여주면 좋다. 그리고 마지막 장에는 습관적이고 영혼 없는 "감사합니다"라는 끝인사보다는 지금까지 이야기한 것과 관련된 인사로 다시 한 번 각인시키며 마무리하는 센스가 필요하다.

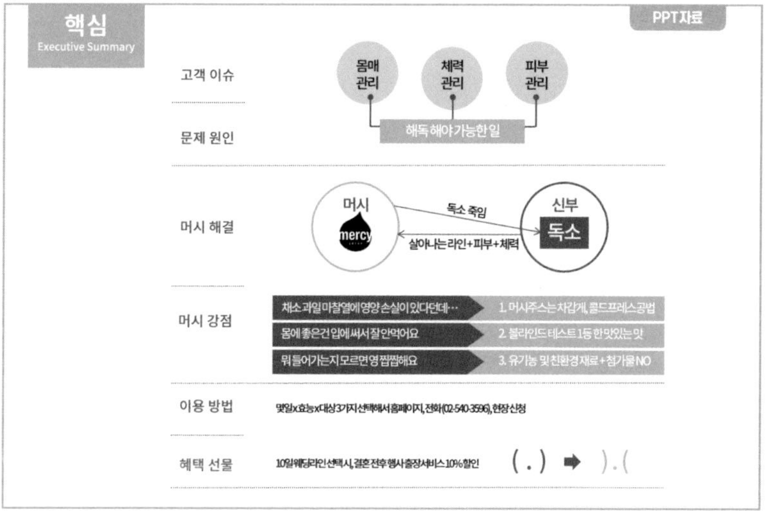

머시주스의 웨딩라인 PPT 정리

사용 폰트

1. 강조: Noto Sans CJK KR Medium

2. 본문: Noto Sans CJK KR Light

폰트 다운로드 주소 http://www.google.com/get/noto

구글과 어도비 시스템즈가 출시한 무료 글꼴이다. 기획서에 쓰기 무난하고 완성도 높은 폰트라서 강력 추천! '본고딕'을 검색 후 다운로드받아 굵기에 따라 구분하여 사용하길 추천한다.

폰트 크기

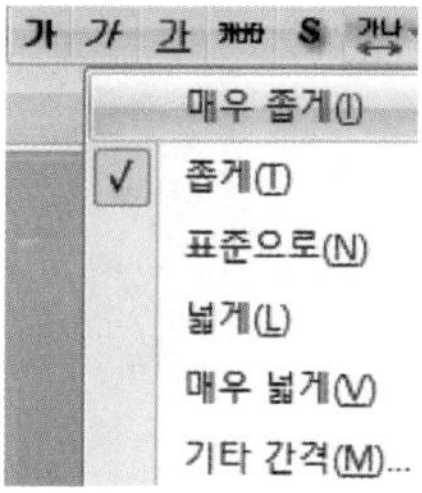

1. 강조: 32

2. 본문: 12, 14, 16, 20

3. 폰트 너비 설정: 좁게

폰트 너비 설정은 다음 아이콘 클릭하여 설정한다. 100%는 아니지만, 일반적으로 '좁게(T)'로 설정하면 훨씬 깔끔해 보일 때가 많다.

색상

1. 포인트 색: 티파니 R91 G196 B190

2. 메인 색: 그레이 R81 G94 B101

3. 그 외: 그레이 R191 G191 B191

예비 신부를 위한 제안서이므로 예비 신부들의 선호 브랜드 중 하나인 티파니 사의 에메랄드 그린 색을 포인트 색으로 선정했다. 글자만 단독으로 쓰는 경우를 대비하여 원래 색보다는 조금 더 진하게 설정했다.

슬라이드 크기

〔디자인〕-〔페이지 설정〕-〔슬라이드 크기〕에서 화면 슬라이드 쇼 4:3으로 설정한다.

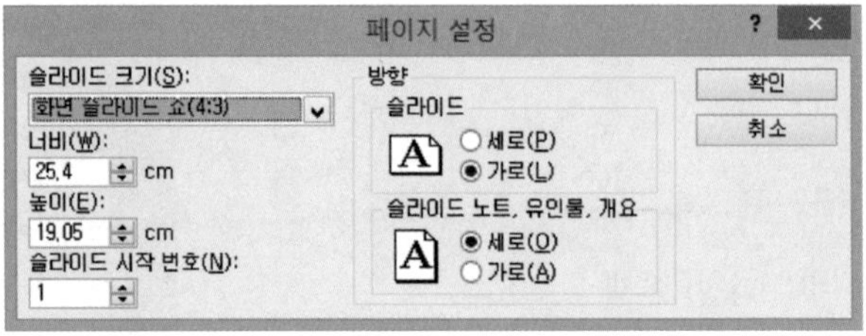

픽토그램 출처

freepik에 의해 설계된 http://www.flaticon.com/에서 사용했다.

사진 출처

웨딩 사진은 친구(문영신&허두석)의 웨딩 사진을 협찬받았다. 머시주스 웨딩라인 사진은 김소현 작가가 직접 촬영했다.

사용한 도형 패키지

도형도 깔맞춤이 중요하므로 오른쪽 페이지 도형 외의 것은 사용하지 않는 센스가 필요하다.

앞으로도 계속 새로운 스타일의 제안서를 보겠지만, 우선 방금 본 스타일을 가지고 우리 기업 PPT에 응용해 사용하려면 어떻게 해야 할까? 우선 로고와 색만 바꿔서 쓰면 된다.

쉽게 이해하도록 친근한 브랜드를 예로 들어보겠다. 요즘 스마트폰 덕

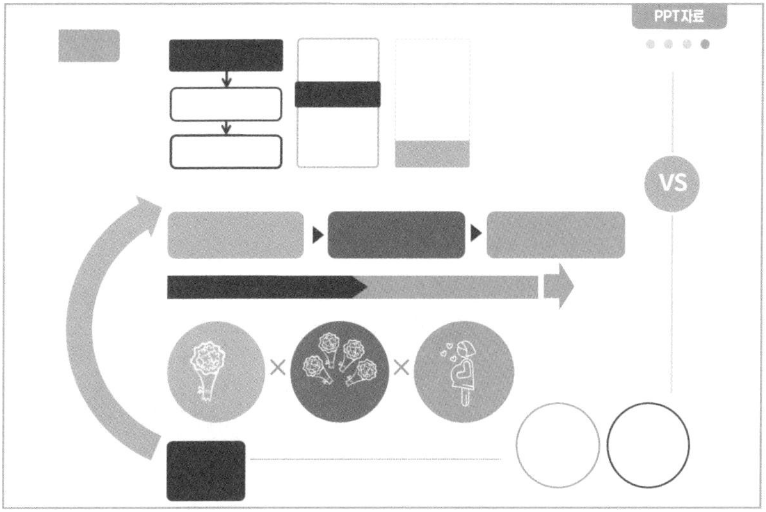

분에 매일 들어가 기사를 보는 네이버를 예로 들어보자. 우리가 꼭 기억해야 할 것은 기업마다 고유의 색깔이 있다는 것이다. 그 색깔을 존중해 줘야 한다. '네이버 로고'를 검색하거나 네이버 기업 소개 페이지에 가면 CI를 다운받을 수 있다. 파워포인트 2013 이상을 쓴다면, 로고를 화면 캡처해서(키보드에서 프린트스크린 PrtScn을 누른다) 파워포인트에서 붙여넣기(Ctrl+V) 누른 후 〔홈〕 - 〔도형 채우기〕 - 〔스포이드〕를 클릭한 후 로고에 스포이드를 가져가면 색깔이 자동으로 추출된다. 〔도형 채우기〕 - 〔최근에 사용한 색〕에 추출된 색이 남아 있어서 계속 사용하면 된다.

만약 파워포인트 2013 이하 버전이라면 스포이드 기능이 없다. 그럼 그림판을 활용하면 된다. 그림판에서 로고를 화면 캡처해서(키보드에서 프린트스크린 PrtScn을 누른다) 그림판에서 붙여넣기(Ctrl+V) 누른 후 그림판에서 위의 스포이드처럼 생긴 것을 클릭하고, 로고에 갖다 대어 클릭하고, 색 편집을 누르면 아래에 빨강(R), 녹색(G), 파랑(U/때로는 B로 씀) 숫자가 나온다. 지금은 45, 180, 0이라고 나와 있는 걸 볼 수 있다.

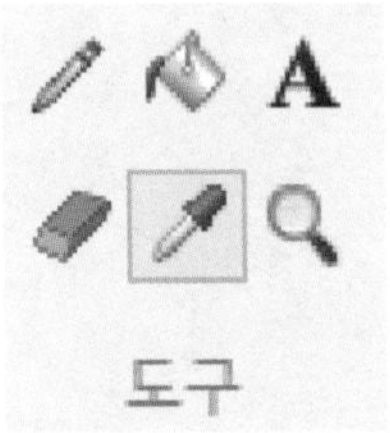

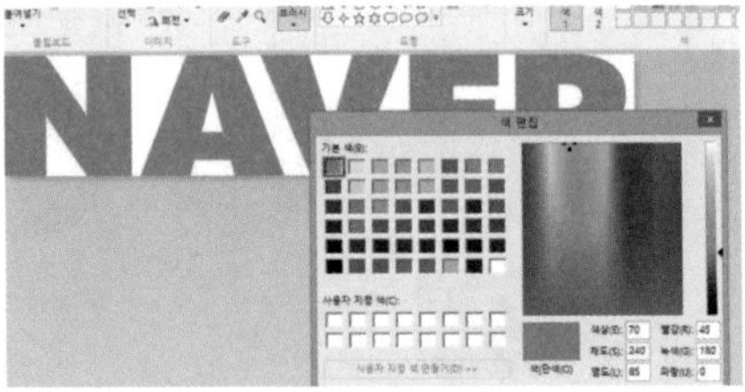

나의 PPT로 돌아와 〔도형 채우기〕 - 〔다른 채우기 색〕 - 〔사용자 지정〕으로 가서 빨강(R), 녹색(G), 파랑(B) 칸에 아까 그림판에서 본 숫자 45, 180, 0을 채워 넣는다. 그럼 네이버 색깔이 나온다. 원래 기획서의 도형, 선, 강조 글 모두 다 이 색깔로 맞춰 사용하면 된다. 극적인 변화를 보기 위해 배경도 검정색으로 바꾼다면(배경색 바꾸기는 마우스 우 클릭해 〔배경서식〕 - 〔단색 채우기〕 - 색 골라서 클릭) 다음과 같이 만들 수 있다. 핵심적인 몇 장만 살펴보자.

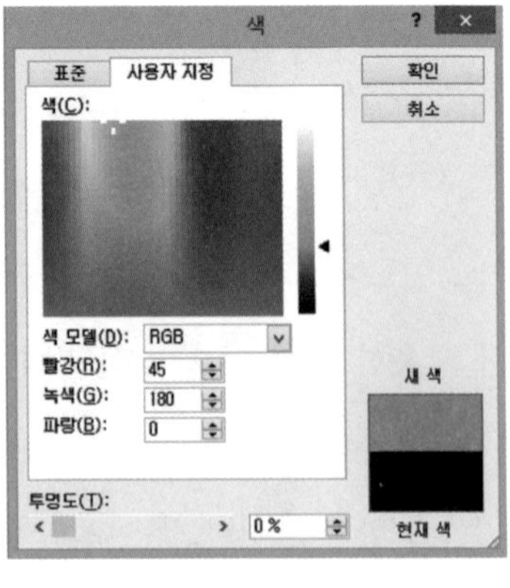

PPT자료
Mercy Juice Wedding Line Proposal
라인이 살아 있는 예비 신부를 위하여
mercy
201x.xx.xx / 브랜드 전략팀 / 미라 사원
1

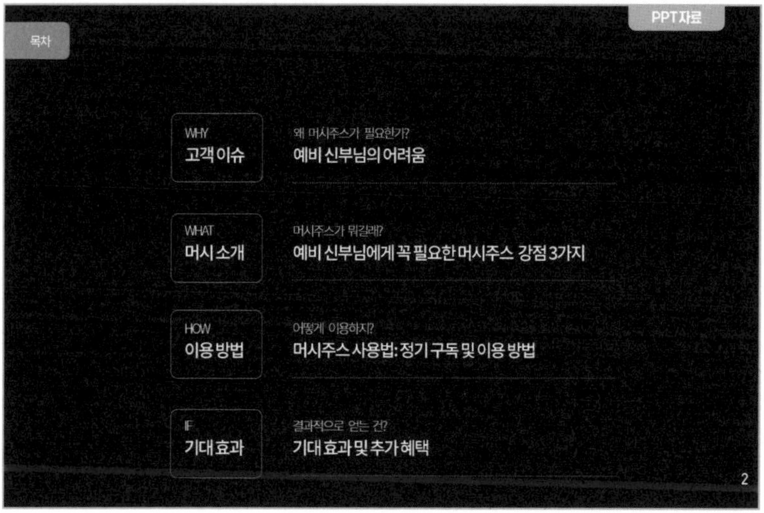
PPT자료
목차
WHY
고객 이슈
왜 머시주스가 필요한가?
예비 신부님의 어려움
WHAT
머시 소개
머시주스가 뭐길래?
예비 신부님에게 꼭 필요한 머시주스 강점 3가지
HOW
이용 방법
어떻게 이용하지?
머시주스 사용법: 정기 구독 및 이용 방법
IF
기대 효과
결과적으로 얻는 건?
기대 효과 및 추가 혜택
2

PPT자료
1.
고객 이슈
예비 신부의
고민
3

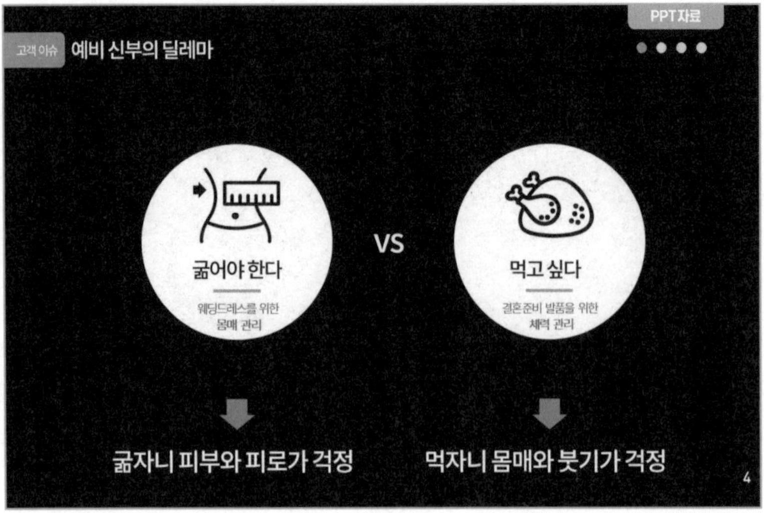
PPT자료
고객 이슈
예비 신부의 딜레마
굶어야 한다
웨딩드레스를 위한
몸매 관리
VS
먹고 싶다
결혼준비 발품을 위한
체력 관리
굶자니 피부와 피로가 걱정
먹자니 몸매와 붓기가 걱정
4

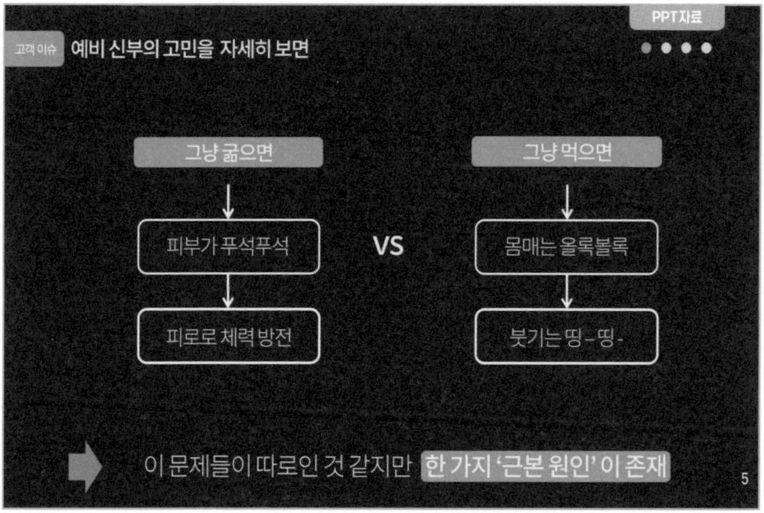
PPT자료
고객 이슈
예비 신부의 고민을 자세히 보면
그냥 굶으면
피부가 푸석푸석
피로로 체력 방전
VS
그냥 먹으면
몸매는 울룩불룩
붓기는 띵-띵-
이 문제들이 따로인 것 같지만 한 가지 '근본 원인'이 존재
5

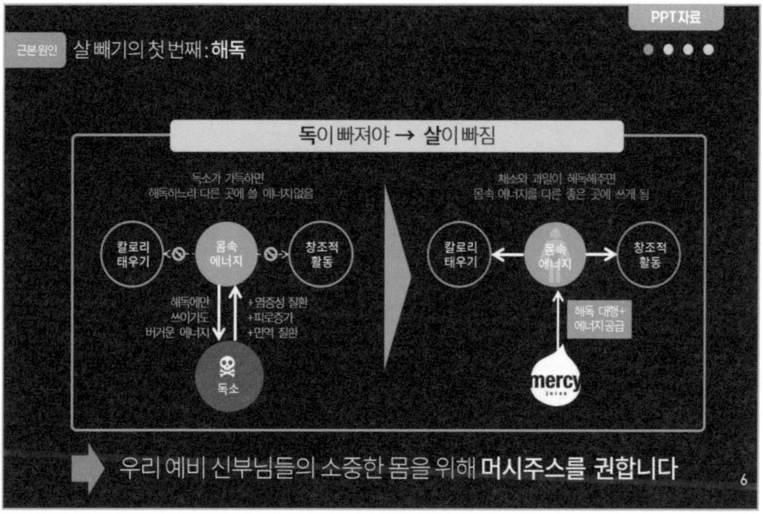
PPT자료
근본 원인
살 빼기의 첫 번째 : 해독
독이 빠져야 → 살이 빠짐
독소가 가득하면
해독하느라 다른 곳에 쓸 에너지없음
칼로리 태우기
몸속 에너지
창조적 활동
해독에만 쓰이기도 버거운 에너지
+염증성 질환
+피로증가
+면역 질환
독소
채소와 과일이 해독해주면
몸속 에너지를 다른 좋은 곳에 쓰게 됨
칼로리 태우기
몸속 에너지
창조적 활동
해독 대행+ 에너지공급
mercy
우리 예비 신부님들의 소중한 몸을 위해 머시주스를 권합니다
6

PPT자료
선행
머시주스의
채소와 과일이
독소를 빼주고
다이어트가
진행되는
건강한 몸으로 전환
깨끗해진 몸에
양질의 영양 공급
생으로 먹을 때보다
영양 흡수율 67%↑
해독
Cleanse
다이어트
Diet
영양공급
Nutrition
우리 몸의 건강을 위해서는 '무엇을 먹느냐' 보다 '무엇을 해독하는가'가 더 중요
<디톡스 다이어트 권위자, 린다 페이지(Linda Page) 박사>
7

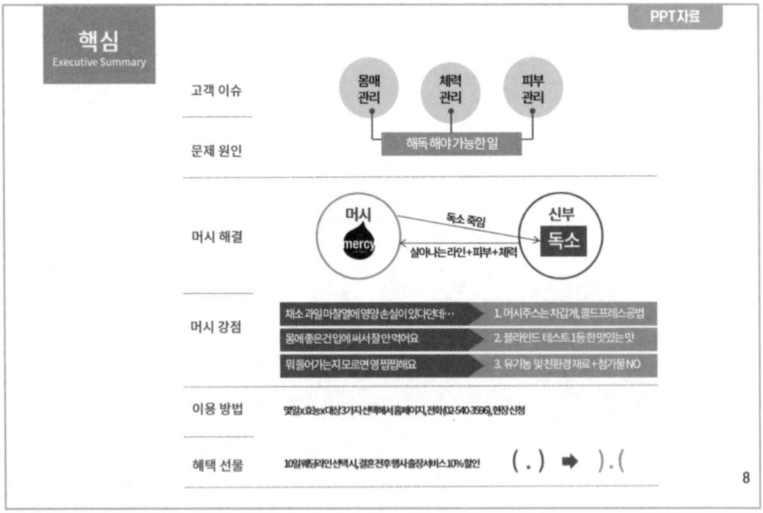
PPT자료
핵심
Executive Summary
고객 이슈
몸매 관리
체력 관리
피부 관리
문제 원인
해독 해야 가능한 일
머시 해결
머시
mercy
독소 죽임
살아나는 라인+피부+체력
신부
독소
머시 강점
채소 과일 마찰열에 영양 손실이 있다던데…
1. 머시주스는 차갑게, 콜드프레스공법
몸에 좋은 건 입에 써서 잘 안 먹어요
2. 블라인드 테스트 1등 한 맛있는 맛
뭐 들어가는지 모르면 영 찝찝해요
3. 유기농 및 친환경 재료+첨가물 NO
이용 방법
몇일x효능x대상 3가지 선택해서 홈페이지, 전화(02-540-3596), 현장 신청
혜택 선물
10일 웨딩라인 선택 시, 결혼 전후 행사 출장서비스 10% 할인
(.) ➡) . (
8

누구에게나 친근한 '카카오톡'으로 예시를 하나 더 들어보겠다. 카카오톡 로고 파일을 찾아 그림판으로 열고 그림판 스포이드로 색깔을 추출하여 색편집에 들어가보면 RGB가 나와 있다. 카카오톡은 핵심 색깔이 2개니까 2개를 정해보자.

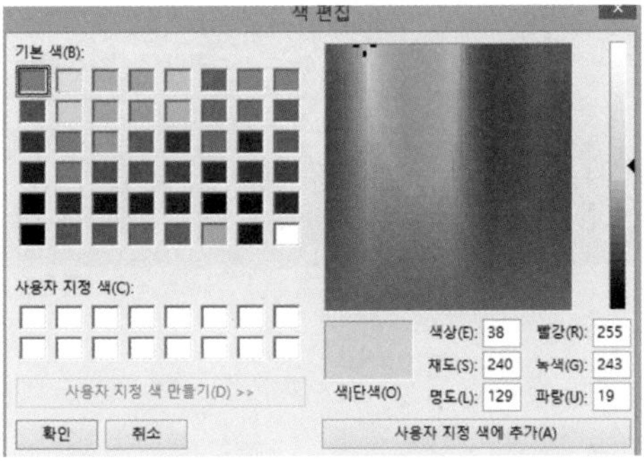

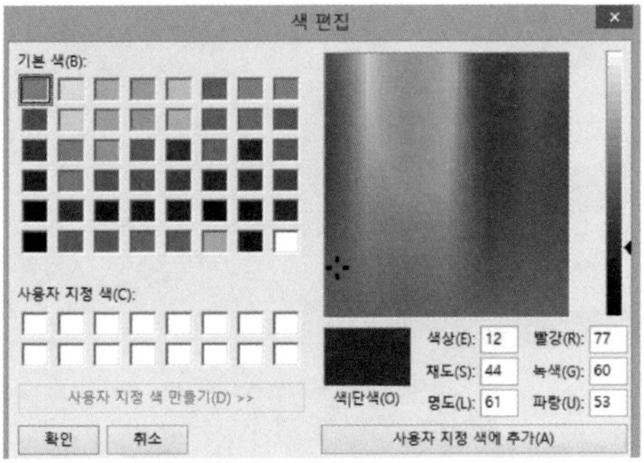

이제 이 색깔들로 PPT를 바꿔 만들어보자.

PPT자료
Mercy Juice Wedding Line Proposal
라인이 살아 있는 예비 신부를 위하여
mercy
201x.xx.xx / 브랜드 전략팀 / 미라 사원
1

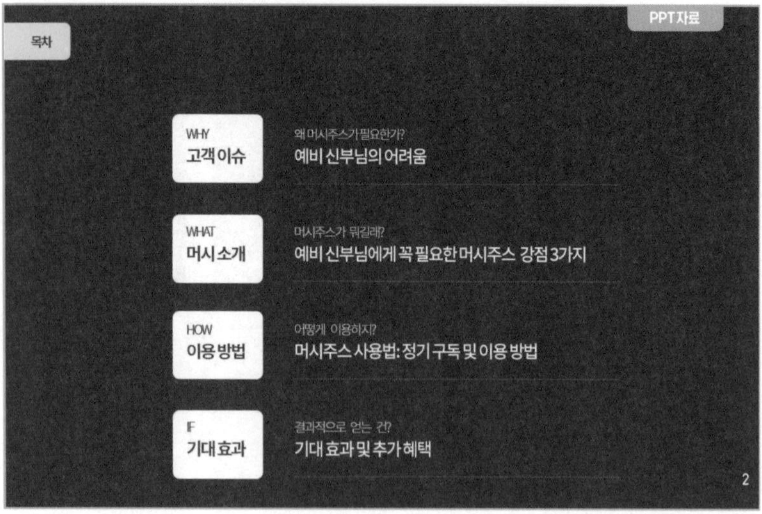
PPT자료
목차
WHY
고객 이슈
왜 머시주스가 필요한가?
예비 신부님의 어려움
WHAT
머시 소개
머시주스가 뭐길래?
예비 신부님에게 꼭 필요한 머시주스 강점 3가지
HOW
이용 방법
어떻게 이용하지?
머시주스 사용법: 정기 구독 및 이용 방법
IF
기대 효과
결과적으로 얻는 건?
기대 효과 및 추가 혜택
2

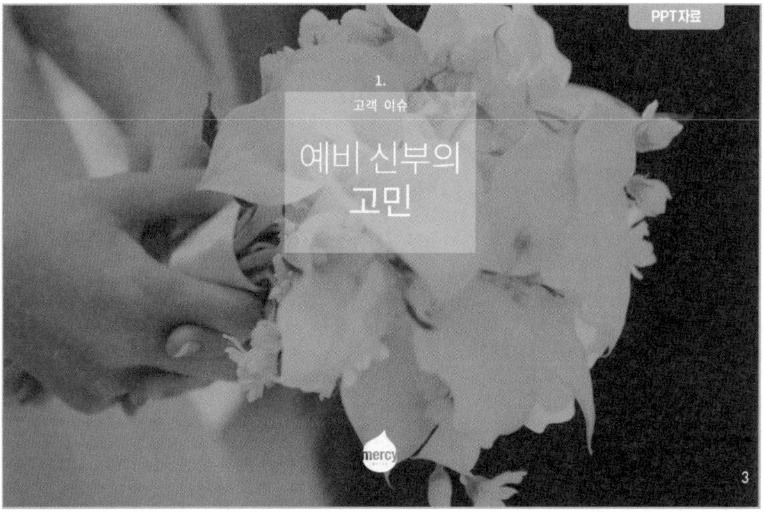
PPT자료
1.
고객 이슈
예비 신부의
고민
mercy
3

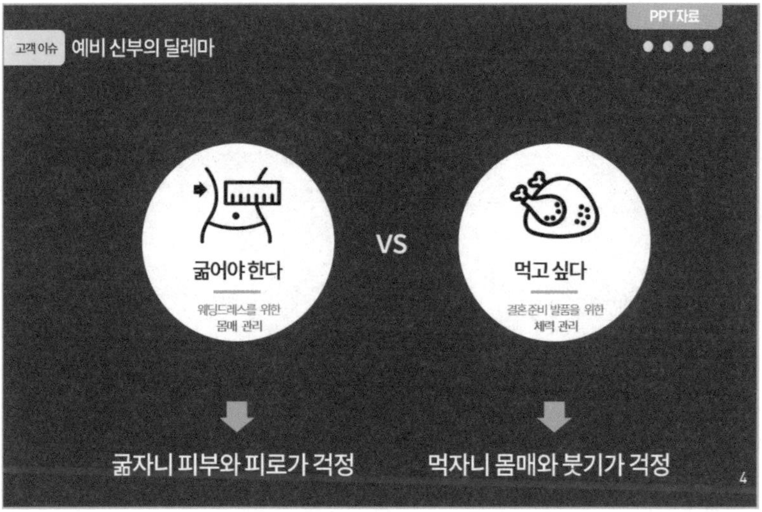
PPT자료
고객 이슈
예비 신부의 딜레마
굶어야 한다
웨딩드레스를 위한
몸매 관리
VS
먹고 싶다
결혼준비 발품을 위한
체력 관리
굶자니 피부와 피로가 걱정
먹자니 몸매와 붓기가 걱정
4

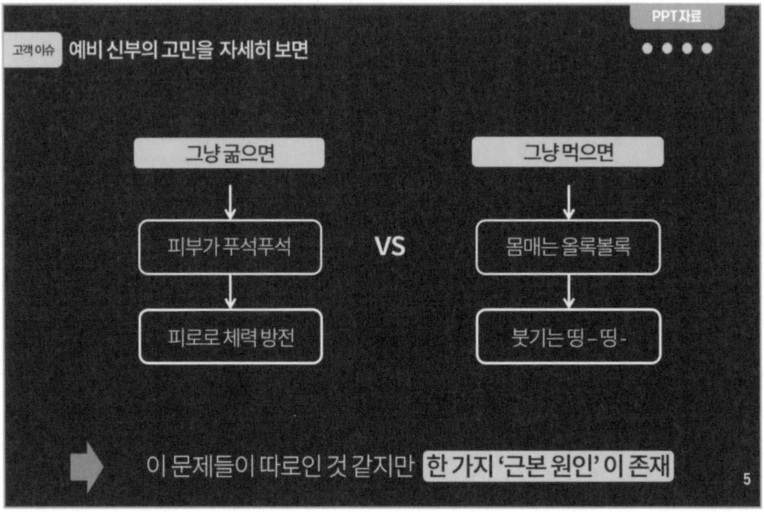
PPT자료
고객 이슈
예비 신부의 고민을 자세히 보면
그냥 굶으면
피부가 푸석푸석
피로로 체력 방전
VS
그냥 먹으면
몸매는 울록불록
붓기는 띵-띵-
이 문제들이 따로인 것 같지만 한 가지 '근본 원인'이 존재
5

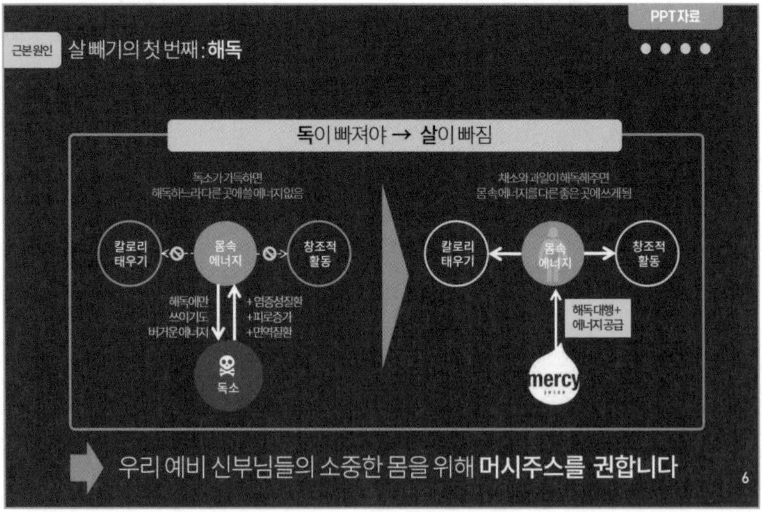
PPT자료
근본원인
살 빼기의 첫 번째 : 해독
독이 빠져야 → 살이 빠짐
독소가 가득하면
해독하느라 다른 곳에 쓸 에너지 없음
칼로리 태우기
몸속 에너지
창조적 활동
해독에만 쓰이기도 버거운 에너지
+염증성질환
+피로증가
+면역질환
독소
채소와 과일이 해독해주면
몸속 에너지를 다른 좋은 곳에 쓰게 됨
칼로리 태우기
몸속 에너지
창조적 활동
해독대행+
에너지공급
mercy
우리 예비 신부님들의 소중한 몸을 위해 머시주스를 권합니다
6

PPT자료
선행
머시주스의
채소와 과일이
독소를 빼주고
다이어트가
진행되는
건강한 몸으로 전환
깨끗해진 몸에
양질의 영양 공급
생으로 먹을 때보다
영양 흡수율 67%↑
해독
Cleanse
다이어트
Diet
영양공급
Nutrition
우리 몸의 건강을 위해서는 '무엇을 먹느냐' 보다 '무엇을 해독하는가'가 더 중요
<디톡스 다이어트 권위자, 린다 페이지(Linda Page) 박사>
7

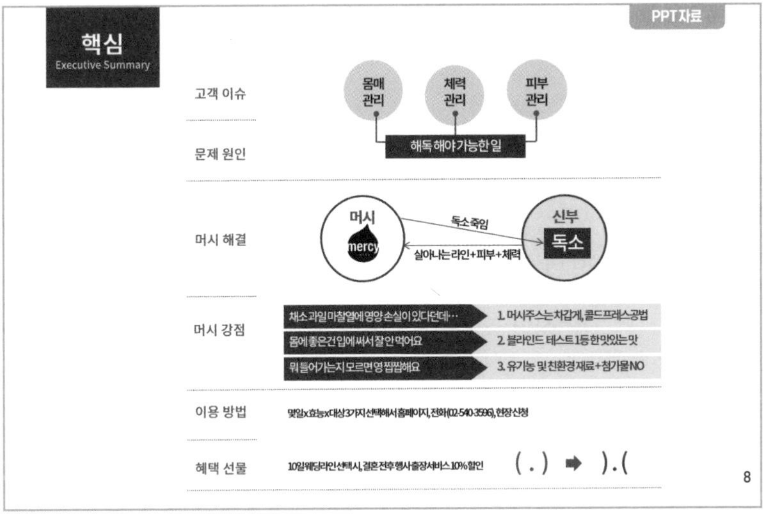
PPT자료
핵심
Executive Summary
고객 이슈
몸매 관리
체력 관리
피부 관리
문제 원인
해독해야 가능한 일
머시 해결
머시
mercy
독소죽임
살아나는 라인+피부+체력
신부
독소
머시 강점
채소 과일 마찰열에 영양 손실이 있다던데…
1. 머시주스는 차갑게, 콜드프레스 공법
몸에 좋은 건 입에 써서 잘 안 먹어요
2. 블라인드 테스트 1등 한 맛있는 맛
뭐 들어가는지 모르면 영 찝찝해요
3. 유기농 및 친환경 재료+첨가물 NO
이용 방법
맞일x효능x대상 3가지 선택해서 홈페이지, 전화(02-540-3596), 현장신청
혜택 선물
10일 웨딩라인 선택 시, 결혼 전후 행사 출장 서비스 10% 할인
(.) ➡). (
8

이런 식으로 변경해 사용하면 된다. '노랑이랑 갈색이네?' 하고 대충 비슷한 색을 선택해서 한다면 절대 이런 느낌이 안 난다. 꼭 브랜드의 RGB를 추출해서 사용하시라. 그 색깔 하나 정하려고 수많은 전문가들과 실무진들이 머리를 맞대고 고민했을 테니 믿고 사용해도 된다. 센스 있는 분들은 느꼈겠지만, 깔끔한 PPT에는 색이 2~3가지를 넘지 않는다. 핵심색(브랜드 색), 그리고 그 외에는 무채색(수묵화를 그리는 심정으로 농도에만 변화를 주며)을 사용하는 것이 좋다. 정리하면 다음과 같다.

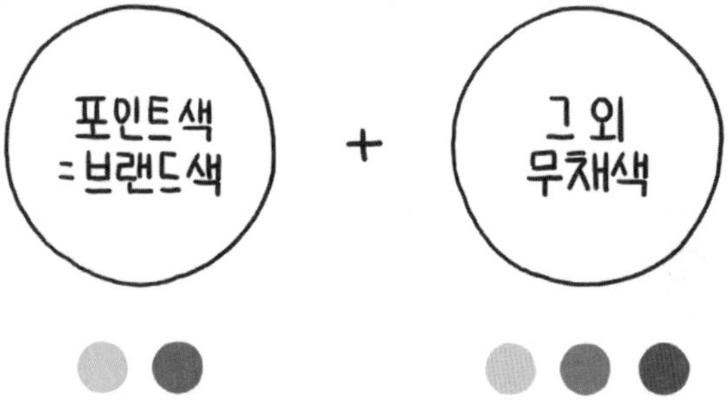

색깔을 정리했으니 레이아웃도 한 번 정리해보자. 회사에서 가장 많이 쓰는 제안서의 기본적인 레이아웃은 다음 페이지의 그림과 같다.

① 지금 이야기하고 있는 내용 카테고리

② 핵심 이슈(주장/요약)

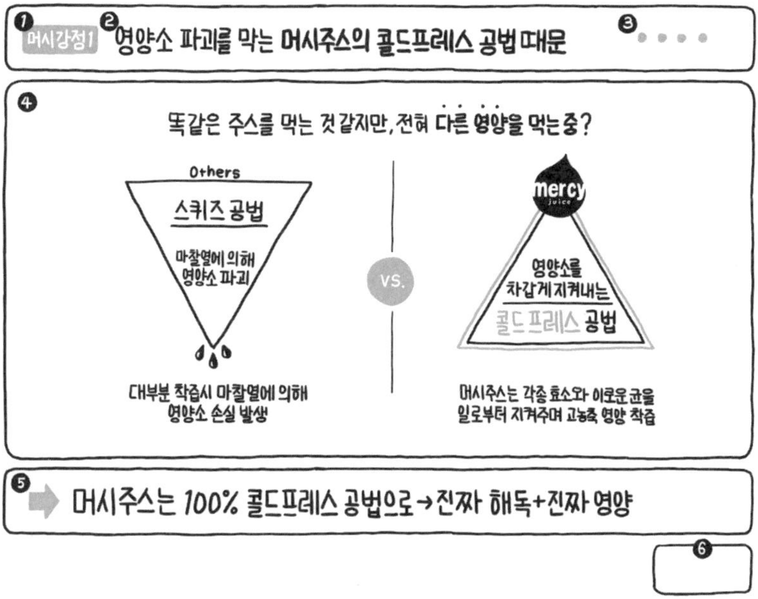

③ 네비게이션(몇 가지 카테고리 중 몇 번째를 이야기하고 있는지)

④ 핵심 이슈에 대한 설명과 관련 그림

⑤ 전체 요약

⑥ 페이지 번호 또는 로고(회사에서 커뮤니케이션할 때 반드시 필요한 것이다. 회사에서 주로 하는 대화가 "야! 몇 페이지에 이거는 이렇게 바꾸고, 몇 페이지는 몇 페이지랑 바꾸고……"이다. 이렇게 수십 번도 넘게 바꿀 수도 있으니 페이지 번호가 없으면 그야말로 아수라장이 된다. '여기였나?', '이걸 바꾸라는 건가?' 하며 갈팡질팡하는 사태를 방지하기 위해 늘 슬라이드에 페이지 번호를 넣어야 한다. [삽입] - [슬라이드 번호] - [슬라이드 번호] - [모두 적용]을

꼭 클릭하자. 로고는 매 페이지마다 넣어도 되지만, 복잡해 보이면 맨 앞과 맨 뒤, 간지 정도에 넣는 것도 좋다고 생각한다.)

특히 ④ '핵심 이슈에 대한 설명과 관련 그림'에 관한 것은 다음과 같이 거의 정해져 있다.

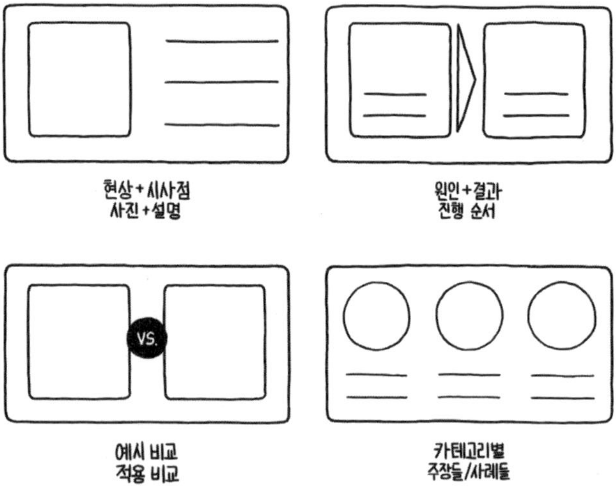

정리하면 우리에게 필요한 전체 페이지는 일반적으로 6가지 종류로 나눌 수 있다. 표지, 목차, 간지, 기본 본문, 핵심 본문(집중되도록 전혀 다른 색과 레이아웃으로 만들기), 내용 요약이다. 마무리 페이지는 표지 페이지와 맞추면 된다.

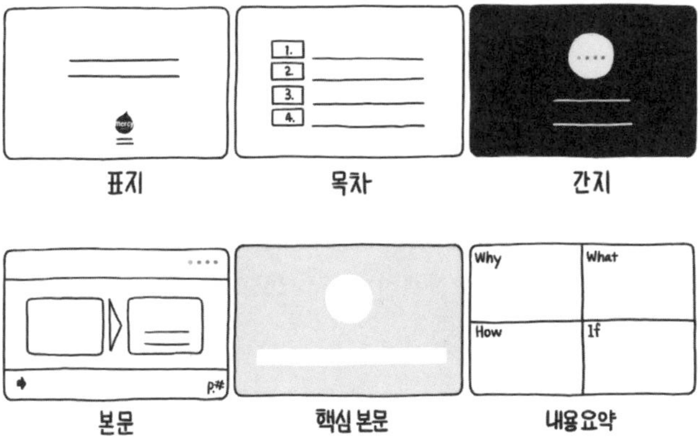

실제로 그런지 머시주스의 웨딩라인 전체 페이지를 보자. 방금 이야기한 대로 표지, 목차, 간지, 기본 본문, 핵심 본문, 내용 요약으로 구분되어 보일 것이다. 부분적으로는 구분되면서 전체적으로는 통일감 있게 만드는 것을 함께 훈련해보자.

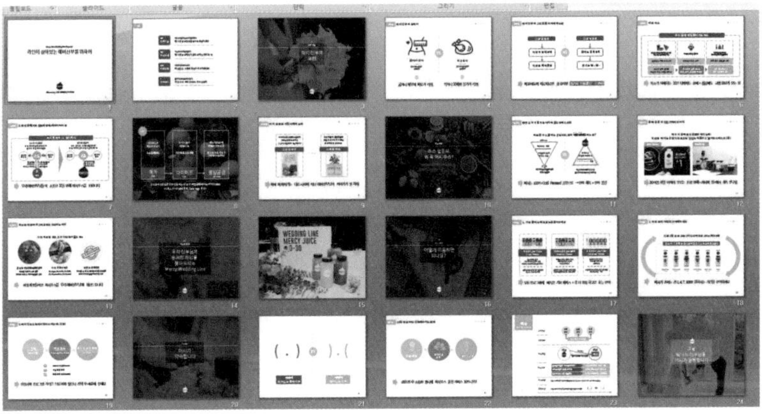

간단하게 간지 혹은 핵심 본문 페이지를 만드는 방법을 조금 더 알아보자. 필요한 재료는 '큰 사진, 검정색 네모, 글'이다.

큰 사진 이야기가 나온 김에 이미지는 어디에서 구해야 할지 이야기해보자. 큰 사진을 구하기 위해서는 우선 구글 검색을 이용하는 것이 좋다. 구글에서 『기획의 정석』을 검색한다면, 검색 단어를 넣고 〔이미지〕 - 〔도구〕 - 〔사용 권한〕 탭을 눌러 저작권을 확인하고 〔크기〕 - 〔큰 사이즈〕로 검색하면 되는데, 사실 100% 안전한 것은 아니다. 그 많은 이미지의 저작권 이슈를 정말 섬세하게 확인할 수 없어 놓치는 경우도 간혹 있기 때문이다.

그래서 자체 촬영하거나 기업에서 제공해준 이미지를 쓰는 게 가장 속편하다. 그래도 이미지를 써야 할 때 사용하면 좋을 대표 무료 이미지 사이트를 꼽으라면 아래 5개를 꼽고 싶다. 사이트에서 이야기하는 저작권 세부 이용 조건을 확인하고 쓰시라.

- http://pixabay.com
- http://flickr.com
- www.imcreator.com/free
- http://gratisography.com
- http://nos.twnsnd.co

이미지도 이미지지만, 픽토그램만 잘 사용해도 디자인의 반은 먹고들어간다. 픽토그램을 사용할 때 중요한 포인트는 한군데에서 받은 같은 톤의 픽토그램만 써야 한다는 것이다. 일관성 없이 여기저기서 가져다 쓰면 오히려 더 복잡해져서 안 쓰느니만 못한 경우가 많다. 현업 디자이너님들도 자주 애용한다는 무료 픽토그램/아이콘 추천 사이트는 다음과 같다 (이 책에 쓴 픽토그램과 아이콘은 다 여기에서만 다운받았다).

• http://www.flaticon.com

잠시 간지 만드는 것을 짚고 넘어가자. 이번 웨딩라인 제안서를 쓰는 데에 결혼 사진이 필요하여 갓 결혼한 친구 영신과 두석에게 부탁하여 감사히 사진을 받았다.

우선 큰 사진을 PPT 전체 화면에 붙여준다.

사진 위에 화면을 꽉 채울 검은색 네모를 그려준다.

검은색 네모 밑에 있는 사진이 안 보이니까 검은색 네모의 색을 조금 조정해준다. 〔서식〕 - 〔도형 채우기〕 - 〔다른 채우기 색〕에 들어가서 맨 아래에 있는 투명도를 조절한다. 지금은 41%로 조절했다(몇 %로 조절하라는 정답은 없다. 보시고 적당히 조절하면 된다).

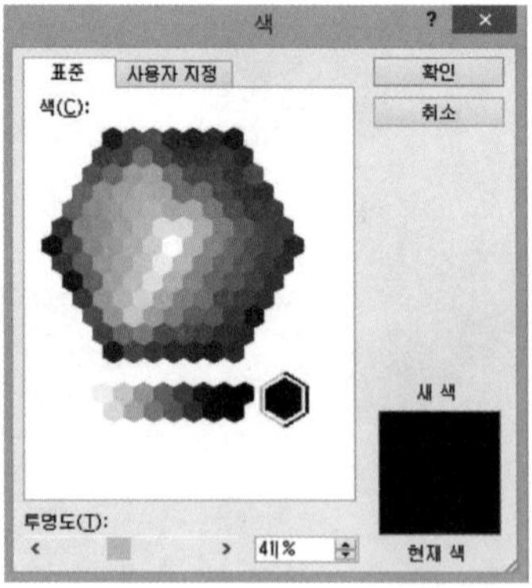

검은색 네모의 투명도를 조절해주고 나면 이렇게 아래에 깔린 사진이 보인다.

그 위에 작은 검은색 박스를 그려서 이번에는 좀 더 진해 보이도록 투명도를 56%로 조절한 후, 그 위에 글씨를 쓰고 로고도 올려주자.

그러면 아래와 같이 완성된다.

정리하면 맨 아래에 '큰 사진+그 위 검은색 네모 박스(투명도 41%)+그 위에 작은 박스(투명도 56%)+그 위에 글씨!'이다. 그림 위에 바로 글씨를 쓰는 것보다 박스를 위에 하나 두고 투명도를 조정해서 쓰면 훨씬 있어 보인다. 매우 간단하니 간지나 핵심 장에 써먹자. 앞서 살펴본 이 핵심 장도 같은 원리로 만들어졌다. 최소한의 힘을 써서 최대한의 효과를 내고 싶은 분들께 추천한다.

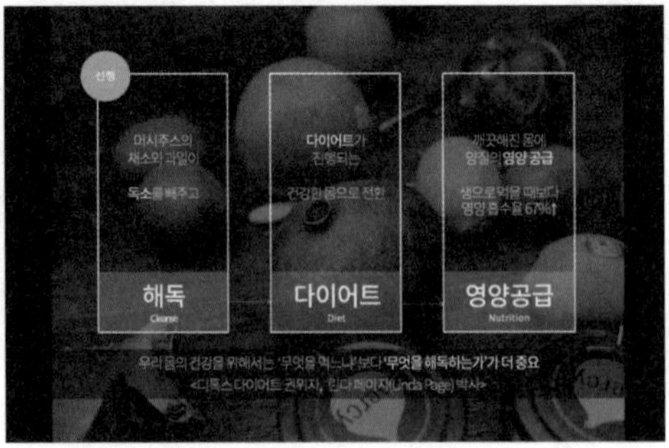

이 책에 나오는 PPT 예제들은 기본적으로 MS오피스 2007 버전에서 작성되었으나 2003 버전에도 다 있는 기본적인 기능들만 활용했음을 밝힌다. 상위 버전으로 갈수록 현란한 기능들은 많지만, 그 기능들을 다 쓰면서 빨리 완성하기는 어려워 되도록 쉬운 기능들만 사용했다. 무엇보다도 회사 안팎을 넘나들며 수많은 사람들의 손을 타며 PPT가 수정될 때, 큰 불편 없이 빠르게 수정되기를 바랐기 때문이다.

· 3장 ·

우리를 모르는 이들에게 선제안하고 싶을 때

: 머시주스 콜드 컨테이너 제안서

PLANNING
X
PROPOSAL

시장을 넓히기 위해 우리 제품이 꼭 필요할 것 같은 '시장성 있는 타깃'을 찾아 선공략해야 할 때가 있다. 앞서 설명한 대로 '우리가 파는 건 무엇인가?'에 대한 고민도 중요하나 그 고민이 '성과'를 가져오려면 고객과 연결되어야 한다. 그러므로 우선 '이것을 살 수밖에 없는 집단은 누구인가?'를 고민해봐야 한다. 머시주스의 경우에는 머시주스가 가진 슈퍼 강점(해독 및 강력한 에너지 공급)을 반드시 필요로 하는 집단은 누구인가, 공략해야 할 대상은 누구인가, 그들은 어디에 있는가를 고민해왔다.

그 결과 일의 특성상 밤샘 작업이 많지만 복지가 좋은 IT 회사들, 혹은 체력 관리 및 에너지 관리가 필수적인 엔터테인먼트 회사를 생각하게 되

빡신 기획 습관 NO.13

중요한 건 말로만 하지 말고 보여주는 습관

정보를 말하는 것과 정보를 보여주는 것은 다르다. 예를 들어 우리가 아무리 '머시주스는 위생적입니다'라고 말해도 상대방은 '흠……. 과연?' 하고 의심할 수 있다. 그러나 깨끗한 공병들을 보여주며 '머시주스는 위생적입니다'라고 말하면 제대로 전달될 가능성이 높아진다. 말로만 주장하면 사람들은 그 정보를 한 귀로 듣고 한 귀로 흘려보내기 쉽다. 그러나 '왜 어떻게 그러한지'를 보여주면 뇌리에 깊이 각인될 수 있다.

머시주스는 위생적입니다 VS.

소독 후 뽀송하게 건조 중인 머시주스 공병

배달해드립니다 VS.

우리 집 문고리에 걸어드려요!

었다. 그리고 그들에게 정기적으로 머시주스가 배달되어 직원들과 아티스트들에게 공급될 수 있도록 '머시주스가 매일매일 배달되는 냉장 보관용 콜드 컨테이너' 설치를 제안하기로 했다. 이번 건은 초안을 보는 것이 무의미하므로 바로 수정본 만드는 과정을 함께 살펴보자. 그리고 제안받은 기업명을 밝힐 수 없어 이름을 바꿔서 제작했음을 밝힌다.

1. Who? 듣는 사람이 누구인가?

정석 차장: 우리의 이야기를 듣는 사람은 누구일까?

막막 사원: 엔터테인먼트 회사 매니저급이 되겠죠?

정석 차장: 오케이. 그럼 그들의 지식이나 관심 지점은 어디쯤일까?

막막 사원: 둘 다 '낮음'이겠죠. 이제부터 그들에게 머시주스를 열심히

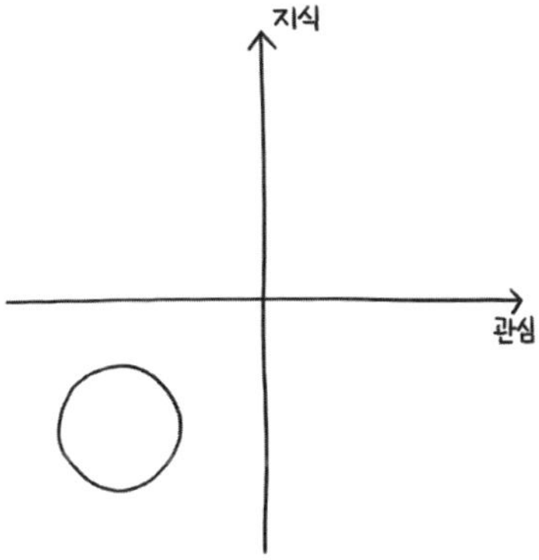

알려야 하는 시기니까요.

정석 차장: 오케이. 그럼 머시주스가 그들에게 '왜 필요한지'부터 설득해야 하는 그룹이네.

2. Whom? 누구를 위한 전략인가?

정석 차장: 우리가 준비한 제안들은 누구에게 좋은 걸까?

막막 사원: 엔터테인먼트 회사 소속 연습생과 아티스트들이겠죠.

3. Why? 그들은 왜 우리를 알아야 하는가?

정석 차장: 그들에게 머시주스가 왜 필요하지?

막막 사원: 기본적으로 앞서 이야기한 예비 신부랑 비슷한 면이 있는 것 같아요. 촬영장이나 방송 현장이 너무 빡세서 밤샘 작업과 잦은 이동으로 인한 불규칙한 식습관이 심각할 거고…….

정석 차장: 또 뭐가 있을까?

막막 사원: 직업의 특성상 아무래도 늘 초긴장 상태여서 극도의 스트레스로 독소가 많이 쌓일 테고…….

정석 차장: 그렇겠지.

막막 사원: 춤추고 노래하는 건 에너지 소비가 많은 일인데, 오히려 잘 먹지 못하고 늘 다이어트를 해야 할 거예요.

4. Why So? 예상 발생 문제는 무엇인가?

정석 차장: 그래서 진짜 핵심 문제는 뭐지? 체력 관리를 안 하면 회사 입장에서 손해인가? 그리고 꼭 관리해야 하는 이유가 뭘까?

막막 사원: 좀 극단적으로 이야기하자면 '체력=돈'이죠. 체력이 튼튼한 만큼 왕성한 활동이 가능할 텐데요. 그러기 위해서는 미리미리 관리를 해야죠. 열정적으로 노래 부르고 춤추려면 에너지가 많이 필요한데, 저질 체력에 독소가 가득하면 쓰러지기 십상일 것 같아요.

정석 차장: '체력이 있는 만큼 활동한다'라……. 시간도 없고 밥도 제대로 못 먹는 이들에게 '딱 한 끼만큼은 꼭 제대로 먹도록!' 이런 느낌으로 가면 될까?

빡신 기획 습관 NO.14

우리가 다뤄야 하는 문제가 어떤 종류의 문제인지 살펴보는 습관

문제가 발생할 때 논리 전개는 3가지로 정리될 수 있다.

① 앞에서 살펴본 것처럼 그야말로 '진짜' 문제가 발생했을 때
[문제 → 근본 원인 → 해결 방안]

② 문제가 발생하지 않았으나 '잠재적인' 문제가 있을 때
[(해결하지 않을 시 발생할 잠재적인) 예상 문제 → 해결 방안]

③ 지금도 잘하고 있지만, 설정한 목표에 미치지 못했을 때
[목표에 미치지 못하는 현재 상황 → 간극의 원인 → 해결 방안]

앞서 제시한 웨딩라인 제안서는 A(문제 → 근본 원인 → 해결 방안)에 해당되었으나, 지금 제안하고자 하는 것은 아직 발생하지 않은 잠재적인 문제에 대한 것이다. 즉 B(예상 문제 → 해결 방안)에 대한 논리 전개를 하고 있음을 참고하자.

5. What? 해결책을 한마디로 말한다면?

정석 차장: 그래서 결국 우리가 제안하는 게 뭐지?

막막 사원: 아티스트들이 매일 균형 잡힌 한 끼를 먹도록 콜드 컨테이너를 설치하라는 거요.

정석 차장: 그렇다면 앞서 배운 것처럼 '그게 뭔데?'를 스스로에게 계속 물어보면서 핵심적인 한마디를 만들어보자.

막막 사원: Cold Container

↓ 그게 뭔데?

슈퍼스타를 위한 Cold Container

↓ 그게 뭔데?

에너지를 많이 써서 슈퍼에너지가 필요한 슈퍼스타를 위한 Cold Container

↓ 그게 뭔데?

매일 아침마다 슈퍼 에너지를 마실 수 있게 도와주는 Cold Container

↓ 그게 뭔데?

매일 아침마다 배달되는 슈퍼에너지 한 끼

or 매일 아침 슈퍼에너지 한 끼

이런 식으로 정리하고 부연설명을 넣어주는 것은 어떨까요?

정석 차장: 정답은 없어. 딱 들었을 때 바로 이해하도록 계속 생각해봐.

막막 사원: -_-;

6. What else? 비교 우위는 뭔가?

정석 차장: 비교 우위는?

막막 사원: 앞에서 이야기한 콜드프레스에 대해 이야기하면 될 것 같고, 현재 제안서에 정리된 5가지 무(No sugar, Not heated, No HPP, No water, No preservatives) 첨가에 대해서도 짚고 넘어가면 좋을 것 같아요. 설탕 안 들어가고, 열로 인한 영양소 파괴가 없고, 인위적인 압력이 들어가지 않고, 물도 한 방울 안 들어가고, 보존제도 안 들어간다는 것을 이야기해주면 좋을 것 같아요. 그리고 No HPP는 정말 중요한 이슈잖아요. 많은 기업에서 압력 후 처리(HPP)해서 과일과 야채 속에 있는 영양소가 파괴되는데, 우리는 진짜 아무런 처리도 안 하고 '있는 그대로' 영양소를 보존하며 착즙하는 No HPP잖아요. 이것도 말 안 하고 가기는 너무 아쉬워요.

정석 차장: 그래. 좋은 게 많지만 다 말하려고 하면 아무것도 기억하지 못하는 아이러니가 생긴다는 것, 알지? 우선순위에 맞게 선택해서 기억될 만한 것만 말하도록 하자.

막막 사원: 네. 그리고 이곳은 특별한 집단이잖아요. 아티스트들은 미각에 예민하니 머시주스의 맛도 짚고 넘어가면 좋을 듯해요. 얼마 전 유명 TV 프로그램에서 '맛있는 착즙주스' 블라인드

테스트에서 1등한 것도 이야기해주면 맛에 대한 신뢰도가 올라갈 것 같아요.

정석 차장: 음. 그것도 좋네! 생각해보니 아티스트들이라 시각에도 엄청 예민하겠다.

막막 사원: 머시주스가 예쁘다는 것도 보여주는 것이 좋을 것 같아요. 다른 브랜드들은 너무 기능적으로만 보이는데, 머시주스는 기능은 기본이고 거기에 감각적인 디자인을 더했다는 것을 전달하는 것도 좋을 것 같아요.

7. How To? 해결책을 어떻게 실행할 것인가?

정석 차장: 앞에서 한 번 해봤으니 알 거야. 콜드 컨테이너를 신청하려면 어떻게 해야 할지를 고객 입장에서 정리해서 써줘야 해.

막막 사원: 지금 쓰인 초안은 '이런 게 있다'라는 식으로 설명하는 말투가 강하니까 여기서는 고객의 입장에서 신청 순서대로 정리해볼게요. '이런 타입이 있다'보다는 '먼저 타입을 고르자'로 시작해야겠죠?

정석 차장: 좋아.

8. If? 해결책을 실행하면 뭐가 좋은가?

정석 차장: 그냥 끝내는 것보다는 '이것을 하면 어떤 것이 좋다'라는 식으로 한 번 더 인식시켜주자.

막막 사원: 독소에서 벗어난 아티스트들의 선순환을 보여주며 마무리 지으면 좋을 듯해요. 독소에 매몰되어 있으면 체력이 떨어지고 작업도 잘하지 못하고 축축 처지기만 하는데, 독소로부터 자유로워지면, 체력이 좋아져 에너지와 크리에이티브를 얻을 수 있잖아요. 이러한 선순환을 이야기해주면 좋을 것 같아요.

정석 차장: 그치. 마치 일을 잘 하려면 책상을 깨끗이 청소하는 시간이 필요한 것과 같지. 여러 가지들이 쌓여 있는 어지러운 책상에서는 아무것도 할 수 없으니까 말이야. 아티스트 몸에도 정기적 '청소'가 필요한 것이지.

오케이. 그리고 추가 제안이 있다면?

막막 사원: 엔터테인먼트 회사에서는 워크숍이나 파티 같은 것을 많이 할 테니, 그때 이용하면 좋을 출장 서비스와 특별 할인 혜택을 알려주면 좋을 것 같아요.

정석 차장: 그래! 그럼 초안을 써보면서 정리해보자. 우선 시작하기 전에 할 일은?

막막 사원: 한 장으로 도식화할 수 있는지 체크하면 좋죠!

정석 차장: 여기서 늘 생각해야 할 게 내가 말발로 상대방을 설득했다고 해도 상대방이 자신의 상사를 100% 설득할 수 있다는 보장이 없다는 점이야. 상대방이 자신의 상사를 설득하지 못하면, 나의 설득이 무의미해지겠지. 그러니까 상대방이 자신의 상사에게 가져갈 한 장짜리 문서를 정리해주는 게 좋아.

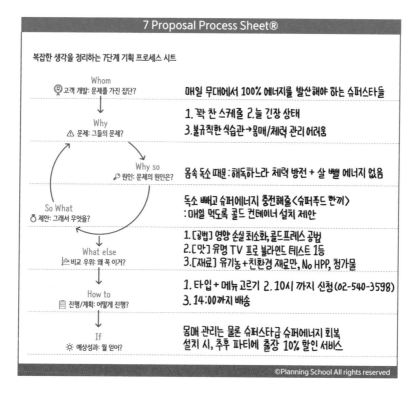

7 Proposal Process Sheet®

복잡한 생각을 정리하는 7단계 기획 프로세스 시트

Whom 고객 개발: 문제를 가진 집단?	매일 무대에서 100% 에너지를 발산해야 하는 슈퍼스타들
Why 문제: 그들의 문제?	1. 꽉 찬 스케줄 2. 늘 긴장 상태 3. 불규칙한 식습관→몸매/체력 관리 어려움
Why so 원인: 문제의 원인은?	몸속 독소 때문 : 해독하느라 체력 방전 + 살 뺄 에너지 없음
So What 제안: 그래서 무엇을?	독소 빼고 슈퍼에너지 충전해줄<슈퍼푸드 한끼> : 매일 먹도록 콜드 컨테이너 설치 제안
What else 비교 우위: 왜 꼭 이거?	1. [공법] 영양 손실 최소화, 콜드프레스 공법 2. [맛] 유명 TV 프로 블라인드 테스트 1등 3. [재료] 유기농+친환경 재료만, No HPP, 첨가물
How to 진행/계획: 어떻게 진행?	1. 타입 + 메뉴 고르기 2. 10시 까지 신청(02-540-3598) 3. 14:00까지 배송
If 예상성과: 뭘 얻어?	몸매 관리는 물론 슈퍼스타급 슈퍼에너지 회복 설치 시, 추후 파티에 출장 10% 할인 서비스

빡신 기획 습관 NO.15

비유로 말하는 습관

『세계의 엘리트는 왜 이슈를 말하는가』에서 이야기했듯이, 우리 뇌는 새로운 정보는 거의 흘려보내지만, 새로운 정보가 우리 뇌에 있는 정보와 연결될 때는 그것을 기억하고 이해하게 된다. 제임스 카메론 감독이 「아바타」를 투자자에게 설명할 때 주저리주저리 말하지 않고 투자자들 머릿속에 있는 정보 「주라기 공원」과 연결하여 "우주에서 벌어지는 '주라기 공원'"이라고 설득한 일화는 유명하다.

마찬가지로 "해독이 필요하다"라는 말이 상대방 입장에서는 와 닿지 않을 수가 있다. "일을 잘하기 위해서는 책상 청소가 필요하듯이, 창조적인 일을 하려면 우리 몸속의 청소, 즉 해독이 먼저 필요하다"라고 말하면 상대방이 보다 쉽게 이해할 수 있을 것이다. 직장인들에게는 "컴퓨터 바탕화면에 수많은 파일들이 떠 있으면 복잡해서 일하기 어렵다. 하지만 파일 정리를 하고 나

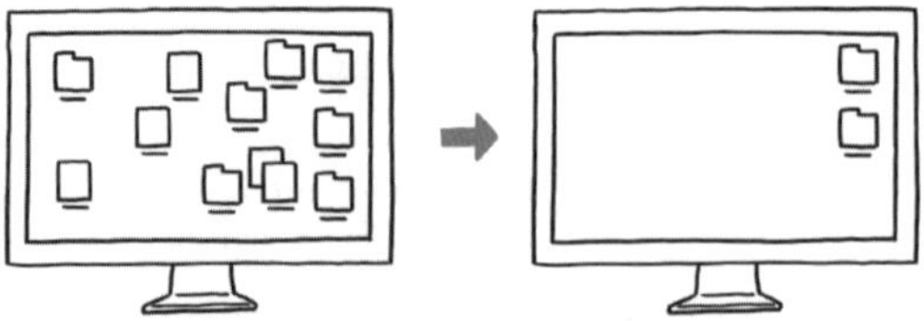

면 더욱 빠르게 일할 수 있다. 이처럼 우리 몸속의 정리, 즉 해독이 필요하다"라고 말하면 더 쉽게 이해할 수 있을 것이다. 이렇듯 기획서를 쓰거나 이야기할 때는 상대방의 머릿속에 잘 연결되는 '비유'로 표현하는 센스를 장착해보자.

다음은 최종 수정된 PPT다. PPT 각 장은 어떤 센스를 가지고 구성할지 세부 설명은 앞 챕터에서 했으므로 이번에는 PPT만 보여주겠다. 각자 나름의 PPT 구성에 대해 생각해보자.

PPT자료
FOR 100% SUPER STAR
100% SUPERNATURAL POWERHOUSE:
COLD-CONTAINER
mercy
귀사의 슈퍼스타들을 살릴 마지막 한 방울 제안
201X.XX.XX
MERCYJUICE
FOR EXHAUSTED LAMBS
1

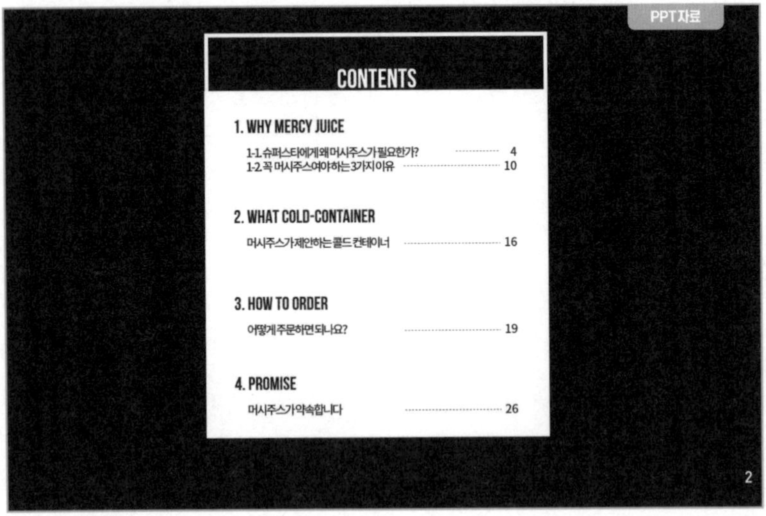
PPT자료
CONTENTS
1. WHY MERCY JUICE
1-1. 슈퍼스타에게 왜 머시주스가 필요한가? 4
1-2. 꼭 머시주스여야 하는 3가지 이유 10
2. WHAT COLD-CONTAINER
머시주스가 제안하는 콜드 컨테이너 16
3. HOW TO ORDER
어떻게 주문하면 되나요? 19
4. PROMISE
머시주스가 약속합니다 26
2

PPT자료
mercy
juice
안녕하세요?
자연 그대로 한 병에 고이 담아드리는 착즙주스
100% Super Natural 머시주스 입니다
3

PPT자료
1-1.
WHY MERCY JUICE
우리 슈퍼스타에게
왜 머시주스가
필요한가?
4

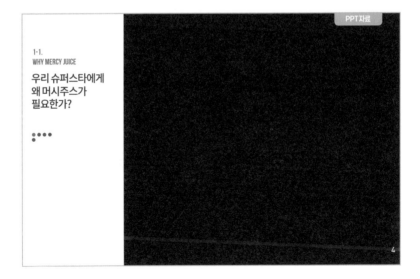

PPT자료
1-1.
WHY MERCY JUICE
우리 슈퍼스타에게
왜 머시주스가
필요한가?
Amazing Grace
2015_Exhausted Lamb
매일매일 무대에서 100% 폭발적 에너지를
발산하고 있는 우리의 귀한 슈퍼스타들
5

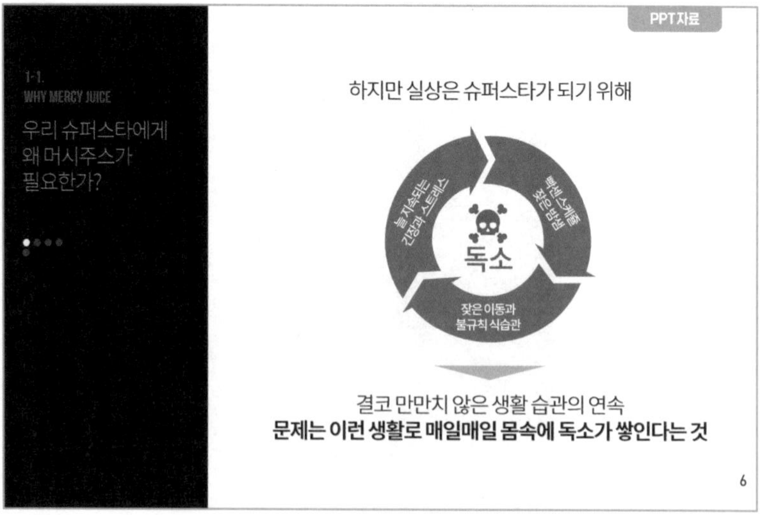
PPT자료
1-1.
WHY MERCY JUICE
우리 슈퍼스타에게
왜 머시주스가
필요한가?
하지만 실상은 슈퍼스타가 되기 위해
늘 지속되는 긴장과 스트레스
빡센 스케줄 잦은 밤샘
잦은 이동과 불규칙 식습관
독소
결코 만만치 않은 생활 습관의 연속
문제는 이런 생활로 매일매일 몸속에 독소가 쌓인다는 것
6

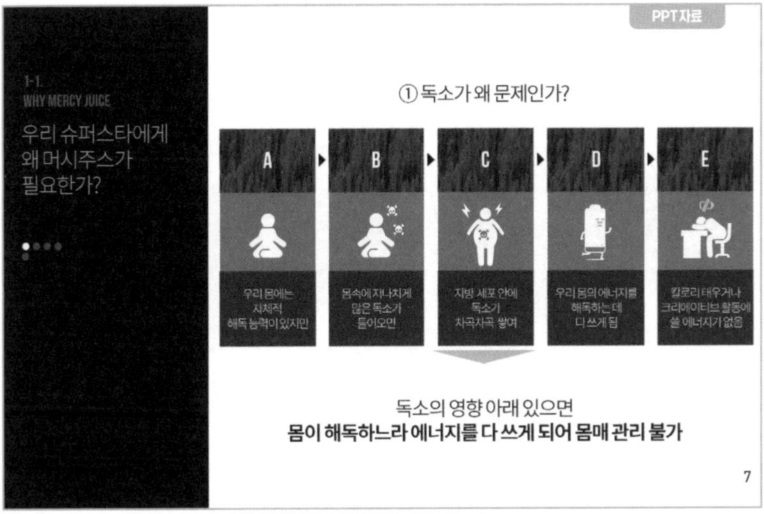
PPT자료
1-1.
WHY MERCY JUICE
우리 슈퍼스타에게
왜 머시주스가
필요한가?
① 독소가 왜 문제인가?
A
B
C
D
E
우리 몸에는
자체적
해독 능력이 있지만
몸속에 지나치게
많은 독소가
들어오면
지방 세포 안에
독소가
차곡차곡 쌓여
우리 몸의 에너지를
해독하는 데
다 쓰게 됨
칼로리 태우거나
크리에이티브 활동에
쓸 에너지가 없음
독소의 영향 아래 있으면
몸이 해독하느라 에너지를 다 쓰게 되어 몸매 관리 불가
7

PPT자료
1-1.
WHY MERCY JUICE
우리 슈퍼스타에게
왜 머시주스가
필요한가?
② 독소가 왜 문제인가?
해독이 안 되면 우리 몸속에서 일어나는 문제들
디톡스 권위자, 린다 페이지(Linda Page)
HEALTHY
HEALING
해독이야말로 건강에 필수적!
건강의 근본 문제는
무엇을 먹어야 하는가보다
몸속에서 얼마나 많은 독소를
해독하는가에 달려 있다
미국 100만 부 베스트셀러
리부팅 주스
사람들의 피와 소변에서
평균 200종 이상의 화학 물질 발견
이로 인해 우리 몸이
해독 능력 최대치에 도달하면
독소를 배출되지 않고
장기, 조직, 지방 세포에 저장됨
이 독소들은 피로, 염증성 질환,
면역 장애, 체중 증가, 암 유발에 일조
체력이 있는 만큼 활동 가능한
'체력 = 자산'인 아티스트들에게 해독은 필수
8

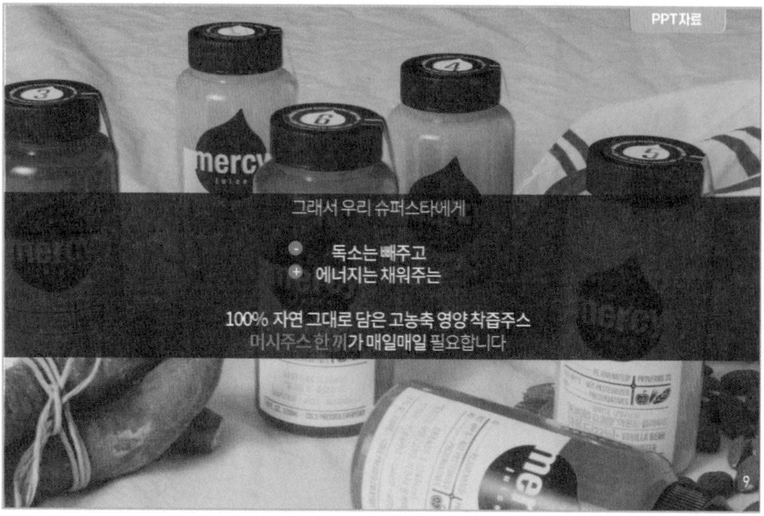
PPT자료
그래서 우리 슈퍼스타에게
독소는 빼주고
에너지는 채워주는
100% 자연 그대로 담은 고농축 영양 착즙주스
머시주스 한 끼가 매일매일 필요합니다
9

PPT자료
1-2.
WHY MERCY
꼭
머시주스여야 하는
3가지 이유
10

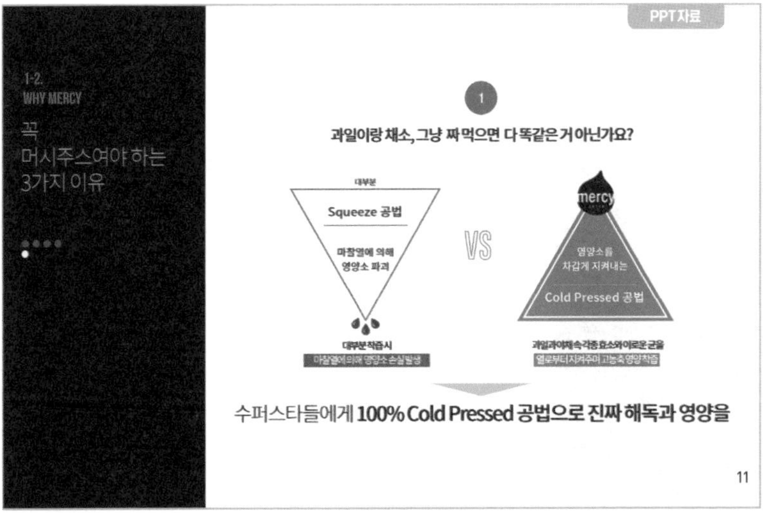
PPT자료
1-2.
WHY MERCY
꼭
머시주스여야 하는
3가지 이유
1
과일이랑 채소, 그냥 짜 먹으면 다 똑같은 거 아닌가요?
대부분
Squeeze 공법
마찰열에 의해
영양소 파괴
VS
mercy
영양소를
차갑게 지켜내는
Cold Pressed 공법
대부분 착즙 시
마찰열에 의해 영양소 손실 발생
과일과 야채 속 각종 효소와 이로운 균을
열로부터 지켜주며 고농축 영양 착즙
수퍼스타들에게 100% Cold Pressed 공법으로 진짜 해독과 영양을
11

PPT자료
1-2.
WHY MERCY
꼭
머시주스여야 하는
3가지 이유
2
몸에 좋은 건 맛 없어서 먹기 싫어요
'몸에 좋은 건 입에 쓰다'는 말이 무색할 정도로 맛있는 머시주스
유명 TV 프로그램에서 '맛있는 착즙주스' 블라인드 테스트에서 1등
블라인드 테스트 1등
머시의 레시피 랩
blindtest
#1
30여 종의 과일과 야채의 최상의 조합을 늘 연구하는 머시주스 레시피 랩
12

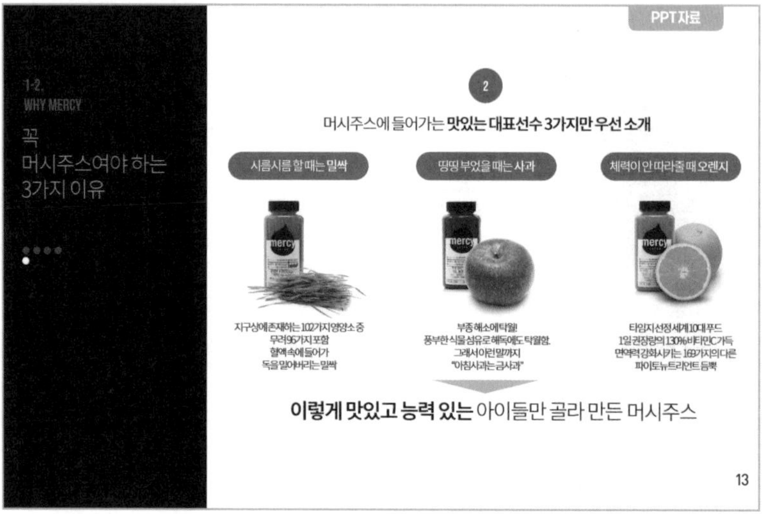
PPT자료
1-2.
WHY MERCY
꼭
머시주스여야 하는
3가지 이유
2
머시주스에 들어가는 맛있는 대표선수 3가지만 우선 소개
시름시름 할 때는 밀싹
땡땡 부었을 때는 사과
체력이 안 따라줄 때 오렌지
지구상에 존재하는 102가지 영양소 중
무려 96가지 포함
혈액 속에 들어가
독을 말아버리는 밀싹
부종 해소에 탁월!
풍부한 식물섬유로 해독에도 탁월함.
그래서 이런 말까지
"아침사과는 금사과"
타임지 선정 세계 10대 푸드
1일 권장량의 130% 비타민C 가득
면역력 강화시키는 169가지의 다른
파이토뉴트리언트 듬뿍
이렇게 맛있고 능력 있는 아이들만 골라 만든 머시주스
13

PPT자료
1-2.
WHY MERCY
꼭
머시주스여야 하는
3가지 이유
3
속에 뭐가 들어갔는지 모르면 찝찝해요
그래서 자연 외 첨가물은 무조건 No
유기농 및 친환경 원료로
나쁜 것은 다 빼고
깨끗한 공정으로
INTEGRITY GROUP
재료의 안정적 수급 위해
베테랑 영세농 직거래 플랫폼 구축
No sugar, No water, No HPP,
No preservatives, Not heated
안심할 수 있는 안전화, 표준화 공정 위해
HACCP 공장 설립과 X1 기계 도입
슈퍼스타들에게 어울리는 슈퍼 재료들과 공정
14

PPT자료
그리고 예쁩니다
보고 있으면 기분 좋아질 걸요
15

PPT자료
2.
WHAT COLD CONTAINER
그래서
머시주스가 제안하는
콜드 컨테이너
16

PPT자료
우리 슈퍼스타들의 속
무엇으로 가득 차 있습니까?
17

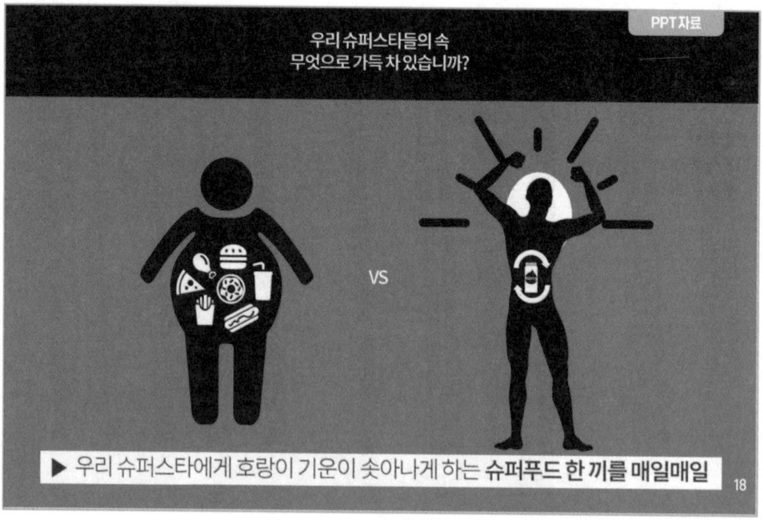
PPT자료
우리 슈퍼스타들의 속
무엇으로 가득 차 있습니까?
VS
▶ 우리 슈퍼스타에게 호랑이 기운이 솟아나게 하는 슈퍼푸드 한 끼를 매일매일
18

PPT자료
콜드 컨테이너를 설치하시면
매일 편하게 머시주스를 만날 수 있습니다
AM
09:00
100%
SUPERNATURAL
POWERHOUSE
COLD-CONTAINER
▶ 콜드 컨테이너를 설치하시면 매일 아침 9시에 배달해드립니다
19

PPT자료
3.
HOW TO ORDER
어떻게
이용하면
되나요?
20

PPT자료

3.
HOW TO ORDER

어떻게
이용하면
되나요?

STEP 1.

타입 고르기

230ml 병 기준_**하루에 필요한 병수**를 고려하여 타입을 골라주세요

TYPE A 200병/WEEK
100명 이상 사무실에 좋아요

TYPE B 400병/WEEK
200명 이상 사무실에 좋아요

*100명 이하/300명 이상 사무실은 연락주세요

21

PPT자료

3.
HOW TO ORDER

어떻게
이용하면
되나요?

STEP 2.

메뉴 고르기(라인별)

핵심 효능을 보시고 라인을 골라주세요
모든 라인에 해독은 기본으로 들어가있답니다

	GREEN CLEANSE	RAINBOW CLEANSE	REBOOTING CLEANSE
핵심효능	해독부터_우선디톡스	영양 공급부터_우선 밸런싱	몸 회복부터_우선 리부팅
구성성분	알로에,케일,밀싹,아스파라거스, 시금치등의다양한유기농채소를베이스	사과,당근,레몬,오렌지,자몽,파인애플, 양배추,고구마,아몬드가베이스	샐러리,파슬리,오이등 한층더업그레이드된그린재료들
핵심스킬	체내독소와노폐물,붓기깔끔제거 기본해독이강한SuperDetox라인	체내영양공급,피부/위장트러블완화, 탄력에탁월한BodySkinBalance라인	몸을전면적으로회복시켜주는데탁월 UltraRebooting라인

22

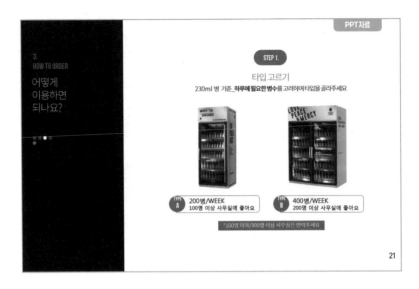

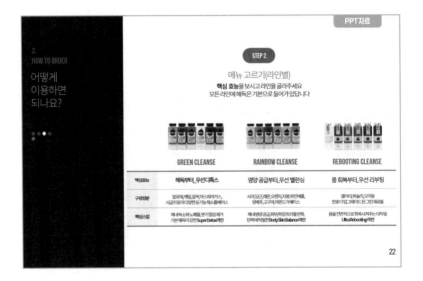

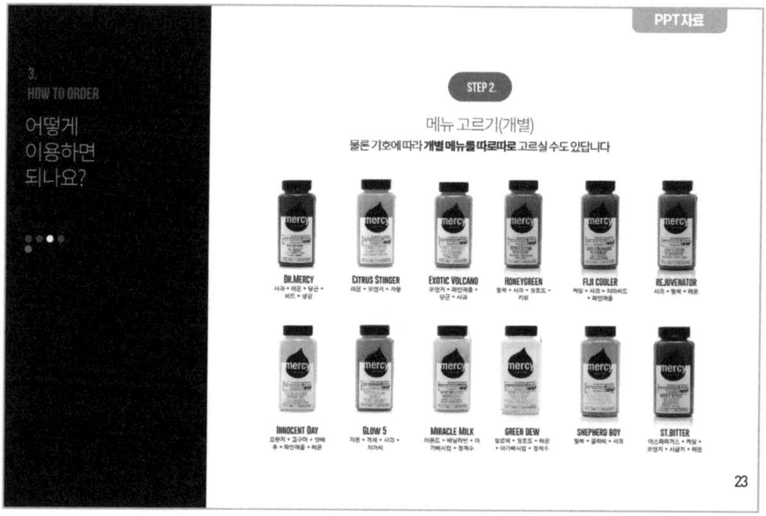
PPT자료
3.
HOW TO ORDER
어떻게
이용하면
되나요?
STEP 2.
메뉴 고르기(개별)
물론 기호에 따라 개별 메뉴를 따로따로 고르실 수도 있답니다
DR.MERCY
CITRUS STINGER
EXOTIC VOLCANO
HONEYGREEN
FIJI COOLER
REJUVENATOR
INNOCENT DAY
GLOW 5
MIRACLE MILK
GREEN DEW
SHEPHERD BOY
ST.BITTER
23

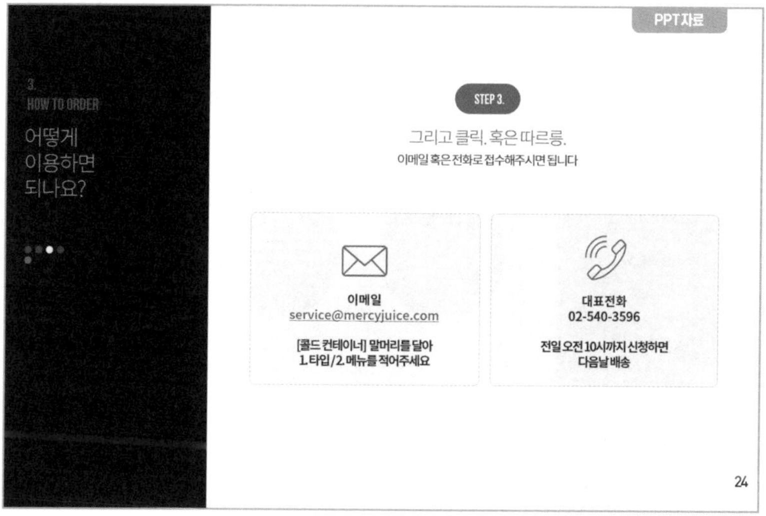
PPT자료
3.
HOW TO ORDER
어떻게
이용하면
되나요?
STEP 3.
그리고 클릭. 혹은 따르릉.
이메일 혹은 전화로 접수해주시면 됩니다
이메일
service@mercyjuice.com
[콜드 컨테이너] 말머리를 달아
1. 타입/2. 메뉴를 적어주세요
대표전화
02-540-3596
전일 오전 10시까지 신청하면
다음날 배송
24

PPT자료
3.
HOW TO ORDER
어떻게
이용하면
되나요?
월 ~ 금 매일 오전 COLD CAR가 달려갑니다
갓 짜낸 신선한 주스만 드시라고 주문은 1일 단위로만 받습니다
주문 가능 시간까지 주문 없을 시 전날 거래건과 동일하게 진행합니다
주문 가능 시간
전일 오전 10시까지
배송 시간
9:00 ~ 14:00 사이에
받으실 수 있습니다
LOVE,
PEACE
&MERCY
*모든 콜드 컨테이너는 최소 3달 기준
25

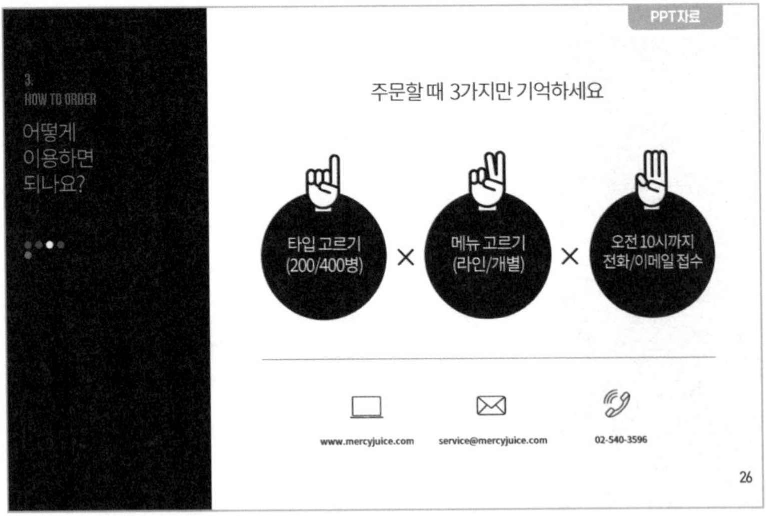
PPT자료
3.
HOW TO ORDER
어떻게
이용하면
되나요?
주문할 때 3가지만 기억하세요
타입 고르기
(200/400병)
×
메뉴 고르기
(라인/개별)
×
오전 10시까지
전화/이메일 접수
www.mercyjuice.com
service@mercyjuice.com
02-540-3596
26

PPT자료
4.
PROMISE
머시주스가
약속합니다
27

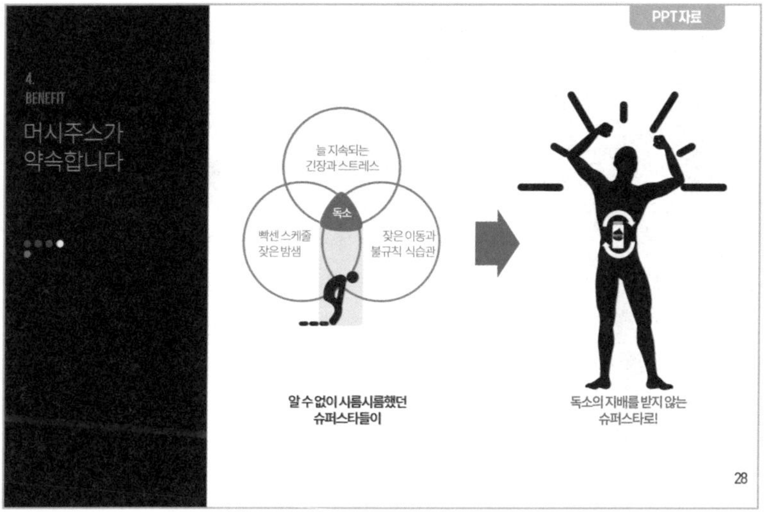
PPT자료
4.
BENEFIT
머시주스가
약속합니다
늘 지속되는
긴장과 스트레스
빡센 스케줄
잦은 밤샘
잦은 이동과
불규칙 식습관
독소
알 수 없이 시름시름했던
슈퍼스타들이
독소의 지배를 받지 않는
슈퍼스타로!
28

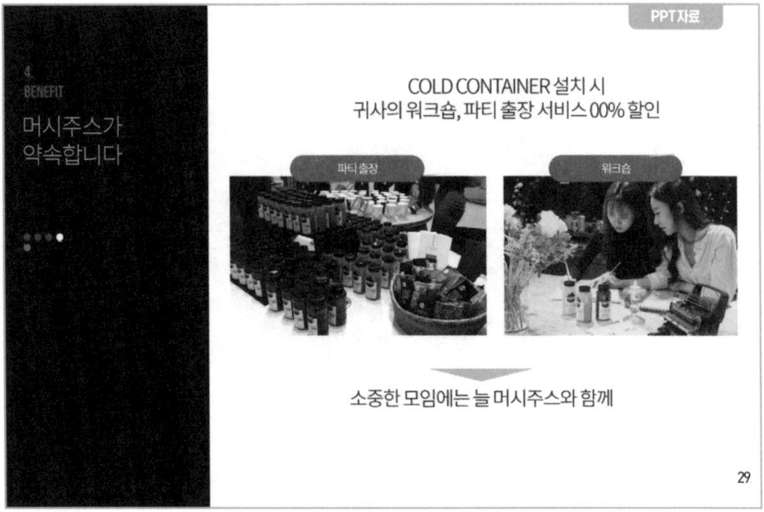
PPT자료
4.
BENEFIT
머시주스가
약속합니다
COLD CONTAINER 설치 시
귀사의 워크숍, 파티 출장 서비스 00% 할인
파티 출장
워크숍
소중한 모임에는 늘 머시주스와 함께
29

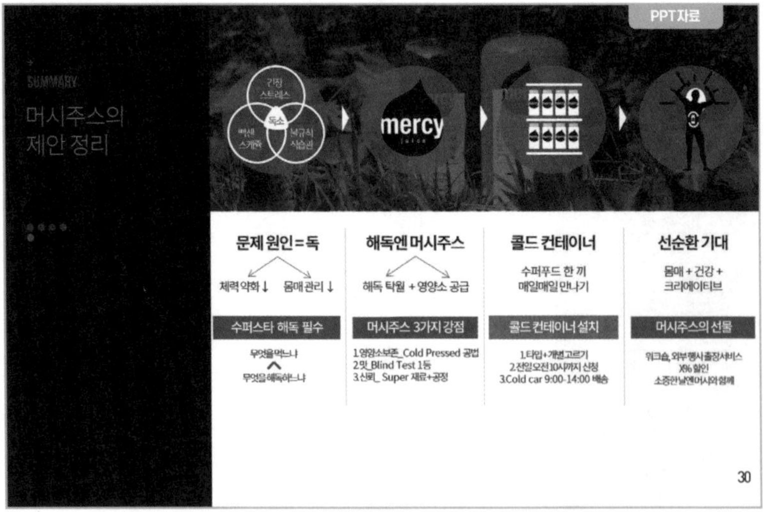
PPT자료
SUMMARY
머시주스의
제안 정리
긴장
스트레스
독소
낙규칙
식습관
mercy
문제 원인 = 독
체력 약화 ↓
몸매 관리 ↓
수퍼스타 해독 필수
무엇을 먹느냐
무엇을 해독하느냐
해독엔 머시주스
해독 탁월 + 영양소 공급
머시주스 3가지 강점
1.영양소보존_Cold Pressed 공법
2.맛_Blind Test 1등
3.신뢰_ Super 재료+공정
콜드 컨테이너
수퍼푸드 한 끼
매일매일 만나기
콜드 컨테이너 설치
1.타입+개별고르기
2.전일오전10시까지 신청
3.Cold car 9:00-14:00 배송
선순환 기대
몸매 + 건강 +
크리에이티브
머시주스의 선물
워크숍, 외부행사출장서비스
X% 할인
소중한날엔머시와함께
30

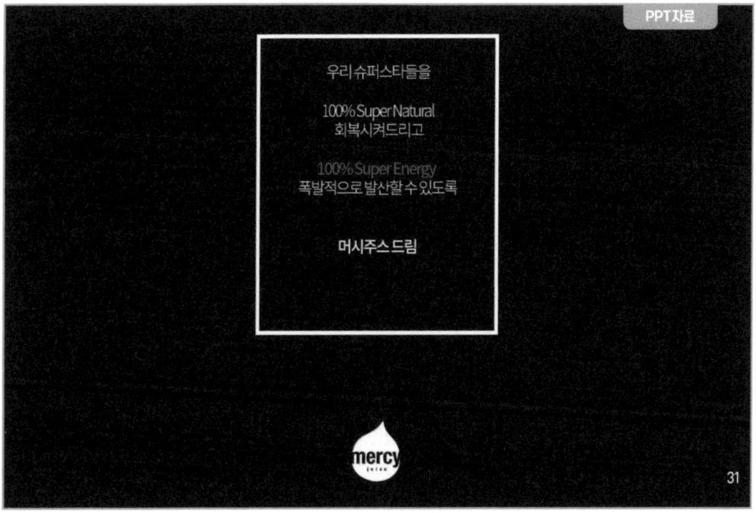

엔터테인먼트 콜드 컨테이너 제안 PPT 정리

사용 폰트

1. 강조: Noto Sans CJK KR Medium

2. 본문: Noto Sans CJK KR Light

역시나 앞에서 추천한 '본고딕' 사용했다. 중요한 부분을 강조해야 할 때 맨 앞에 있는 '가'를 눌러 굵기를 조정하기보다는 같은 시리즈 폰트 중 원래 굵게 나온 것을 쓰는 게 폰트가 깨질 위험이 없고 어여쁘다.

잠시 폰트 굵기 조정의 필요성을 살펴보자.

기획의 정석 입니다
기획의 정석 입니다
기획의 정석 입니다

위의 3가지 문장 중 첫 번째는 Noto Sans CJK KR Light로 쓰였다. 이름 끝에 Light가 붙어 있으니 얇은 폰트라는 뜻이다. 별 강조가 없으니 그냥 쭉 읽힌다. 두 번째는 '기획의 정석'이 Noto Sans CJK KR Medium로 쓰였다. 이름 끝에 Medium이 붙어 있으니 아까보다 굵은 폰트라는 뜻이다. 확실히 굵은 폰트로 쓴 '기획의 정석' 부분은 강조가 되어 눈에 잘 들어온다. 세 번째는 얇은 폰트인 Noto Sans CJK KR Light로 쓰고 기획의 정석 부분에 굵기 버튼을 눌러 굵게 쓴 것이다. 원래 굵게 나온 폰트(두 번째 줄)에 비해 인위적으로 굵게 만들었기에 획이 굵어지면서 옆으로 퍼지게 된다. 이런 게 한 문장이면 그냥 넘어갈 수도 있겠지만, PPT에 이렇게 퍼진 글자들이 잔뜩 들어 있다고 생각해보라! 글씨들이 계속 옆으로 밀리게 되고, 그러면 전체적으로 정돈되어 보이지 않고 지저분해 보인다. (물론 경우에 따라 굵기에 따른 시리즈 폰트가 없거나, 굵기를 눌러도 크게 무방하지 않은 폰트도 있다. 정답은 없으니 상황에 따라 융통성 있게 쓰자!) 어쨌든 결론은 '굵기' 버튼은 웬만하면 누르지 말고, 원래 굵게 나온 폰트를 쓰라는 것이다.

3. 영문: bebas neue

머시주스 특유의 이미지와 맞는 영어 폰트를 찾다가 발견하게 된 무료 폰트다. www.dafont.com, www.fontsquirrel.com에서 무료로 다운로드받을 수 있다. 정확한 링크는 다운받은 PPT에 남겨두었다.

폰트 크기

1. 강조: 24, 32

2. 본문: 14

3. 폰트 너비 설정: 좁게

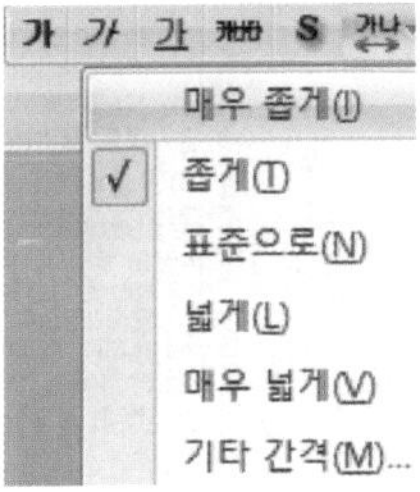

색상

1. 포인트 색: 강한 오렌지 R236 G67 B14

2. 서브포인트 색: 선한 오렌지 R231 G100 B19

3. 메인 색: 블랙 R0 G0 B0

4. 그 외: 그레이 R191 G191 B191

엔터테인먼트 기업 특유의 젊고 에너지 넘치는 느낌을 표현하기 위해 포인트 색은 오렌지 계열로 지정했다.

슬라이드 크기

파워포인트 2013 버전부터는 16:9 비율이 디폴트로 나오기 시작했고, 최근 대부분의 디바이스가 와이드로 바뀌고 있는 추세라 가장 트렌디한 기업인 엔터테인먼트 제안서는 와이드 16:9 비율로 만들어보았다. 〔디자인〕-〔페이지 설정〕-〔슬라이드 크기〕에서 화면 슬라이드 쇼 16:9로 설정했다.

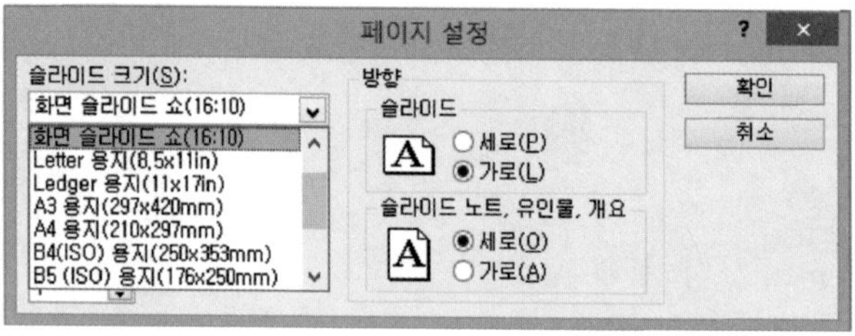

픽토그램 출처

freepik에 의해 설계된 http://www.flaticon.com/에서 사용했다.

사진 출처

머시주스 자체 촬영 사진과 '지친 양떼(Exhausted Lambs)' 공연 사진을 사용했다.

사용한 도형 패키지

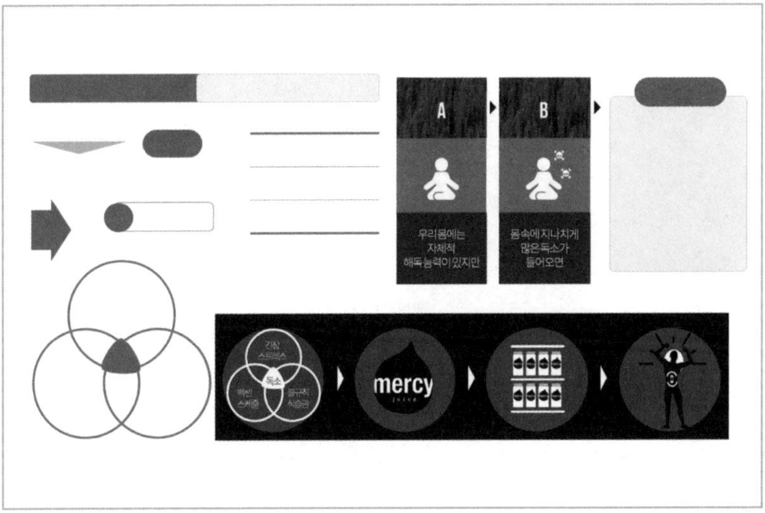
A
B
우리몸에는
자체적
해독능력이있지만
몸속에지나치게
많은독소가
들어오면
긴장
스트레스
독소
맵센
스커줄
불규칙
식습관
mercy
juice

· 4장 ·

비즈니스 모델을 제안하고 투자받고 싶을 때

: 머시주스 프랜차이즈 투자 제안서

PLANNING
X
PROPOSAL

머시주스의 경우 열혈청년들이 모여 어렵게 시작한 회사이기에 투자를 받기 위해 청년 창업을 지원하는 프로그램에 많이 지원했었다. 그중 현대자동차그룹, 현대차 정몽구 재단에서 운영하는 'H온드림'에 참석하여 발표했었던 자료를 함께 살펴보며 보완해보고자 한다. 청년들의 창업 및 고용 창출을 목표로 하고 있는 프로그램인 만큼 머시주스도 '착한 프랜차이즈'를 통해 고용 창출에 기여하겠다는 아이디어를 발표했다. 우선 초안을 보며 좋은 점과 더 좋아져야 할 부분을 생각해보고, 최종 결과물과 비교해보며 배워보자.

PPT자료
1

PPT자료
1.84
대학교에서 졸업한 평점
2

PPT자료
100,000,000
사업 시 사기당한 금액
3

PPT자료
정직하게 살자
4

PPT자료
회복시키자
5

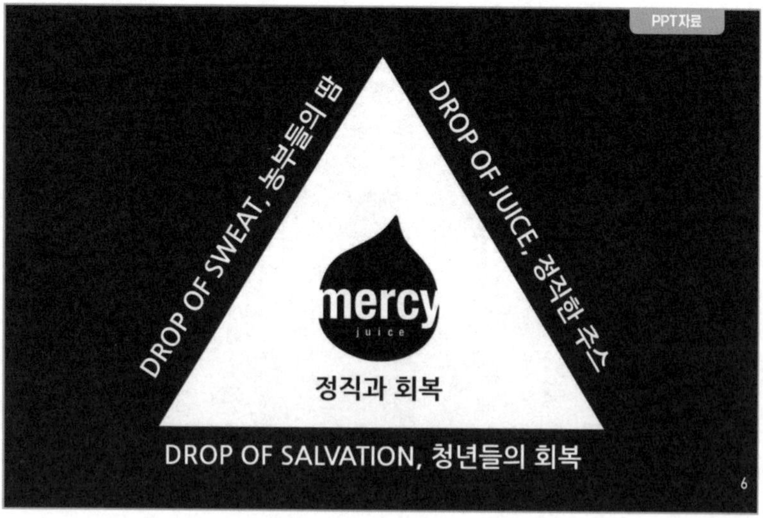
PPT자료
DROP OF SWEAT, 농부들의 땀
DROP OF JUICE, 정직한 주스
mercy
juice
정직과 회복
DROP OF SALVATION, 청년들의 회복
6

PPT자료
1
TREATING
FARMERS
FAIRLY!
거창, 의성과 직거래 플랫폼 구축
7

PPT자료
JUICE WITH INTEGRITY 2
정직하게 100% 원료만을 담은 주스
8

PPT자료
mercy
KINGDOM
BUILDER
직원협동조합 구조의 착한 소셜 프랜차이즈
3
9

PPT자료
KINGDOM
BUILDER
청년
머시주스
선원
인큐베이팅
MERCYFUL
HANDS
신뢰
400만 원
8,000만 원
다양한 상권 경험
기본 운영 교육+평가
1년 APPENTICESHIP
10

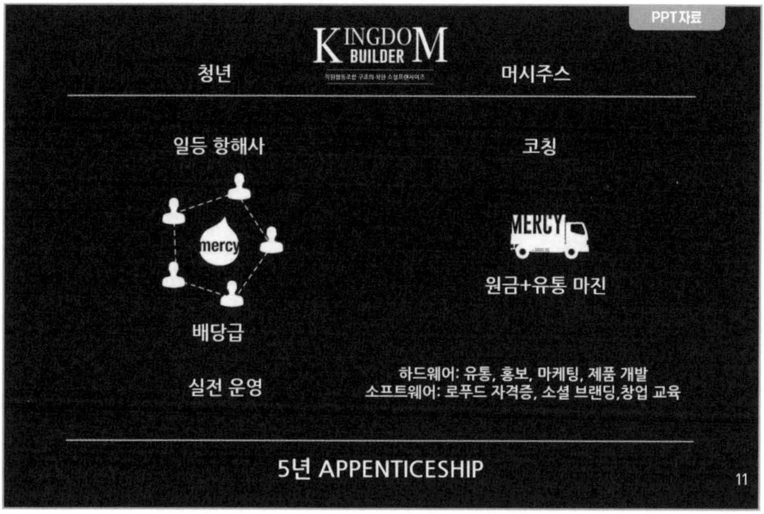
PPT자료
KINGDOM BUILDER
청년
머시주스
일등 항해사
mercy
배당금
실전 운영
코칭
MERCY
원금+유통 마진
하드웨어: 유통, 홍보, 마케팅, 제품 개발
소프트웨어: 로푸드 자격증, 소셜 브랜딩,창업 교육
5년 APPENTICESHIP
11

PPT자료
KINGDOM BUILDER
청년
머시주스
선장
소셜 브랜드 런칭
멘토링
KINGDOM BUILDER
다양한 형태의 장기적인
파트너십 형성
∞ 년 PARTNERSHIP
12

PPT자료
14
창업 개월 수
50
고용 인원(정규직)
580
하루 평균 매출(만 원)
1,490,000,000
누적 매출
mercy
13

PPT자료
가로수길 본점, 갤러리아 압구정점,
신세계 죽전점(5월 중순), 인천공항점(6/1), 현대 판교점(8/20)
비가열음료 HACCP 공장 완공(15'3월)
mercy
판매
생산
연구
유통
LOVE, PEACE &MERCY
메뉴 연구 개발 LAB실 완공(14'11월)
자체 COLD-CHAIN 시스템 구축
14

우선 이 기획서 또한 어여쁘다. 말이 더 잘 통하는 좀 더 친절한 기획서로 만들기 위해 논리적인 골격을 조금만 더 보완해보자.

우선 코칭을 하기 전에 살펴봐야 할 것은 투자 제안서를 쓰는 목적이다. 물론 여러 가지 상황이 있겠지만 여기서는 투자 제안서라는 이름처럼 '투자받기', 즉 자금 확보가 목적이다.

그렇다면 피보고자 입장에서 가장 중요한 물음은 '내 돈을 왜 투자해야 하지?'가 될 것이고, 대답해야 할 핵심 내용은 '투자할 만하다. 왜냐하면……'이 될 것이다. 즉 투자할 만한 비즈니스 모델(Business Model, 이하 BM)을 보여줘야 한다.

여러 가지 하고 싶은 이야기가 많겠지만, 투자의 타당성을 명확하게 보여주면서 그 흐름에서 나의 사업 아이디어가 얼마나 괜찮은지를 보여줘야 한다. 물론 자금 확보 기관에 따라 정해진 양식대로 써야 할 때도 있지만, 지금 여기에서는 정해진 양식이 없을 때, 간단 발표를 하며 나의 사업 아이디어를 말해야 할 때, 수월하게 따라갈 수 있는 골격을 살펴볼 것이다.

우선 앞서 이야기한 가장 중요한 물음인 "내 돈 왜 투자해야 하지?"의 물음을 좀 쪼개보자. 다짜고짜 처음 보는 사람에게 투자할 수 없을 테니 아무래도 첫 질문은 "네가 누군데 (왜 내가 투자해야 해)?"가 될 것이다. 그리고 나서 궁금한 것은 "네가 뭘 할 수 있는데 (왜 내가 투자해야 해)?"일 것이다.

하지만 듣다 보면 "근데 다른 거 말고 왜 꼭 그거에 투자해야 해?"가 궁금할 것이다. 그래서 설득되면 "투자한다면 돈 어떻게 쓸 거야?"가 궁금할 것이다. 그리고 다시 "그래서 그러니까 그러므로 나에게 돌아오는 건 뭐길래 (왜 내가 투자해야 해)?"에 관심이 갈 것이다.

이에 대한 대답으로 기존 6단계 항목을 변주해서 정리할 수 있다. 여기에서 Who는 보고자, 즉 '대표가 누구기에 내가 투자를 해야 하는가?'와 관련된 물음이다. 똑같은 일이라도 그 일을 '누가' 하고 있느냐에 따라 투자 여부가 달라질 수 있다. 그리고 똑같은 말도 '누가' 말했느냐에 따라 전혀 다른 느낌을 줄 수 있다.

그러므로 이 사업을 하려고 하는 대표가 누구기에 (어떤 일을 해왔기에,

네가 누군데 (왜 내가 투자해야 해)?	Who	CEO(+조직원) 역량 소개
네가 뭘 할 수 있는데?	Why	시장의 기회/해결해야 할 문제
그걸 위해 너는 뭐 할 건데?	What	아이디어/해결 BM
근데 딴 거 말고 왜 꼭 그거에 투자해야 해?	What else	산업 매력도/사업 강점
투자한다면 내 돈 어떻게 쓸 거야?	How To	부문별 사업 추진 계획 및 소요 자금
그래서 그러니까 그러므로 나에게 돌아오는 건 뭐야?	If	예상 성과 및 매출 전망, 투자 회수 계획

어떤 경험이 있기에, 그래서 어떤 역량을 가지고 있기에) 내가 믿고 투자할 수 있는지에 대한 확신과 신뢰를 심어준 후, 사업에 대한 이야기로 넘어가는 게 좋다. 물론 잠시 잠깐 분위기 전환을 위해 CEO와 관련된 소소한 이야기를 할 수는 있으나 그것은 그야말로 입맛을 돌게 하는 것일 뿐 메인 요리는 아니라는 걸 기억하는 센스를 가지자.

앞서 설명한 대로 다음 페이지의 골격을 따라가며 정리해보자.

정석 차장: 역시나 뭐부터 손대야 할지 모르겠으면, 앞에서 배운 대로 한 장당 무엇을 이야기하고 있는지 전체 뼈대와 골격부터 살펴보자.

막막 사원: 네, 그럴게요.

정석 차장: 오케이. 우선 그냥 봤을 때 핵심은 제안서 9장 내용인 '소셜 프랜차이즈를 하겠다'는 것인데, 그게 머시주스 특징 소개

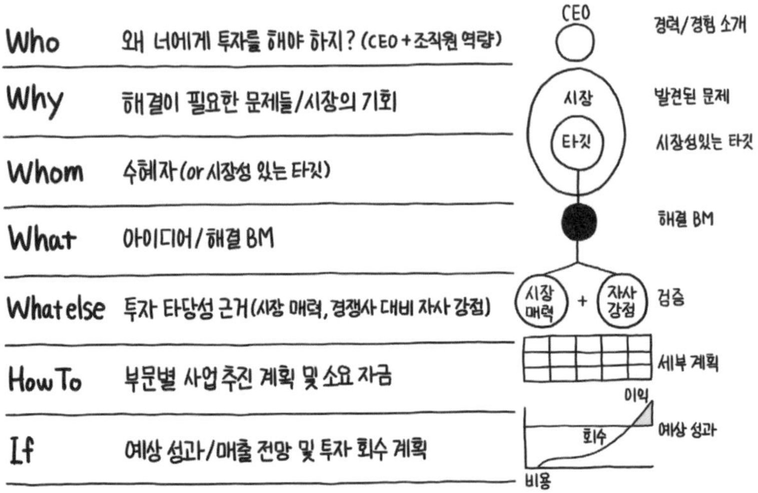

③번으로 가 있으니 내용의 레벨을 조정해야 할 것 같고, 내용의 순서도 좀 바꿔야겠다. 가지고 있는 정보를 알았으니, 우리가 가진 틀에 맞춰서 내용을 정리해보자고!

1장	드넓은 바다 사진
2, 3장	대표 개인 이야기(낮은 학점 + 사기를 당한 경험)
4, 5장	대표의 다짐과 회사 비전(정직 + 회복)
6장	땀, 눈물, 피로 만들어진 '정직과 회복' 비전을 가진 머시주스 소개
7장	머시주스 특징 소개 ① 직거래 플랫폼
8장	머시주스 특징 소개 ② 100% 원료만 사용

9장	머시주스 특징 소개 ③ 직원협동조합 구조의 착한 소셜 프랜차이즈 'Kingdom Builder'
10장	프랜차이즈 세부 설명 3-(1) 1년 견습
11장	프랜차이즈 세부 설명 3-(2) 5년 멤버십
12장	프랜차이즈 세부 설명 3-(3) 무한대 파트너십
13, 14장	그간의 성과
15장	꿈, 50명의 Kingdom builder를 만들겠다!

1. Who? 네가 누군데(왜 내가 투자해야 해)?

정석 차장: 우리 대표를 누구라고 설명해야 투자를 얻어낼 수 있을까?

막막 사원: 뭔가 너무 해맑기만 한 답답한 청년이 아니라 실패도 맛보고 사업도 제대로 하기 위해 고군분투하는, 돈을 믿고 맡겨도 될 청년 이미지를 주기 위해 예전에 사업하다가 친한 선배에게 1억 사기당한 경험을 이야기한 것은 좋은 것 같아요. 그 이후로 자기처럼 뭘 해보고 싶지만, 초기 자금이 없어 무기력해진 청년들에게 관심을 갖게 되어 '정직과 회복'을 머시주스의 비전으로 세웠다는 것으로 이야기가 진행되는 것이 자연스러운 것 같아요.

정석 차장: 그렇지. 그래서 문 대표처럼 사기를 당해 눈앞이 캄캄해도 정직하게 묵묵히 버티는 청년들의 고용 창출에 관심이 많다

빡신 기획 습관 NO.16

상대방의 신뢰를 얻을 만한 경험이나 역량을 자연스럽게 소개하며 시작하는 습관

"내가 이걸 했고, 저걸 했고, 이런 경력이 있고……"라는 식으로 너무 잘난 이야기만 나열하면 듣는 사람을 설득할 수 없다. 아무리 잘난 이야기를 해도 앞에 앉아 있는 사람이 더 잘난 경우가 허다하다. 어딜 가나 나보다 더 잘난 사람은 100% 있기 마련이다. 이렇듯 감흥 없는 첫인상을 남기지 않으려면, 오히려 실패를 이야기하는 것도 좋은 방법이다. '실패로 이것을 배워서 지금은 이것을 할 수 있다'와 같이 역량을 증명하여 투자자에게 신뢰를 주는 것이 좋다. 그래서 '실패 + 실패 + 실패' 이야기보다는 '실패 + 성공', 즉 실패 이야기로 공감을 이끌어내고, 나름의 성공 이야기를 통해 '성장'을 보여주면 좋다. 어떤 영역에서 어떤 역량을 갖고 있는지를 날카롭게 쪼개어 드러내 보여주는 것이 핵심이다.

는 것을 자연스레 이야기하면 되겠네.

막막 사원: 그리고 대표님이 커피를 마시지 않아서 유학하던 시절부터 스무디랑 주스를 엄청 먹었잖아요. 아마도 1억 번 정도는 될 것 같은데, 이런 이야기를 하면 '생뚱맞게 왜 굳이 주스?'라고 생각하기보다 '아, 어릴 때부터 이 사업이랑 연관되어 있었었구나'라고 생각하게 될 것 같아요.

정석 차장: 그것도 좋은 포인트네. 그리고 중요한 건, 이렇게 감성적인 접근만 하면 안 되고, 좌뇌적으로도 증명해야지. 지금 문 대표가 얼마나 착한 사람인지를 나타내는 게 중요한 게 아니라 '돈을 투자해도 될 사람'인 걸 나타내는 게 목적이니 말이야.

막막 사원: 오우. 당연 맡기셔도 될 사람이죠!

정석 차장: 그건 네 생각이고. 제안서를 보는 사람도 그렇게 생각하게끔 만들 '근거'가 필요해.

막막 사원: 그럼 여태까지 창업을 하면서 실제 얻은 정확한 숫자들, 창업 14개월 후 몇 명의 고용 창출이 있었는지, 하루 매출, 누적 매출은 어느 정도인지를 정리해서 보여줄게요.

- 정규직 50명
- 일 매출 580만 원(2015년 8월 기준)
- 누적 매출 14.9억 원(2015년 10월 기준)

빡신 기획 습관 NO.17

기획서를 쓸 때 좌뇌와 우뇌의 균형을 맞추는 습관

경력을 이야기할 때, 앞으로 자신이 하고자 하는 것과 전혀 상관없는 이야기를 지루하게 나열하는 경우가 많다. 학점 이야기는 앞으로의 이야기와 무관하기에 빼고, 사기당한 이야기는 앞으로 전개될 이야기와 관계가 있으니 포함한다. 관련 있는 경력으로만 선별하는 센스가 중요하다! 내가 하는 모든 이야기에 대해 듣는 사람들은 '내가 왜 듣고 앉아 있어야지?' 하고 생각하기 때문에 그에 대한 근거 있는 이유가 없는 것은 과감히 잘라내자.

또한 감성적인 이야기만 하면 신파 형태의 '감성팔이'로 비쳐 좌뇌형 청중들은 흥미를 잃는다. 어쨌든 여기는 돈, 한마디로 숫자가 오고가는 자리가 아닌가. 물론 시작부터 너무 딱딱하게만 발표하면 이런 발표를 몇십 개에서 몇백 개째 듣고 있는 투자자 입장에서는 너무 힘들 것이다. 그러므로 시작은 감성적으로 하되, 이성적으로 증명하는 숫자를 넣어야 한다. 이렇듯 기획서를 쓸 때는 언제나 좌뇌와 우뇌의 균형을 맞춰야 한다.

정석 차장: 맞아. 숫자뿐 아니라 지금 판매, 생산, 연구, 유통 쪽에서 이루고 있는 성과들을 이야기하면서 신뢰를 쌓으면 좋을 듯해.

2. Why? 네가 뭘 할 수 있는데?

정석 차장: 우선 투자자가 해결하길 원하거나 얻고자 하는 것이 뭐지?

막막 사원: 지금 참가하게 된 'H온드림'은 사회 문제의 혁신적·창의적 해결 아이디어를 가진 청년 사회적 기업가를 발굴·육성하고 무엇보다 청년들의 새로운 고용 창출에 기여하는 걸 목표로 하고 있는 경진대회예요.

정석 차장: 오. 딱 우리가 꿈꾸는 거랑 맞네! 정직한 청년들에게 회복의 기회를 주는 것. 우리가 하고 싶은 일을 이 목적에 더 잘 맞춰서 설명해보자.

막막 사원: 그렇죠. 요즘은 '열심히 해봤자 별거 없다. 역전은 없다'라고 생각하는 사람들이 많잖아요. '나는 맨날 이렇게 살다가 끝나겠지', '돈 많은 사람들을 위해 값싼 노동만 하다가 끝나겠지'라고 생각하며 무기력함에 빠져 있는 청년들이 많아지면 앞으로 10년 뒤에는 대한민국 자체가 무기력해지게 될 거예요. 여기서는 '아니다, 정직하게 열심히 해봐라. 그럼 네 것이

있다. 역전해봐라'라는 걸 청년들에게 심어주고 싶어요.

정석 차장: 대개 프랜차이즈라는 게 돈 많은 사람들이 돈 내고 사가는 거지만, 우리 머시주스는 가난하지만 정직하게 열심히 사는 사람들에게 투자해주고 교육해주며 프랜차이즈를 할 수 있도록 해주는 것을 말하자.

막막 사원: 머시주스의 회사 비전이 '정직과 회복'이잖아요. 대부분 회사들은 비전을 소비자들, 즉 외부 고객에게만 실현하려 하는데, 사실 지속가능 기업을 만들기 위해서는 내부 고객, 즉 내부 직원도 엄청 중요하잖아요. 그리고 사실 가끔 보는 외부 고객보다 내부 고객은 매일매일 보니까 서로 속속들이 잘 알 수 있어서 더 신뢰할 수 있죠. 그래서 프랜차이즈 기회를 외부 고객만이 아닌, 내부 고객 중에 형편이 어려우나 정직하고 근면 성실한 정직원이나 매니저 및 부매니저들에게 주는 거죠.

정석 차장: 허허. 일할 맛 나겠군.

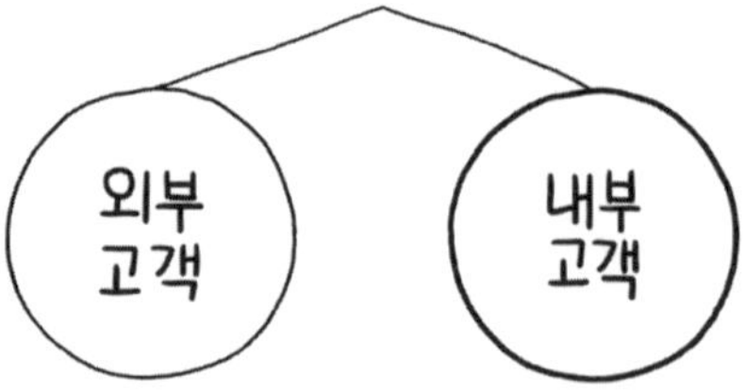

막막 사원: 당연히 그들은 벌어놓은 돈이 없을 테니 우리가 투자해줘야 겠지요. 하지만 너무 쉽게 돈을 갖게 되면 돈 귀한 줄 몰라 스스로에게도 재앙이 될 테니, 스스로 차근차근 저축하도록 도와주고 그 저축금 위에 현실적인 종잣돈을 빌려주는 거죠. 이렇게 되면 일하는 동안에도 자기 점포를 내기 위한 현장 실습을 하는 것이라고 생각하게 될 테니 더욱 주체적인 마인드로 일하게 될 것 같고요. 작은 일 하나를 해도 나중에 스스로 해나가야 할 영역이니 배우는 자세가 달라지고, 그러면 아웃풋이 달라지겠죠. 즉 한 명의 직원을 더 만들기보다는 한 명의 리더를 더 만들어 지속가능한 고용 창출을 노리는 거죠!

3. What? 그걸 위해 너는 뭘 할 건데?

정석 차장: 응. 그걸 좀 더 확 와 닿게 수치로 정리해보자.

막막 사원: 오케이. 1년 이상 근속자들 대상으로 5명을 선정해 이들에게 월 30만 원 정도를 저축하게 하면 1년 후 1인당 약 400만 원, 5명이 합해지면 2,000만 원이 모아지죠. 그러면 머시주스에서 8,000만 원을 무담보·무보증, 5년 상환 조건으로 빌

려주겠다는 거예요. 5명은 협동조합을 만들어 1억 원의 출자금으로 머시주스 점포를 내고 공동 체제로 운영하고요. 이때 가맹점비를 받지 않고 인테리어 비용 또한 원가로 지원해줘요. 물론 다른 브랜드를 원하면 그것 또한 머시주스가 함께 해주고 말이에요. 하루 100만 원 매출이 가능하면 1인당 월 250만 원의 월급을 가져갈 수 있게 초기 독립을 도와주는 것이 목표이죠.

정석 차장: 지금까지 이야기한 것을 주저리주저리 글로 말하지 말고 알아듣기 쉽게 도식으로 꼭 정리해줘야 해.

막막 사원: 네. 계속 말씀하셔서 한 번 해봤는데……. 그게 쉽지 않아요.

정석 차장: 처음부터 쉬운 게 어딨어? 하다 보면, 계속 그리다 보면 감이 오는 거지.

막막 사원: 흠……. 그렇다면 몇 개 끄적끄적 그려볼게요!

정석 차장: 응. 우선 최소 10개 그려보고, 그중에 3개 가져와봐.

막막 사원: 어떤 것이 듣는 사람에게 잘 전달될까를 생각하며 그리다 보니 나름 재미있네요. 제일 잘 전달될 것 같은 걸로 하나 골라주세요!

정석 차장: 네가 골라. 그것부터가 훈련이야. 모든 상황을 하나의 도식으로 설명할 수 있도록 그리기 훈련을 하는 건 좋은 리더가 되기 위해 매우 중요한 일이야. 그리고 생각해야 할 것은 '이

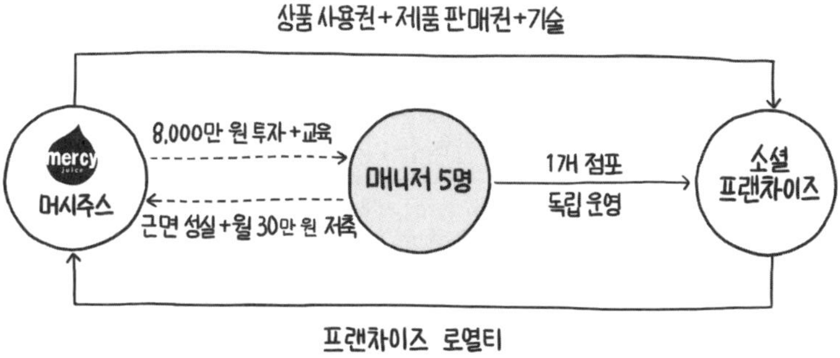

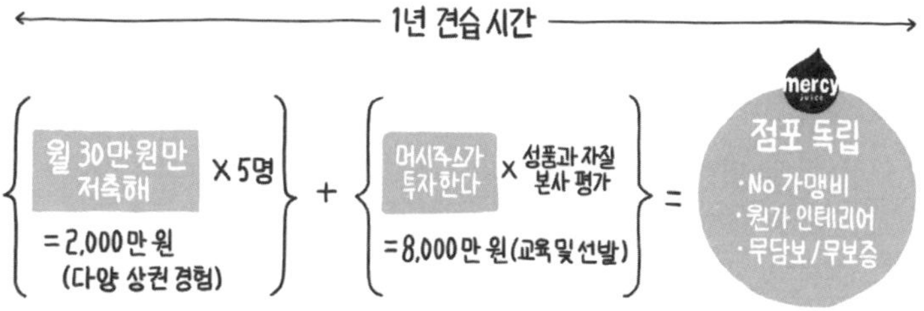

5명은 1억 원 출자금으로 머시주스 공동 대표를 맡는 시스템

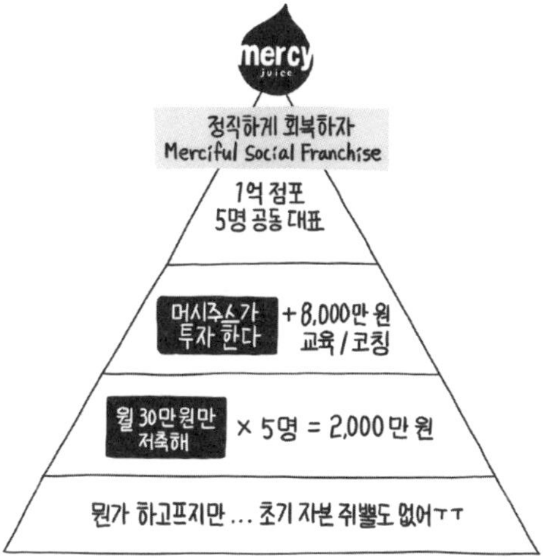

걸 한마디로 뭐라고 해야 할까?'야.

막막 사원: 흠……. 우리는 '머시주스'니까, 이름에 맞게 '정직한 청년에게 투자해주는 자비를'이라는 뜻으로 'Merciful Social Franchise!'라고 하면 어떨까요?

정석 차장: 음……. 그게 뭐지? 청년들이 더 잘 알아듣도록 정리해보자.

막막 사원: 이것에 대한 설명은 우리 대표님이 늘 이야기하는 3가지로 이야기하면 어떨까요? 자비로운 소셜 프랜차이즈는 땀, 눈물, 피라는 3가지로 만들어졌다고 말이에요. 앞서 설명한 대로 말이에요.

- Drop of sweat 농부들의 땀
- Drop of juice 정직한 주스 한 방울
- Drop of salvation 구원의 피

정석 차장: 음……. 이것도 대표가 하고 싶은 말이지, 그들이 듣고 싶은 말은 아니잖아. 그들 입장에서 알아듣기 쉽게 설명해줘야 할 것 같아. 여기서 우리가 한마디로 정리해야 하는 것은 '머시주스가 뭐다'보다 '머시주스에서 하는 프랜차이즈가 뭐다'를 정리해줘야 하니까.

막막 사원: 담백하게 우리가 하고픈 이야기는 다음과 같지 않을까요?

정직한 청년들에게 프랜차이즈 기회를 주는

직원협동조합 구조의 착한 소셜 프랜차이즈

정석 차장: 좀 더 디테일하게는 '1년 동안 월 30만 원 저축하면 나의 매장이 생긴다!', '400만 원 종잣돈을 모아, 8,000만 원 투자받자!'까지 디테일해질 수 있겠지. 이것저것 계속 고민해보자.

막막 사원: 네, 그럴게요.

4. What else? 근데 딴 거 말고 왜 꼭 그거에 투자해야 해?

정석 차장: 그냥 '투자 좀 해줘!'라고 하기보다 '당신의 투자는 타당하다. 왜냐하면……'이라고 말하는 것이 좋아. 즉 다른 일이 아닌 이 일에 꼭 투자해야 하는 이유가 뭔지를 알려줘야 해. 우선 가장 무난하지만 본질적인 3가지 관점, 즉 시장의 성장 가능성, 경쟁사 대비 차별화, 자사 역량 관점에서 확신을 주도록 정리해보자.

막막 사원: 네. 우선 시장의 성장 가능성, 즉 착즙주스 시장이 얼마나 성장 가능성이 있는지, 고객에게 얼마나 중요한 이슈인지 증명해서 투자해도 괜찮은 대세 사업임을 보여줘야 할 것 같아

요. 얼마 전에도 MBC뉴스에서 '1조 원 주스 시장, 대세는 착즙주스'라는 보도를 했어요. 다른 주스는 하락세인데, 착즙주스만 3~4배 비싸도 홀로 성장세라고 하던데요. 그런 자료를 찾아 좀 더 보완해야겠어요.

정석 차장: 오케이. 그럼 이번에는 경쟁사와의 차별화 관점에서 머시주스가 다른 착즙주스 대비 어떤 비교 우위가 있기에 지속가능한지도 알려줘야지.

막막 사원: 네! 얼마 전에 유명 TV프로그램 블라인드 테스트에서 우리 '피치쿨러'가 '맛있는 해독 주스'로 1등을 했는데 그런 것도 넣어야겠네요. 몸에 좋은데 심지어 맛있기까지하다는!

정석 차장: 응. 그런데 그걸 뒷받침할 객관적 자료도 필요하니, 머시주스의 강점 콜드프레스로 열을 차단해서 영양소를 유지하는 것을 설명해주자. 다른 주스들은 가열 처리, 압력 처리, 저온살균 등을 하는데 '우리는 다르다'라고 하면서 강점을 보여주자고. 또한 식품 위해 요소를 없애는 HACCP 인증받은 것도 알려주자. 물론 간략하게!

5. How To? 투자한다면 내 돈 어떻게 쓸 거야?

정석 차장: 이제는 사업을 어떻게 진행할지 알려줘야 해. 내 머릿속에

수십 번 구동되어 나는 '당연히' 알지만, 듣는 사람은 '당연히' 모르고 그림이 안 그려지는 그것. 처음 한국어를 배우는 사람에게 원리를 알려주듯, 어떻게 진행될지 원리를 알려줘야 해. 주저리주저리 말하지 말고, 어떻게 진행할지 단계별로 나눠 보여주는 게 보는 사람 입장에서 이해하기 좋겠지?

막막 사원: 네. 초안 기획서에서 나눈 대로 3단계로 보여줄 수 있을 듯해요. 1단계(1년) 견습 기간 → 2단계(5년차) 멤버십 기간 → 3단계(무한대) 파트너십 기간으로 나눠서 한 장으로 보여주고 각각에 대한 설명을 보여주면 될 것 같아요.

- 1년 견습 기간에는 다양한 상권 경험을 한 청년의 종잣돈 400만 원과 머시주스의 8,000만 원 투자로 기본 운영 교육과 평가를 함.
- 5년차 멤버십 기간에는 운영을 잘한 청년들에게 배당금을 나눠주며 실전 운영을 맡기고, 머시주스는 하드웨어와 소프트웨어 코칭을 진행함.
- 무한대 파트너십 기간에는 청년이 자기가 원하는 소셜 브랜드를 런칭하고, 머시주스는 지속적인 멘토링을 진행함.

정석 차장: 오케이. 이걸 또 주저리주저리 말하지 말고, 한눈에 3단계가 보이고 어디에서 수익이 창출되는지 보여줘야겠지. 즉 우리

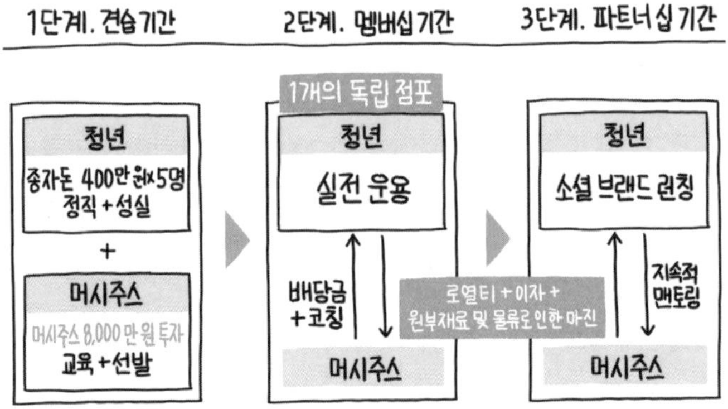

가 체크해야 할 포인트는 '머시주스 착한 일하네!'로 끝나면 안 되고, 이게 '돈이 되는 BM이 될 것인가?'를 보여주는 게 핵심이잖아. 즉 '머시주스가 청년들을 3단계로 이렇게 도울게요'를 넘어서 '청년들을 돕는 이 사업은 이렇게 굴러갈 것이고, 이렇게 수익을 창출할 것이다'를 보여줘야 한다는 거지.

막막 사원: '정직하고 성실히 일한 청년에게 기회를 주는 파트너 가게'를 통해 머시주스 본사의 안정적 사업 운영 수익 모델이 어떻게 운영되고 있는지를 알려줘야 한다는 거죠?

정석 차장: 응. 머시주스 입장에서는 로열티, 대출 이자(저리), 물류 및 원부재료 제공에 따른 마진이 수입원이 된다고 정리해주면 이해가 쉽겠다. 관련 소요 예산을 짜서 알려줘야 하구.

막막 사원: 네! 투자해주신 금액을 어떻게 쓸지 정리해봤어요! 이왕 정

리하는 김에 기존 프랜차이즈와 우리 소셜 프랜차이즈가 어떻게 다른지 비교하며 항목별로 보여드리려고요. 가맹비, 교육비도 안 받고, 인테리어도 다 원가로 해준다는 것. 그래서 15평 매장 기준 약 5,000만 원 차이가 발생하는 걸 비교해서 보여주도록 정리하려고요.

정석 차장: 오호, 이제 안 시켜도 알아서 척척 잘하는구먼.

투자금	머시 소셜 프랜차이즈	기존 프랜차이즈	머시 소셜 프랜차이즈	기존 프랜차이즈
가맹비	0	1,000	무료 교육 및 멘토링 지원	초기 오픈 명목 비용 발생
교육비		500		
보증금	4,000	4,000	동일	동일
인테리어	3,000	4,455	평당 200만 원 *원가 제공	평당 297만 원 마진 발생
매장 설비 및 집기	2,000	3,000	*파트너 자금	마진 발생
초도 물품	1,000	2,000	*원가 제공	마진 발생
총 소요 금액	10,000	14,955	약 5,000만 원의 차이 발생	

*15평 매장 기준

6. If? 그래서 나에게 돌아오는 건 뭐야?

정석 차장: 그래서 결국 투자자가 얻는 최종 그림은 뭘까?

막막 사원: 흠. 글쎄요. 뭘 보여줘야 할까요?

정석 차장: 무엇을 말해야 할지 잘 모르겠으면 이렇게 생각해봐. '이 발표를 듣고 딱 하나 그림을 가져간다면 어떤 그림을 가져가면 좋을까?' 예를 들면 이걸 쫙 듣고 '오! 사회적인 일을 하네? 대표자가 착하다', 이런 그림만 가져갈 수도 있지만, 그러면 안 되겠지. '머시주스? 깨끈하네?' 이것도 가장 베스트 그림은 아니겠지.

막막 사원: 음……. 고용 창출에 포커스를 둔 경진대회니까 '단순히 한 명의 직원을 채용하는 게 아니라 프랜차이즈로 한 명의 리더를 키워내 고용 창출을 늘리는 것'을 보여줘야 할 것 같아요.

정석 차장: 그치. 『기획의 정석』에서 이야기한 것처럼 이게 잘 된다면 신문에 뭐라고 나올지 헤드라인을 상상해보는 것도 좋아.

막막 사원: '1명의 팔로워 vs. 1명의 리더 키우기' 그런 거 있잖아요. 대표 얼굴 나오고 '두 달에 한 개씩. 2020년까지 60명의 리더의 리더를 키워 고용 창출의 선순환을 만들어낼 거예요'와 같은 식은 어떨까요? 신문 기사라 생각하니까 너무 간지럽네요.

정석 차장: 응. 그래도 해. 다 간지러워도 참고 하는 거다. 시니컬하면 진

행 자체가 안 되니까. 예상 신문 기사를 생각해보는 것만으로도 날카로운 메시지 정리에 도움이 돼. 이런 장치가 없으면 자기가 말하는 것에 취해서 정작 듣은 사람들은 정리가 안 될 때가 많거든.

신문이 아니더라도 예를 들면 몇 년 뒤에 정부 포상을 받았다고 생각해봐. '○○○로 인해 포상을 수여함'이라고 한다면 ○○○에 뭐가 들어갈지 생각해보는 거야. 대개는 생각이 안 나. 그럼 나도 모르는데, 남들에게 전달될 리가 없겠지.

혹은 다른 사람이 우리 결과물을 보고 '○○○에 대해 너무 감사해요. 너무 멋져요'라고 말할 때, ○○○에 뭐가 들어갈 것인지 생각해봐. 딱히 생각나는 게 없다면 다른 사람들을 설득할 수 없겠지. 그런데 만약 '○○○가 정말 멋져요', '○○○는 대박'이라고 정리할 수 있다면 투자자들을 설득할 수 있는 거야. 이렇듯 남들이 말할 수 없을 때는 우리가 말할 거리를 만들어서 줘야 해. "그리하여 2020년까지 60명의 리더들을 키워 고용 창출의 선순환을 보여주겠다"라고 맺음을 해야겠지. 물론, '허황된 거짓말' 말고, 실질적인 숫자를 보여줘야겠지.

막막 사원: 네. 그렇다면 2020년까지, 1년 365일 운영 시, 하루 매출 100만 원 가정 시, 소셜 프랜차이즈 매출 예측표랑 파트너 양성 계획을 정리해서 보여줄게요!

빡신 기획 습관 NO.18

투자자가 얻을 숫자의 시나리오를 보여주는 습관

숫자 이야기가 나와서 하는 말인데, 사실 우리 입장에서는 60명의 리더를 길러내겠다는 것이 중요하겠지만 투자자 입장에서는 전혀 안 중요할 수 있다. 물론 이 경진대회 목적이 '고용 창출'이라 거기에 맞춰 정리하는 건 매우 좋지만 투자자를 진정 생각한다면 '그러니까 진짜 투자할 만한 거지? 어떻게 회수하게 해줄 거야?'라는 질문에 분명하게 대답해줘야 할 것이다. 따라서 가능하다면 이 부분에서 향후 매출 전망 및 투자 회수 계획을 언급해주면 더 좋다.

언제까지 얼만큼 투자해야 하고, 어느 시점부터 투자 금액이 회수되고, 어느 시점부터 이익이 발생되는지 시나리오를 쓰되 너무 허황된 숫자는 쓰지 말자. 매출 규모를 추산할 때도 '주요 가정'을 두어 최대한 신뢰할 수 있는 준거 기준과 단서 조항을 넣어야 한다. 아무리 꿈꾸는 지표를 이야기한다 해도 최대한 분기

별로 현실적인 숫자를 이야기해주기 위해 노력해야 한다. 결국 '얼마나 빨리', '얼마나 더 사이즈를 키워' 회수할 수 있느냐가 투자자들의 관심의 핵심이기 때문이다.

2020년 까지 43억 매출을 목표로 고용 창출을 일으키는 60명의 리더를 키우려 합니다

[매출 예측 및 파트너 양성안]

YEAR	2016	2017	2018	2019	2020
소셜 프랜차이즈 매장	1	3	7	10	12
매출액	360,000,000	1,080,000,000	2,520,000,000	3,600,000,000	4,320,000,000
파트너 양성 인원	5	15	35	50	60
소요 금액	80,000,000	240,000,000	560,000,000	80,000,000	960,000,000

정석 차장: 오케이. 이제 여태까지 이야기한 것을 가지고 스스로 각 항목별로 물어보면서 대답해봐. 결국 생각이 복잡할 때는 투자 제안서도 앞서 배운 6단계를 기본으로 상황에 맞게 살짝 변주해서 점검해 보자.

〔who〕 나는 누구인데

〔whom〕 이들의

〔why〕 이 문제를/이 문제의 원인을 해결하고자

〔what〕 이걸 개발했습니다.

이게 가능한 시장과 차별화 강점은 〔what else〕이고

〔how〕 이런 진행 계획/전략을 통해

〔if〕의 결과를 낼 것입니다.

각 항목에 간략한 대답이 나올 때까지 생각을 정리하고 그 순서대로 작성하면 좋지. 다 정리되었는지 PPT 만들기 전에 체크하기!

PPT자료
H온드림
머시주스
소셜 프랜차이즈
투자 제안서
mercy
juice
1

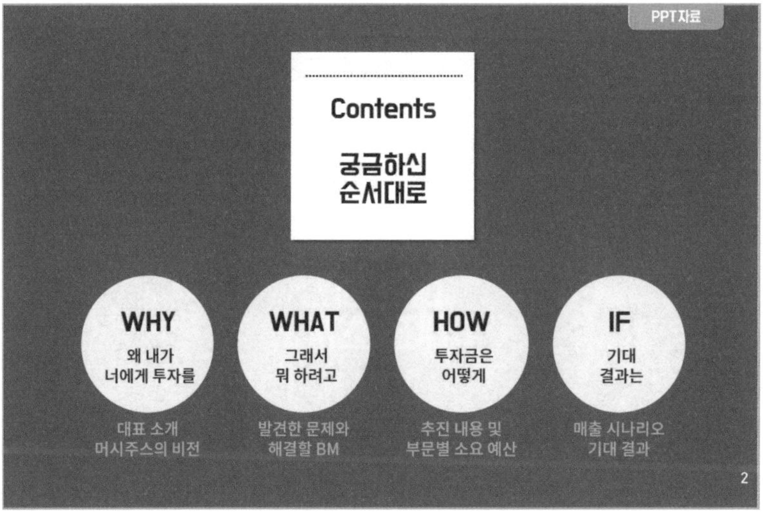
PPT자료
Contents
궁금하신
순서대로
WHY
왜 내가
너에게 투자를
대표 소개
머시주스의 비전
WHAT
그래서
뭐 하려고
발견한 문제와
해결할 BM
HOW
투자금은
어떻게
추진 내용 및
부문별 소요 예산
IF
기대
결과는
매출 시나리오
기대 결과
2

PPT자료
반갑습니다
문정한입니다
mercy
3

PPT자료
Why
네가 왜?
[대표 소개]
4

PPT자료
대표 소개
개인적인 이야기를 아주 잠시
100,000,000원
친한 선배에게 사업하다
사기당한 금액
5

PPT자료
대표 소개
그래서 갖게 된 신념
정직하자
회복시키자
6

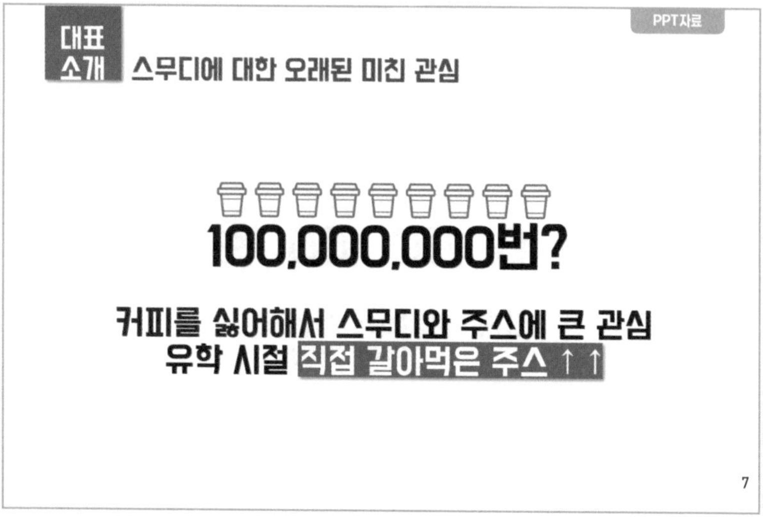
PPT자료
대표 소개
스무디에 대한 오래된 미친 관심
100,000,000번?
커피를 싫어해서 스무디와 주스에 큰 관심
유학 시절 직접 갈아먹은 주스 ↑ ↑
7

PPT자료
그래서 만들었습니다
mercy
juice
회복을 위한 한 방울 머시주스
8

PPT자료

성과 소개 창업 14개월간 성과 보고

정규직 채용	일 평균 매출	누적 매출
50명	580만 원	14.9억 원
	15'8월 기준	15'10월 기준

9

PPT자료

성과 소개 그간 번 돈은 지속가능 머시주스를 위해 투자

매장 확대

가로수길점
갤러리아 압구정점
신세계 죽전점
인천공항점
현대 판교점

HACCP

비가열 음료의
식품 위해 요소를 없애는
안심 인증 획득

LAB실 완공

맛있는 레시피
개발 위해
끊임없는 연구

Cold-Chain시스템

고정비 줄이고
주스 품질 엄격하게
관리하기 위한 시스템 구축

10

PPT자료
What
그래서 뭐?
[투자 아이디어 제안]
11

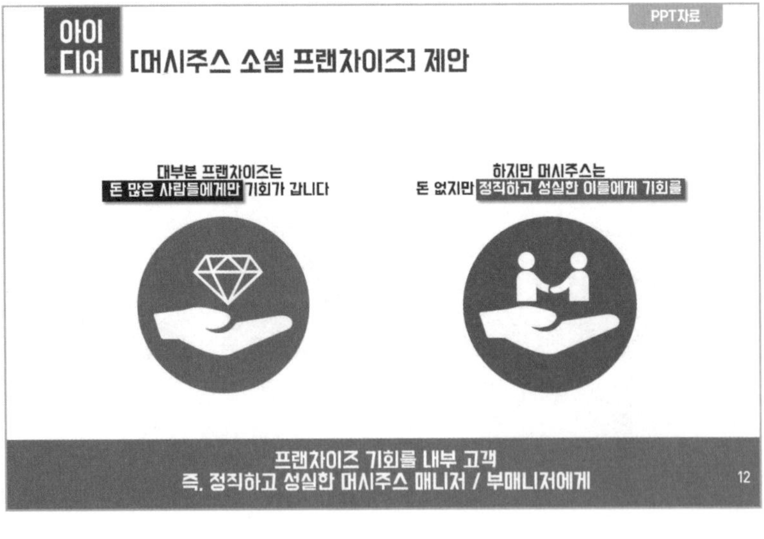
PPT자료
아이디어
[머시주스 소셜 프랜차이즈] 제안
대부분 프랜차이즈는
돈 많은 사람들에게만 기회가 갑니다
하지만 머시주스는
돈 없지만 정직하고 성실한 이들에게 기회를
프랜차이즈 기회를 내부 고객
즉, 정직하고 성실한 머시주스 매니저 / 부매니저에게
12

PPT자료
아이
디어
힘든 시기_많은 청년들의 [학습된 무기력]
열심히 해봤자…
별거 없다…
역전은 없다
열심히 해보자
별거 있다!
역전 있다!
무언가 하고 싶어도
초기 자금이 없어서 무기력한 청년들에게 기회를
13

PPT자료
머시
제안
mercy
juice
[직원협동조합 구조의
착한 머시프랜차이즈]
14

PPT자료
How
어떻게 할 건지?
[아이디어 세부 내용]
15

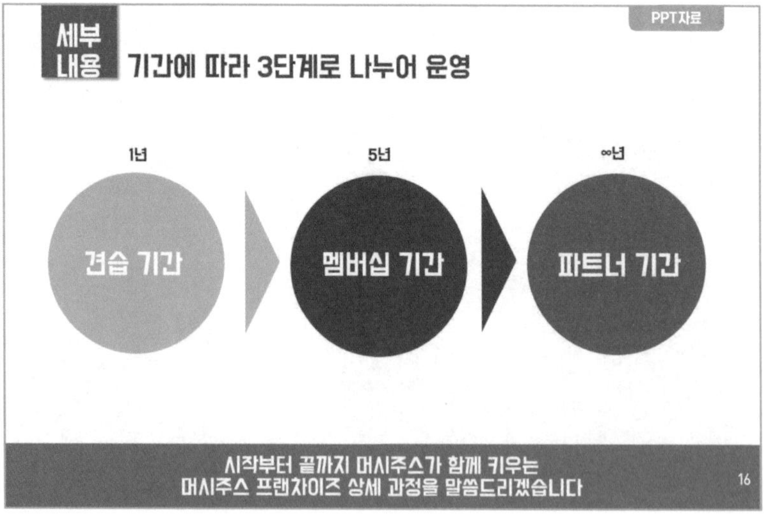
PPT자료
세부 내용
기간에 따라 3단계로 나누어 운영
1년
5년
∞년
견습 기간
멤버십 기간
파트너 기간
시작부터 끝까지 머시주스가 함께 키우는
머시주스 프랜차이즈 상세 과정을 말씀드리겠습니다
16

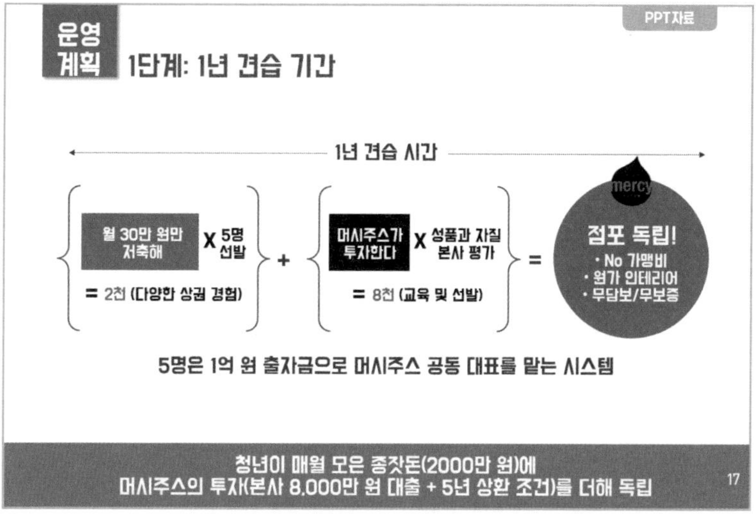
PPT자료
운영 계획
1단계: 1년 견습 기간
1년 견습 시간
월 30만 원만 저축해
X 5명 선발
= 2천 (다양한 상권 경험)
+
머시주스가 투자한다
X 성품과 자질 본사 평가
= 8천 (교육 및 선발)
=
mercy
점포 독립!
· No 가맹비
· 원가 인테리어
· 무담보/무보증
5명은 1억 원 출자금으로 머시주스 공동 대표를 맡는 시스템
청년이 매월 모은 종잣돈(2000만 원)에
머시주스의 투자(본사 8,000만 원 대출 + 5년 상환 조건)를 더해 독립
17

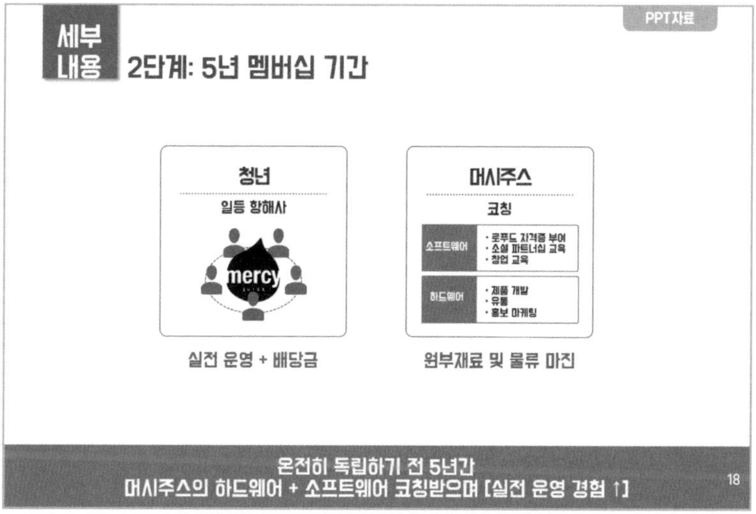
PPT자료
세부 내용
2단계: 5년 멤버십 기간
청년
일등 항해사
mercy
실전 운영 + 배당금
머시주스
코칭
소프트웨어
· 로푸드 자격증 부여
· 소셜 파트너십 교육
· 창업 교육
하드웨어
· 제품 개발
· 유통
· 홍보 마케팅
원부재료 및 물류 마진
온전히 독립하기 전 5년간
머시주스의 하드웨어 + 소프트웨어 코칭받으며 [실전 운영 경험 ↑]
18

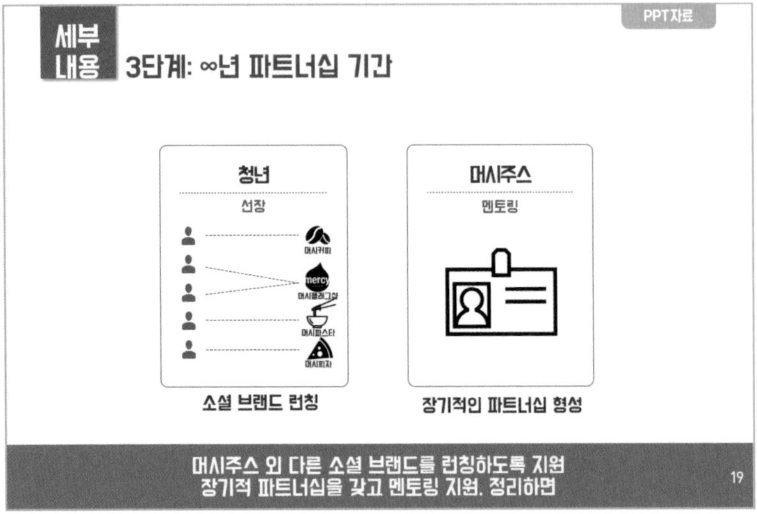
PPT자료
세부 내용
3단계: ∞년 파트너십 기간
청년
선장
머시커피
mercy
머시플래그쉽
머시파스타
머시피자
소셜 브랜드 런칭
머시주스
멘토링
장기적인 파트너십 형성
머시주스 외 다른 소셜 브랜드를 런칭하도록 지원
장기적 파트너십을 갖고 멘토링 지원. 정리하면
19

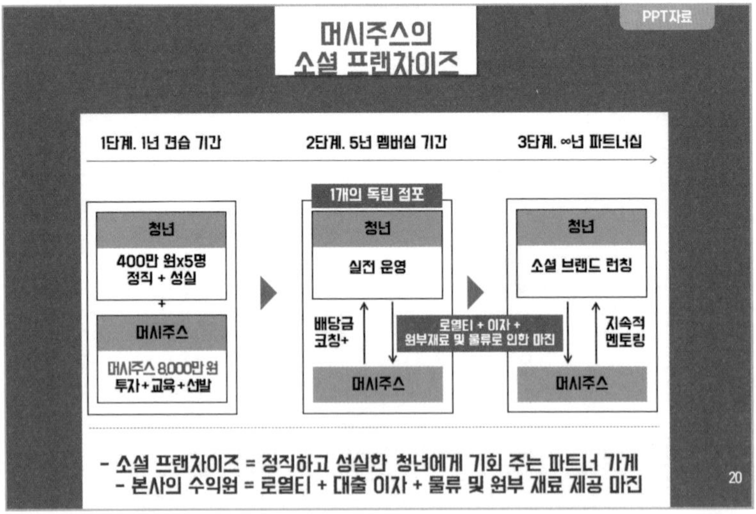
PPT자료
머시주스의
소셜 프랜차이즈
1단계. 1년 견습 기간
2단계. 5년 멤버십 기간
3단계. ∞년 파트너십
청년
400만 원x5명
정직 + 성실
+
머시주스
머시주스 8,000만 원
투자+교육+선발
1개의 독립 점포
청년
실전 운영
배당금
코칭+
머시주스
로열티 + 이자 +
원부재료 및 물류로 인한 마진
청년
소셜 브랜드 런칭
지속적
멘토링
머시주스
- 소셜 프랜차이즈 = 정직하고 성실한 청년에게 기회 주는 파트너 가게
- 본사의 수익원 = 로열티 + 대출 이자 + 물류 및 원부 재료 제공 마진
20

PPT자료
Mercy
근데, 왜 꼭 머시주스야?
[투자 타당성 점검]
21

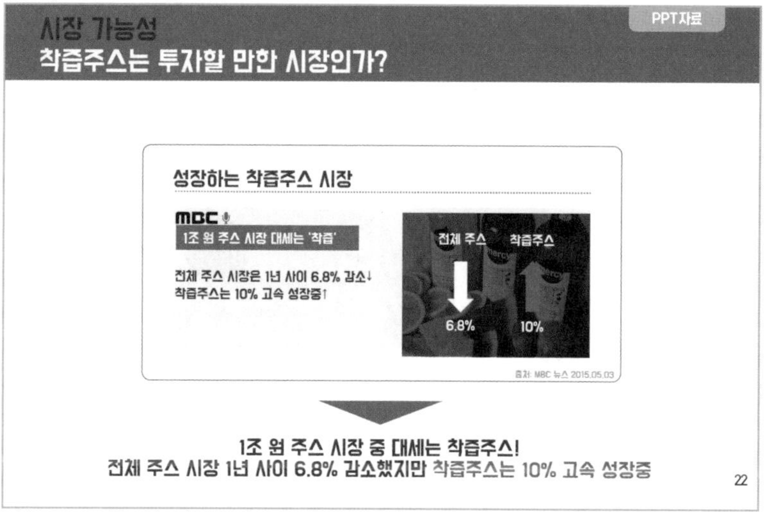
PPT자료
시장 가능성
착즙주스는 투자할 만한 시장인가?
성장하는 착즙주스 시장
MBC
1조 원 주스 시장 대세는 '착즙'
전체 주스 시장은 1년 사이 6.8% 감소↓
착즙주스는 10% 고속 성장중↑
전체 주스
착즙주스
6.8%
10%
출처: MBC 뉴스 2015.05.03
1조 원 주스 시장 중 대세는 착즙주스!
전체 주스 시장 1년 사이 6.8% 감소했지만 착즙주스는 10% 고속 성장중
22

PPT자료

머시주스의 경쟁력
그중 머시주스는 왜 대세인가?

유기농 및 친환경 재료를 골라

최상급 원료의 안정적 수급 위해
베테랑 영세농 직거래 플랫폼 구축

나쁜 것은 다 뺐습니다

No sugar. No water. No HPP.
No preservatives. Not heated.

기본이 너무 강함. 제대로 된 원료만 골라 어떤 첨가물도 No
자연 그대로만 정직하게 담은 머시주스

23

PPT자료

머시주스의 비교 우위
남들도 다 그렇게 하는 거 아닌가?

대부분 착즙 과정에서 공기 유입으로 산화 촉진 + 마찰열 발생으로 영양소가 파괴
머시주스는 영양소가 보존되도록 차갑게 착즙하는 Cold Pressed(콜드프레스) 공법을 사용함

대부분	VS	머시주스
Squeeze 공법 열로 인해 영양소가 파괴되는 **갈아내는 방식**		Cold Pressed 공법 마지막 영양소까지 듬뿍 담는 **차갑게 즙을 짜는 방식**

차갑게 착즙해서 열로 인한 영양소 파괴 없이
더욱 더 정직하게 보답하려는 머시주스

24

PPT자료

머시주스의 비교 우위
머시주스를 이미 알아봐주시는 소비자들

인스타그램에서 매일매일 사진이 올라오는 머시주스
특별한 홍보 활동 없었으나 고객님들이 머시주스의 홍보대사

25

PPT자료

머시주스의 비교 우위
얼마 전 유명 TV프로그램에서 블라인드 테스트 1등

몸에 좋은 것은 입에 쓰나 머시주스는 몸에 좋아도 맛있습니다
'맛있는 착즙주스 1등' 눈 가려도 가려지지 않는 맛

26

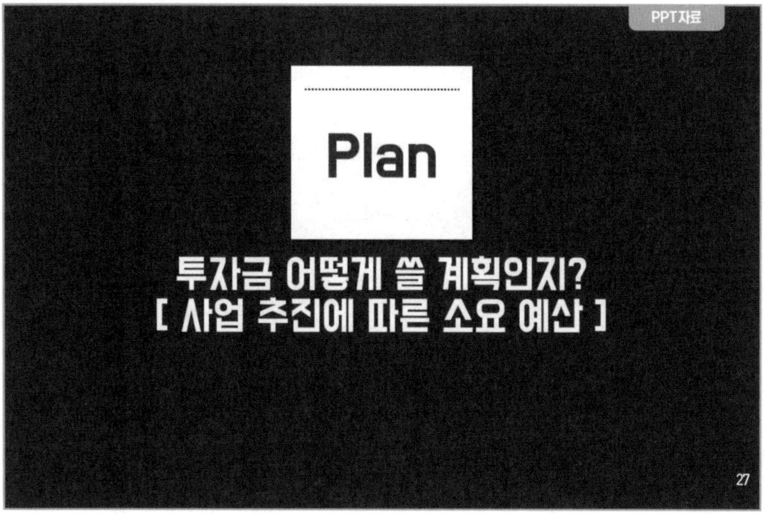

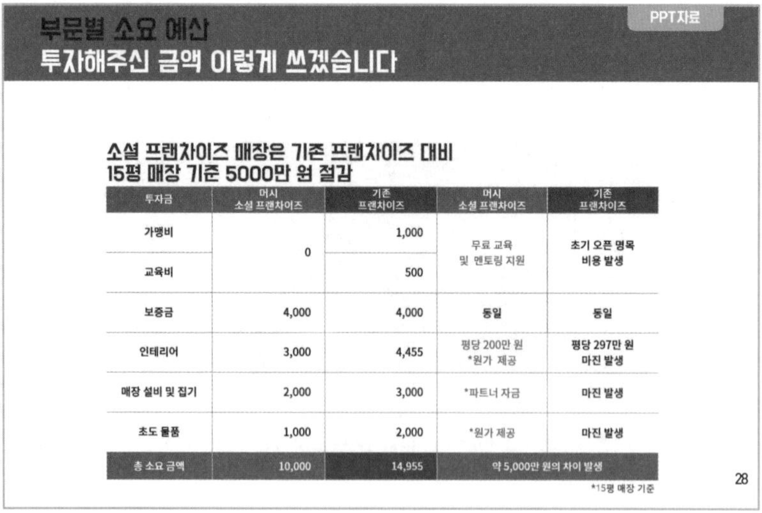

투자금	머시 소셜 프랜차이즈	기존 프랜차이즈	머시 소셜 프랜차이즈	기존 프랜차이즈
가맹비	0	1,000	무료 교육 및 멘토링 지원	초기 오픈 명목 비용 발생
교육비		500		
보증금	4,000	4,000	동일	동일
인테리어	3,000	4,455	평당 200만 원 *원가 제공	평당 297만 원 마진 발생
매장 설비 및 집기	2,000	3,000	*파트너 자금	마진 발생
초도 물품	1,000	2,000	*원가 제공	마진 발생
총 소요 금액	10,000	14,955	약 5,000만 원의 차이 발생	

*15평 매장 기준

PPT자료

매출 예측 및 파트너 양성안
투자해주시면 이렇게 키워나가겠습니다

2020년까지 43억 매출 목표로
고용창출을 일으키는 60명의 리더를 키우려 합니다

	2016	2017	2018	2019	2020
소설 프랜차이즈 매장	1	3	7	10	12
매출	360,000,000	1,080,000,000	2,520,000,000	3,600,000,000	4,320,000,000
파트너 양성	5	15	35	50	60
소요 금액	80,000,000	240,000,000	560,000,000	800,000,000	960,000,000

*매출 규모 추산 : 1년 360일 운영 시, 하루 매출 100만 원 가정 시

29

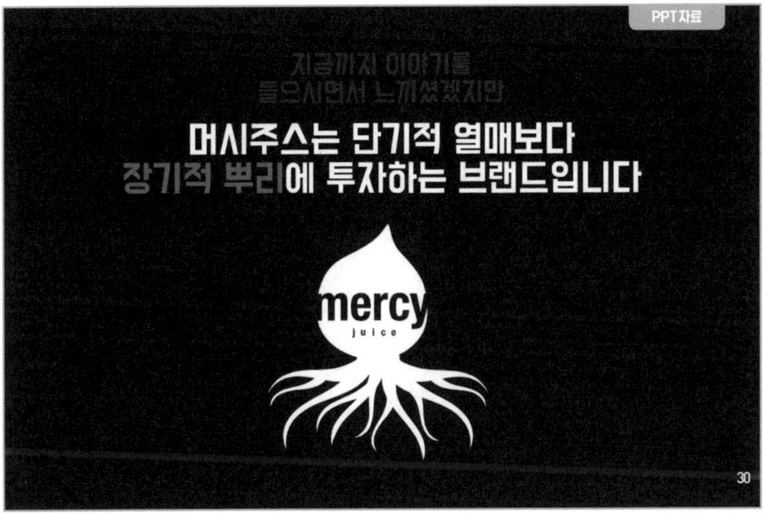

PPT자료
모두 좋은 재료 찾기에만
정신이 팔려 있을 때
31

PPT자료
모두 좋은 재료 사오기에만
정신이 팔려 있을 때
영세농가 직거래를 통해
산지 전체를 책임지는 시스템
32

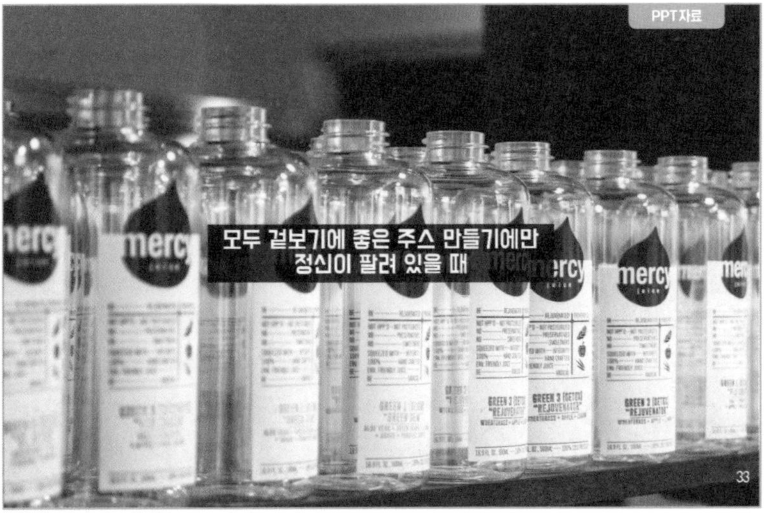
PPT자료
모두 겉보기에 좋은 주스 만들기에만
정신이 팔려 있을 때
mercy
33

PPT자료
모두 겉보기에 좋은 주스 만들기에만
정신이 팔려 있을 때
영양소가 파괴되지 않도록
열을 차단하는 콜드프레스 시스템
34

PPT자료
모두가 한 명의
직원을 더 채용할 때
35

PPT자료
모두가 한 명의
직원을 더 채용할 때
한 명의 리더를 위한 리더를
만드는 시스템
36

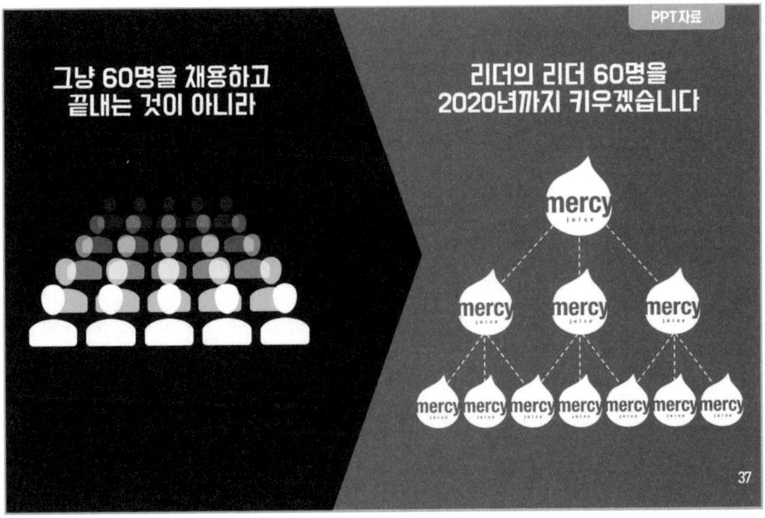
PPT자료
그냥 60명을 채용하고
끝내는 것이 아니라
리더의 리더 60명을
2020년까지 키우겠습니다
mercy juice
37

PPT자료
mercy juice
머시주스의 근본적이고 자비로운 시스템에
자비로운 안목 부탁드립니다
영혼의 회복을 빌며
문정한
38

소셜 프랜차이즈 제안 PPT 정리

사용 폰트

1. 강조: 배달의 민족 도현체

2. 본문: 배달의 민족 도현체 + Noto Sans CJK KR Medium

본고딕 예시는 앞에서 충분히 들어드린 것 같아서 이번에는 발표를 겸할 때나 특별히 시선을 끌고 싶을 때 쓰는 폰트를 추천한다. 특별하면서도 너무 경망스럽거나 방정맞지 않은 센스 있는 폰트인 배달의 민족 폰트들(한나체, 주아체, 도현체)을 써보자. 무료로 배포되어 자유롭게 쓸 수 있다. 특히 이 폰트들은 완성도가 매우 높은 폰트들로, 글씨만 있어도 레이아웃만 잘 배치하면 멋스럽다. 회사 보고서용으로는 조금 장난스러워 보일 수 있으므로 보수적인 회사라면 사용하지 않는 것이 좋다. 하지만 눈치껏 외부용으로 활용하는 것은 강력 추천한다.

폰트 크기

1. 강조: 24, 30

2. 본문: 16, 18, 20

3. 폰트 너비 설정: 표준으로(N)

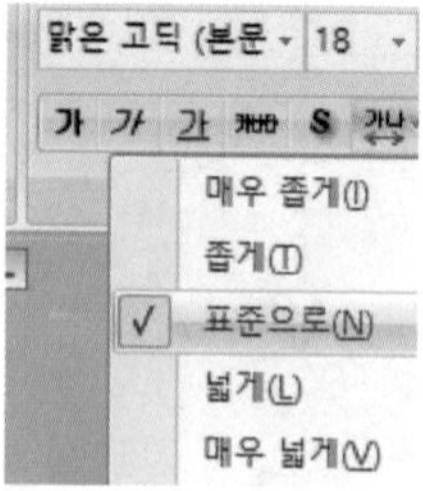

색상

1. 포인트 색: 블루와 퍼플 중간색 R109 G104 B224
2. 메인 색: 진한 그레이 R50 G60 B63
3. 그 외: 그레이 R191 G191 B191

내용에 대한 신뢰감을 주기 위해 블루 계열을 고심하던 중 너무 무겁지 않은 블루 계열의 라이트톤을 선택했다. 스타트업 특유의 트렌디하고 젊은 느낌을 표현하려고 선택한 컬러이다.

슬라이드 크기

〔디자인〕-〔페이지 설정〕-〔슬라이드 크기〕에서 화면 슬라이드 쇼 4:3으로 설정했다.

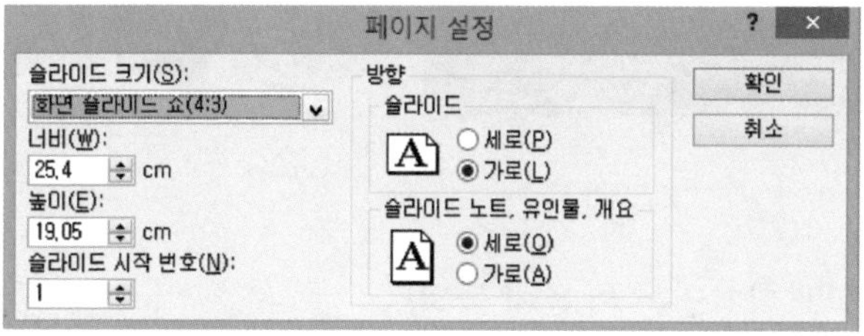

픽토그램 출처

freepik에 의해 설계된 http://www.flaticon.com/에서 사용했다.

사진 출처

머시주스에서 자체 촬영을 했다.

사용한 도형 패키지

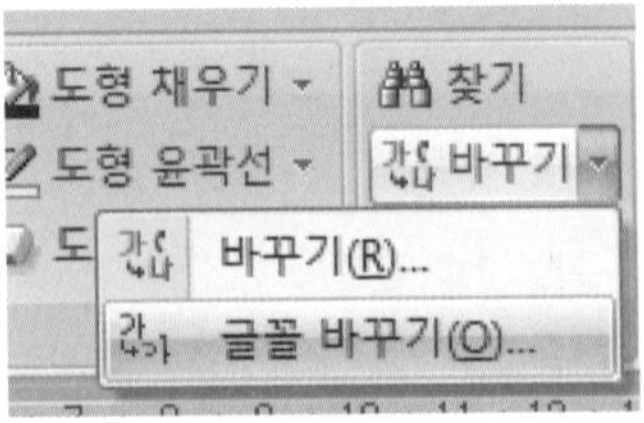

만약 PPT 디자인은 마음에 들지만, 폰트가 부담스러워서 바꾸고 싶다면, 각 문장 하나하나 클릭하지 않고 통째로 바꾸는 방법이 있다. [바꾸

기] - [글꼴 바꾸기]를 클릭하면 위와 같은 창이 뜬다.

이 PPT에 원래 쓴 글꼴은 배달의 민족 도현체니까 현재 글꼴에 '배달의 민족 도현'을 클릭하고, 새 글꼴에 내가 바꾸고 싶은 새 폰트를 클릭('국대떡볶이'체로 바꾼다고 가정)하고 오른쪽에 '바꾸기(R)'를 클릭하면 PPT 내에 배달의 민족 도현체로 쓰인 모든 문장은 새로 클릭한 국대떡볶이 글꼴로 다 바뀐다.

· 5장 ·

사회적 기업 아이디어를 제안하고 투자받고 싶을 때

: 영세농을 위한 사회적 기업 제안서

PLANNING
X
PROPOSAL

이번에는 한국사회적기업진흥원에서 개최한 '제4회 사회적 기업 육성 사업' 선발 시 발표했었던 제안서에 대해 살펴보고자 한다. 앞서 살펴본 내용과 마찬가지로 이번 기획서도 머시주스의 놀라울 정도로 선한 의도가 드러나는 기획서다. 대략적인 내용은 갈수록 힘들어지는 '영세농민'들에게 머시주스의 '정직과 회복'이라는 비전을 전달하고 영세농과의 직거래 플랫폼을 형성하여 중간 유통 마진을 줄여 그들에게 마진을 돌려주겠다는 것이다.

'정직과 회복'이라는 비전을 이루기 위해 여러 가지 전략적 의사 결정을 한 후, 더 큰 선한 영향력을 끼치기 위해 결국 머시주스는 사회적 기업보다는 소셜 벤처로 남기로 했다. 그래서 초안 제안서는 생략하고 바로 제안서 고치는 과정을 함께 보자.

제안서 코칭을 하기 전에 살펴봐야 할 것은 투자 제안서를 쓰는 목적이다. 앞서 살펴본 것처럼 이 제안서는 '투자'를 받기 위해 쓴 것이다. 자금 확보가 핵심이다. 앞의 제안서와 약간 다른 점이라면 '사회적 기업 육성 사업'으로부터 투자를 받기 위한 것이라는 점이다. 즉 단순히 돈만 벌어오면 되는 게 아니라 사회적 기업의 목적을 달성할 수 있느냐가 투자 여부의 핵심 요인이 되는 것이다.

그럼, 사회적 기업의 존재 목적은 무엇인가? 여러 가지가 있겠지만 1차적인 사전적 정의를 살펴보면 '사회적 기업'이란 '취약 계층의 문제를 해결하여 사회적으로 가치 있는 활동을 통해 영리를 창출하는 것'이다. 즉 이번 피보고자 입장에서 가장 중요한 물음은 "이 돈 투자하면 1. 취약 계층의 2. 문제를 3. 해결해서 4. 결국 사회적으로 가치 있는 활동을 할 것인가? 5. 당연히 영리는 창출해야 할 것인데 어떻게 창출할 것인가?"가 될 것이다.

그러니 내가 하고 싶은 이야기가 참 많겠지만, 듣는 입장에서 궁금해할 것들에 대한 대답을 확실히 하고 있는지를 살피면서 논리를 보강해나가면 되겠다. 기존 6단계를 변주하여 다음과 같이 정리할 수 있다.

1. 취약 계층의 → Who: 누구를 위한 전략인데? 누구 도울 거야? 누구에게 도

움이 되니? 네가 찾은 도움이 필요한 사람들은 누구니?

2. 문제를 → Why(Problem): 어떤 사회적인 문제를 발견했니? 네가 찾은 해결되어야만 하는 문제들은 뭐니? 그 문제의 근본 원인들은 뭔데?
3. 해결하여 → What(Business Model): 그 문제들을 해결할 비즈니스 모델은 뭐니? '그냥 하는 거' 말고 전략적 접근은 뭐니?
4. 사회적으로 가치 있는 활동을 통해 → How(How to): 어떻게? 투자해주면 투자금은 어디에 어떻게 쓸 건데?
5. 영리를 창출 → If: 근데, 그냥 착한 일만 하라는 게 아니라 지속가능한 영리를 창출할 수 있는 거니?

위의 순서로 논리를 전개하면 되겠다.

1. Who? 누구를 위한 전략인가?

정석 차장: 누구를 위한 전략인데?

막막 사원: 영세농이요! 농사를 '적게' 지어 '겨우' 살아가는 가난한 농민들이요.

2. Why(Problem)? 어떤 사회적인 문제를 발견했는가?

막막 사원: 농민들의 부익부 빈익빈이 너무 심해요. 그래서 영세농들의 가난의 악순환을 끊어주고 싶어요.

정석 차장: 악순환 끊기라…….

막막 사원: '규모의 경제'가 있는 농부들은 월 억대의 농가 소득을 올리기도 하지만, 영세농민들은 월 100만 원 미만의 소득을 얻고 있고, 이마저도 사실 불안정하니까요.

정석 차장: 그렇군. 그 문제들의 원인은 뭐야?

막막 사원: 우선 영세농으로부터 소비자로 갈 때까지 복잡한 유통 구조를 거쳐야 하는데 그 때문에 유통 마진이 엄청나게 많은 것이 근본 원인이에요.

정석 차장: 기존 기획서도 그것에 대해 언급하고 있는데, 진정 고개를 끄덕이려면 말로만 '엄청난 마진'을 이야기하지 말고 느끼도록 보여줘야 해. 이 발표를 보는 사람 입장에서는 이 부분이 진심으로 느껴져야 그다음에 '아, 이 문제를 고쳐야겠군!' 하고 동의할 테니 말이야.

막막 사원: 네! 진짜 느껴지게 하기 위해 제가 좀 더 찾아보았어요. 예를 들어 배추 하나 살 때도 산지에서 300원인 배추가 거의 5배 이상의 유통비용을 덧붙여 소비자에게 돌아간다는 자료를

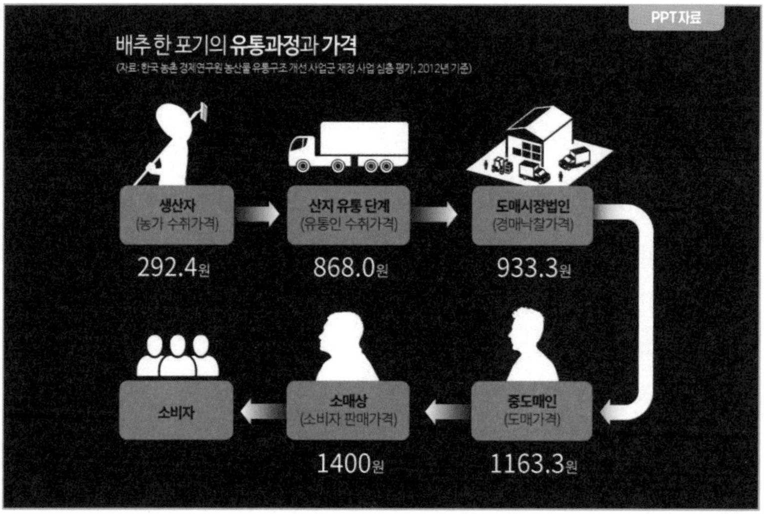

찾을 수 있었어요. 이 단계를 다 보여주면 정말 와 닿을 것 같아요.

정석 차장: 응. 보여줄 때도 복잡하게 말고, 우리가 이야기하고 싶은 것만 편집해서 '집중하길 바라는 부분만 보여주기'.

막막 사원: 네! 선택과 집중!

정석 차장: 또한 배추 이야기만 하면 힘이 없지. 배추 외에 농작물의 전

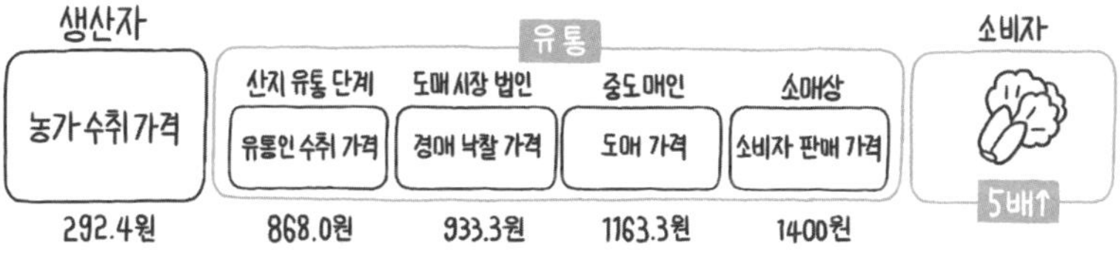

체적인 유통비율도 함께 보여줘야 전체적인 이야기로 신뢰를 얻겠지.

막막 사원: 검색하다 보니 한국농수산식품유통공사에서 소매가 대비 유통비용률이 나와 있네요. 이걸 보여줘야겠어요.

정석 차장: 오케이. 이런 유통 구조와 유통비용이 소비자와 생산자, 특히 영세농민에게 손해를 일으킨다는 걸 이야기하면 될 것 같고. 또 다른 원인이 있을까?

막막 사원: 네! 미관상의 이유로 버려지는 과일들 때문에 경제적 손실이 많다는 것이요. 무조건 20% 정도는 수확하자마자 못생겼

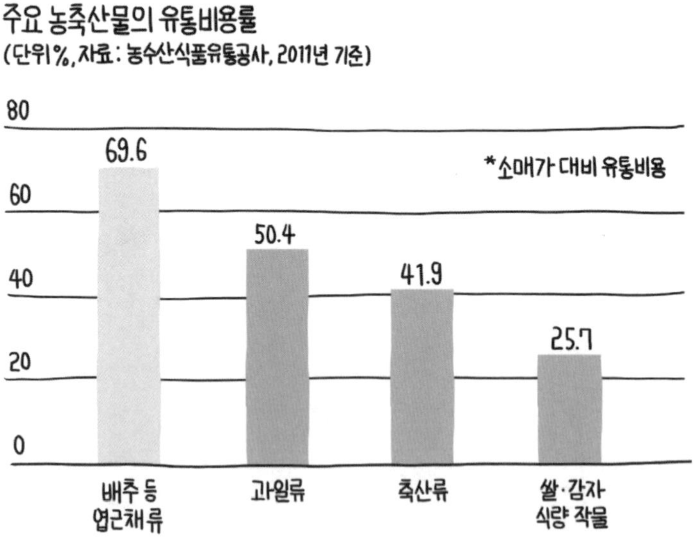

다는 이유만으로 버려지는데……. 이건 영세농민들에게 너무 큰 압박일 거예요. 자라나길 그렇게 자란 것뿐인데, 심지어 농작물의 본질인 맛과 영양에는 아무 영향이 없는데 과일 세계에도 이렇게 외모지상주의가 팽배하다니. 마치 달리기 시합에 참가할 선수를 뽑아야 하는데, 누가 더 속눈썹이 예쁜지를 기준으로 뽑는 것처럼 이상한 현상이에요.

정석 차장: 그렇네. 정리하면 '첫째, 과다한 유통 마진. 둘째, 미관상 무조건 버려지는 과일들로 인한 경제적 손실. 그래서 이걸 해결하기 위해 무얼 하겠다!'로 정리해야겠군.

빡신 기획 습관 NO.19

필요 없는 아이콘들은 예뻐도 덜어내는 습관

인포그래픽 열풍으로 메시지를 방해할 정도로 예쁘기만 한 기획서들이 많아졌다. 예쁜 것은 좋지만, 예쁜 것보다 메시지에 도움이 되는 것이 더 중요하니 최대한 덜어내어 선택과 집중해서 메시지를 정확하게 보여주는 게 중요하다. 최소한 회사에서 쓰는 제안서에서는 휘황찬란한 인포그래픽을 너무 많이 넣으면 서로 민망할 뿐이다.

3. What? 그 문제를 해결할 비즈니스 모델은 무엇인가?

정석 차장: '그래서 머시주스는 무엇을 하겠다!'라고 바로 이야기해도 좋지만, 우리는 보통 어떤 문제가 생기면 '영희는 어떻게 했대?', '그럼 철수는 어떻게 했대?' 등 같은 문제를 겪었던 다른 사람들의 사례를 보면서 힌트를 얻잖아.

막막 사원: 네. 그런 것을 케이스 스터디(case study)라고 하죠.

정석 차장: 우리만의 주장처럼 느껴지지 않게 하기 위해서는 다른 사례를 이야기하는 것이 좋아. 그것으로 우리 주장의 근거를 삼으면 좋지. 이 문제를 동일하게 겪어본 적이 있는 그리고 문제를 잘 해결한 해외 사례는 없는지 체크해봐야겠지.

막막 사원: 기존 자료에 독일 사례가 있어요. 못생긴 과일에 대한 인식을 바꾸는 캠페인이었어요. 그리고 일본 같은 경우에는 지역 생산 농산물은 지역에서 소비하도록 지산지소 직거래 유통망 직판장을 만들기도 했어요. 또 미국의 '임퍼펙트(imperfect)'라는 스타트업은 못생긴 과일만 모아서 저렴하게 판매해 좋은 호응을 이끌어내기도 했어요.

정석 차장: 좋아. 그럼 '그러니까 머시주스가 뭐 할 건데?'를 정리해주자.

막막 사원: 해외 사례처럼 머시주스 또한 영양가가 있고 맛이 좋은 못난이 과일들을 차별하지 않고(?) 사용하는 착즙주스를 만들겠

다는 것! 그리고 복잡하고 과다한 유통 마진을 없애기 위해 영세농 직거래 플랫폼을 만들겠다는 것을 밝혀야겠죠.

정석 차장: 음. 그리고 사실 여기에서는 '머시주스가 뭐다'보다 투자를 유도할 만한 '비즈니스 모델이 뭐다'에 더 포커스를 두고 이야기해야겠지. 특히나 맨 처음 우리가 고민했던 것처럼 '(취약 계층의 문제를 해결해주는 사회적인 활동을 하면서 영리를 추구하는) 비즈니스 모델은 뭐다'라고 설명이 되어야 해. 괄호 속 전제 조건이 성립되는 그런 모델 말이지.

막막 사원: 음. 결론적으로 핵심 비즈니스 모델은 영세농민의 농작물로 만든 주스가 팔릴 때마다 수익금의 일부를 영세농에게 돌려드리겠다는 것을 말해야겠네요.

정석 차장: 일부? 정확한 숫자로 정리해줘야지.

막막 사원: 8%입니다.

정석 차장: 오케이. 한마디로 '8% 머시주스 소득보전직불제'.

막막 사원: 네. 이 시스템으로 최소 1개의 프랜차이즈가 1개의 농장을 책임지게 할 거예요.

정석 차장: 오케이. 결국 가장 중요한 포인트인 그 프로세스, 즉 과일이 영세농민으로부터 머시주스로, 소비자에게로, 그리고 다시 영세농민으로 돌아오는 과정이 한눈에 들어오게 정리가 되어야 할 것 같아.

원래 그림은 아래에 있는 그림인데, 복잡해서 못 알아듣겠어. 이건 그린 사람만 알아볼 것 같은 느낌이야. 대충 봐도 이해하기 쉽게 이걸 좀 더 간략하게 줄여보자. 무작정 그리는 것보다는 '결국 여기서 말하고자 하는 핵심이 뭐지?'를 먼저 정리하면서 그리는 데 도움이 되겠지?

막막 사원: 음……. 결국 영세농에게 8%를 돌려주겠다는 거죠.

정석 차장: 오케이. 좋아. 8%를 어떻게 돌려줄 수 있다는 거지?

막막 사원: 영세농에게 1,300원에 사서, 소비자에게 5,800원으로 팔 건데, 그중 300원, 즉 수입 4,000원의 8%는 적립해서 영세농에게 다시 돌려주겠다는 것이죠.

정석 차장: 오케이. 그럼 그 과정을 우선 보여주고.

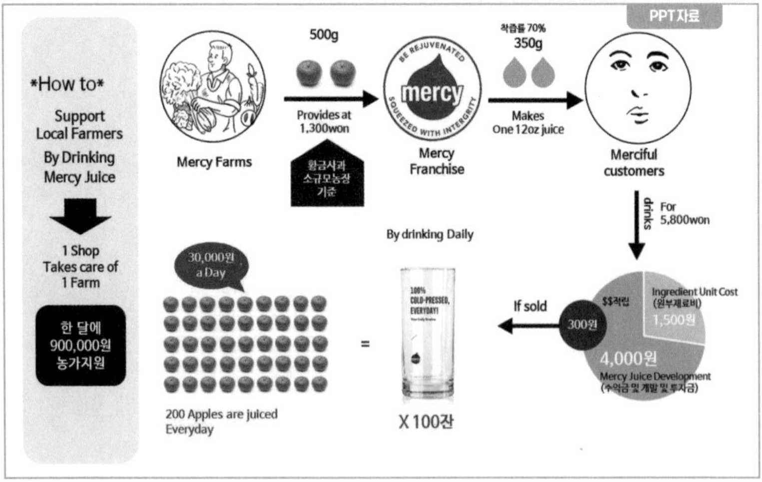

막막 사원: 네. 그러면 우선 영세농과 소비자 그리고 그 중간 단계의 머시주스를 보여줘야 할 것 같아요.

정석 차장: 오케이. 그러고 나서 정리해야 할 것은?

막막 사원: 소비자가 5,800원에 구입한다고 했는데, 머시주스가 5,800원을 어떻게 쓰는지를 보여줘야 할 것 같아요. 1,300원에 사서 부재료비 들어가면 원부재료비가 1,500원이 될 것이고 수

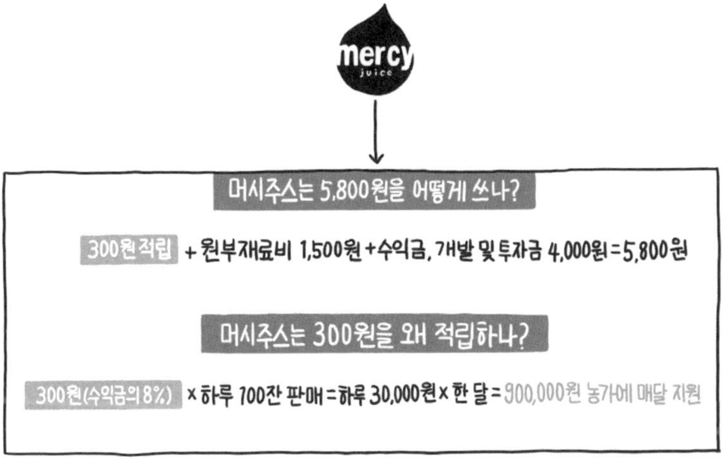

익금, 개발 및 투자금이 4,000원이라 5,800원에 판매한다는 것. 그리고 그중 수익금 4,000원의 8%인 300원을 적립한다는 것을 보여줘야겠죠.

정석 차장: 좋아. 그리고 이 둘을 합쳐서 보여주면 되겠다.

막막 사원: 제가 두 개 합쳐서 만들게요!

정석 차장: 응. 그리고 합칠 때, 우리가 설명하고 싶은 거 말고, 상대방이 들어야 할 것들 위주로 다시 추려서 합쳐야 하니까 단순 합체 말고 선택적 합체가 필요해. 사실 상대방이 듣고 싶은 건 '영세농을 어떻게 얼마나 도와줄 건데?'에 대한 답이니까. 우리가 아는 모든 걸 다 이야기할 필요는 없어. 예를 들면 '우리가 1,300원에 구입, 500g, 12oz' 이런 건 다 빼고 정리해야 한다는 거지.

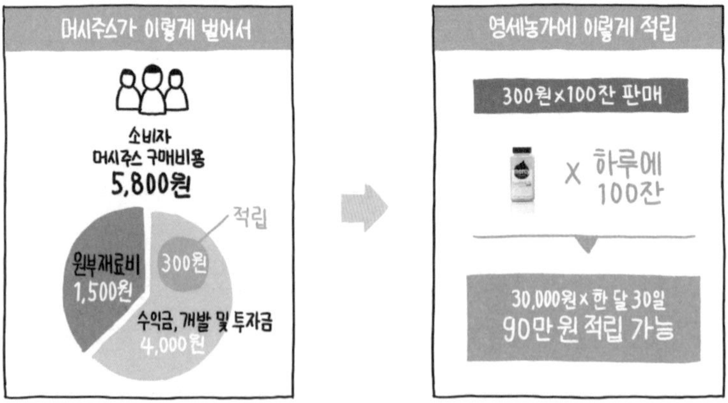

막막 사원: 아이코. 여태 그린 거 버리기 아까워요.

정석 차장: 아까운 걸 미리 거쳐야 나중에 진짜 아까운 상황을 안 만들지.

4. How To? 투자금은 어디에 어떻게 쓸 것인가?

정석 차장: 이제는 투자를 받으면 투자금을 어디에 어떻게 쓸 것인지에 대해 설명해야겠지.

막막 사원: 그렇게 하려면 지금까지 진행된 것은 무엇이고, 앞으로 진행해야 할 것은 무엇인지 나눠서 이야기하면 좋을 것 같아요.

정석 차장: 좋아. 지금까지 진행된 것은 로고 제작, 레시피 개발, 콜드프레스 기계 도입 등이고…….

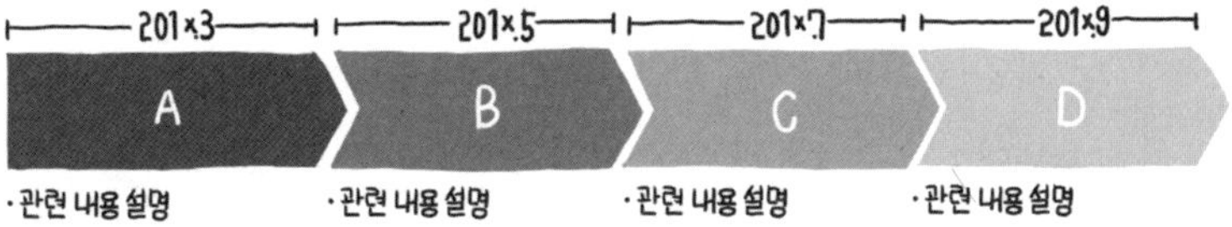

	소요 예산 항목a	소요 예산 항목b	소요 예산 항목c	소요 예산 항목d
A				
B				
C				
D				

막막 사원: 앞으로 해야 할 일들은 A, B, C, D이고, 이와 관련해서 투자를 받고자 하는 것이니 조금 더 상세하게 각각에 대한 소요 예산 항목을 표로 만들어서 보여줘야겠어요.

5. If? 지속가능한 영리를 창출할 수 있는가?

정석 차장: 근데 이 일이 단순히 '착한 일'이라는 것을 넘어서서 기업으로서 '지속가능한 영리 추구'를 하는 것이라는 믿음을 주면 좋겠어. 다시 말해 '우리는 이런 걸 할 수 있다'가 아니라 '이 사업은 이렇게 수익을 내며 이렇게 굴러가게 될 것이다'에 대한 확신을 줘야 하잖아.

2가지 차원에서 검증되어야 할 것 같아. GE-맥킨지 매트릭스처럼 산업 자체가 시장성이 있는지(착즙주스 시장의 매력도)와 그 시장에서 우리 사업이 강점이 있는지(머시주스 자체의 강점)를 설명해야 할 것 같아.

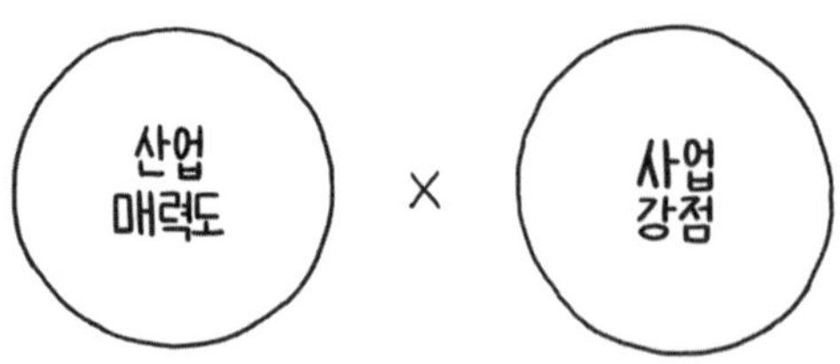

막막 사원: 좋아요. 우리가 하려는 일이 '그냥 착한 일'이 아닌 '비즈니스적으로 영리를 추구할 수 있는' 사업성 있는 일이고, 우리가 시장에서 경쟁력 있는 상품을 만들기 위해 얼마나 노력해왔는지 그리고 얼마나 검증해왔는지를 정리해서 보여줄게요.

정석 차장: 끝나는 마당이니까, 너무 전문적인 내용이 나오면 자칫 무거워질 수 있어. 그러니 부담스럽지 않게, 하지만 근거는 확실하게 머시주스를 믿을 수 있는 이유를 간략하게 딱 3가지로 정리해봐.

막막 사원: 네. 우리의 강점은 영양 손실 없이 착즙하는 거랑, 눈 가리고 먹어도 우리를 고를 수밖에 없을 정도로 맛있는 거랑 예쁜 거죠? 이렇게 정리하면 될까요?

정석 차장: 응. 그냥 그렇게만 말하면 우리의 주장이 되니까 다음처럼 근거를 넣어서 정리해야겠지.

- 무조건 영양소 듬뿍: 콜드프레스 공법
- 무조건 맛있게: 블라인드 테스트 1위
- 무조건 갖고 싶게: 디자인도 예쁜 브랜드

막막 사원: 이렇게 3가지 차원에서 지속적으로 성장하는 착즙주스 시장에서 상품성 있는 머시주스가 되기 위해 노력하고 있다고

설명하고 끝내요? 흠……. 뭔가 빠진 것 같아요.

정석 차장: 그치. 여기에도 향후 매출 전망이랑 투자 회수 계획을 보여주면 좀 더 현실적으로 힘이 실리겠지?

막막 사원: 그렇다면 우선 현재까지 해온 것(2014~2015년)과 향후 목표치(2016~2018년)를 시기별로 정리해볼게요. '지금까지 이렇게 해왔고, 투자해주면 앞으로 이렇게 하겠다!' 위주로 말이에요. 즉 '머시주스는 2018년 100억 원 매출을 목표로 합니다. 합류해주세요!' 이런 느낌이 나도록요!

정석 차장: 그리고 궁극적으로 '사회적 기업을 키우는 게 목표'인 경진대

Year	Brand	Funds	Sales		Route		
					SHOP	DELIVERY	B2B
2014년	브랜드 시작	2억 원	3.5억 원	건수	1	80	0
				매출	360,000,000,000	12,000,000	0
2015년	브랜드 생존	3.4억 원	20억 원	건수	5	840	3
				매출	1,800,000,000	126,000,000	60,000,000
2016년	브랜드 내실	10억 원	35억 원	건수	8	1,680	15
				매출	2,880,000,000	252,000,000	300,000,000
2017년	국내시장 1등	20억 원	65억 원	건수	15	2,400	30
				매출	5,400,000,000	360,000,000	600,000,000
2018년	고객관계 1등	30억 원	100억 원	건수	25	3,600	50
				매출	9,000,000,000	540,000,000	1,000,000,000

매출 규모 추산: 1. 매장 하루 평균 매출액 100만 원×360일 영업
2. 딜리버리 평균 건당 거래가 15만 원
3. 비투비 평균 거래가 2,000만 원

회니까 '소득보전직불제가 있는 자비로운 선순환 vs. 자비 없는 악순환'을 대비해서 보여주며 당신의 투자가 영세농을 살리는 선순환의 시작이 될 수 있다는 걸 알리고 행동을 촉구하며 끝내도 좋을 것 같아. 그리고 이번에도 역시 전체 PPT의 핵심을 한 장으로 정리해주면 좋지. 말하고 싶은 건 결국 '이렇게 돈 벌어서 8% 영세농에게 돌려주고, 우리도 소비자도 좋은 선순환을 이끌어내겠다'니까 동그라미 3개 그려 이들의 상관관계를 그려주면 어떨까?

막막 사원: 아하! 그렇다면 좀 더 확실히 각인되게 '자비가 있는 선순환'을 보여주고, 그렇게 하지 않았을 때의 악순환을 비교해서 보여줄게요.

정석 차장: 오케이.

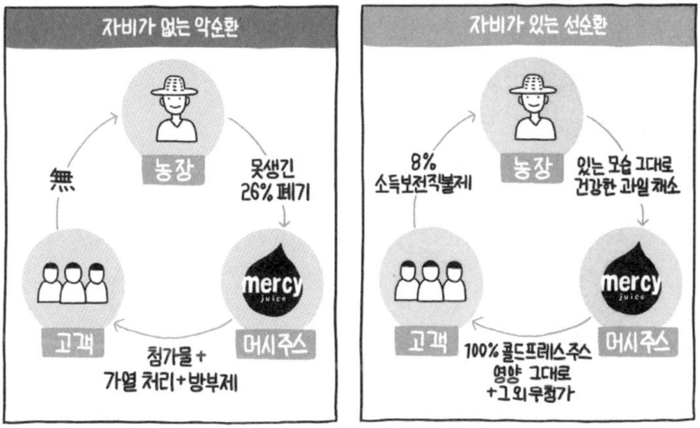

빽신 기획 습관 NO.20

4가지 질문으로
핵심을 정리해보는 습관

인간의 뇌는 3개와 5개 숫자를 잘 기억한다고 하니 뭘 어떻게 정리해야 할지 모를 때는 아래의 질문을 던져 상대방의 질문에 미리 대비해보는 것을 추천한다. 마구 쓰다가 정리가 안 될 때 나는 이러한 관점들로 정리해왔다.

1. **우리 브랜드가 경쟁사보다 나은 것 3가지**

지금까지 기획서 예시를 보면 알겠지만, 상대방을 설득하기 위해서는 '고객이 왜 우리 제품을 쓰는가 또는 써야 하는가'에 대해 정리된 3가지를 가지고 있어야 한다. 여기서 중요한

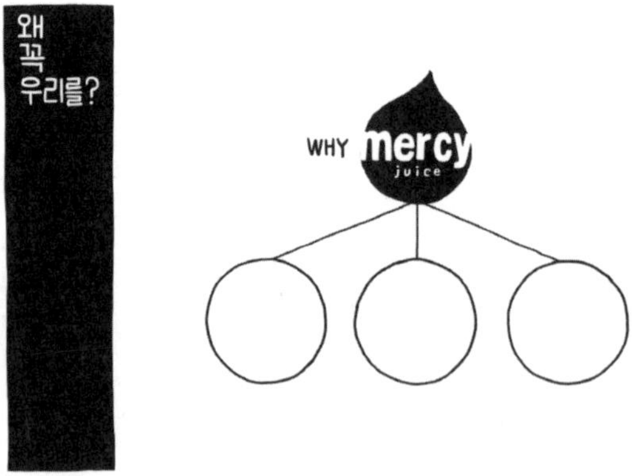

것은 '정리된' 것이어야 한다는 점이다. 주저리주저리 읊는 걸 들어줄 사람은 없을 테니까 말이다. 팀원들끼리 A4 용지에 3개의 동그라미를 그려 각각 채워본 후 각자의 것을 서로 비교하며 토론해서 최종 3가지를 정리해나가는 것도 좋다. 각자 쓴 글을 포스트잇으로 가린 뒤 한 개씩 떼어내며 이야기해야 더 재미있다. 또한 자화자찬하지 않기 위해 고객에게도 이 3가지가 의미 있는 것인지 끊임없이 더블 체크를 해야 한다.

2. **우리 브랜드를 정리해주는 5가지 이하의 단어**

결국 한 단어로 만들기 위한 것인데 이것 또한 팀원들끼리 5개의 동그라미를 각각 채워보고 서로 이야기해보며 정리해나가면 좋다. 형용사로 채우기, Who - Why - What - How - If로 채우기, 2개의 동그라미에는 꼭 숫자 집어넣기 등 규칙을 정해놓으면 더욱 효율적으로 정리할 수 있다. 혹은 각각 5

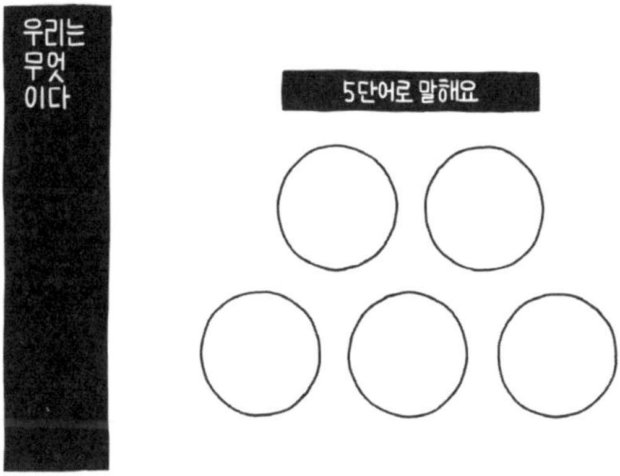

개 중 1개만 추린 뒤 본질적 한 단어는 무엇인가를 함께 생각해보자. 이 외에 다음 2가지를 더 생각하면 좋다.

3. **상대방이 내게 집중해야 하는 강렬한 이유**(상대방이 얻어야 할 결과 한 가지)**와 나도 꼭 얻어야 할 결과 한 가지**
4. **결국 기억되거나 회자되길 바라는 한 가지**

상대방이 꼭 선택해야 할 비교 우위 3가지, 상대방 뇌리에 박힐 5가지 이하의 단어, 기획서 읽은 후 각자 원하는 결과 1가지씩 2가지, 그리고 결국 남길 한 단어로 정리하면 좋다.

영세농을 돕고자 하는 야심찬 열정으로 2013년 사회적 기업 경진대회에서 '못난이를 사용하겠다'라고 구상하여 발표했으나, 실제 못난이 과일 중 (물론 그렇지 않은 경우도 있지만) 성장 전의 못난이(예를 들어, 낙과 등) 처리에 대한 수요가 대부분이었다. 이러한 못난이는 맛이 차이가 나기 때문에 현재 머시주스에서는 못난이 과일을 재료로 사용하지 않는다. 제안서 공부를 위해 내용을 구성했으나 혹시 재료 사용에 관한 소비자 혼선이 있을까 하여 알린다.

PPT자료
제4회
사회적 기업
육성 사업
MERCY JUICE
BUSINESS MODEL
PROPOSAL
March 01, 2013
mercy
juice
1

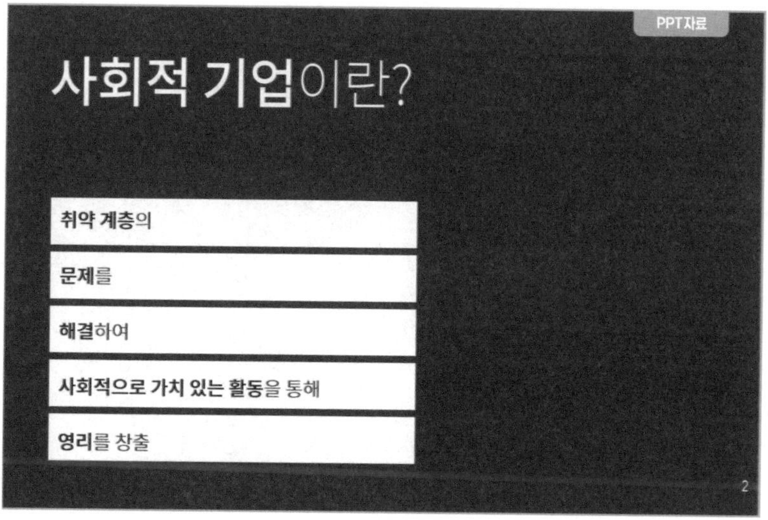
PPT자료
사회적 기업이란?
취약 계층의
문제를
해결하여
사회적으로 가치 있는 활동을 통해
영리를 창출
2

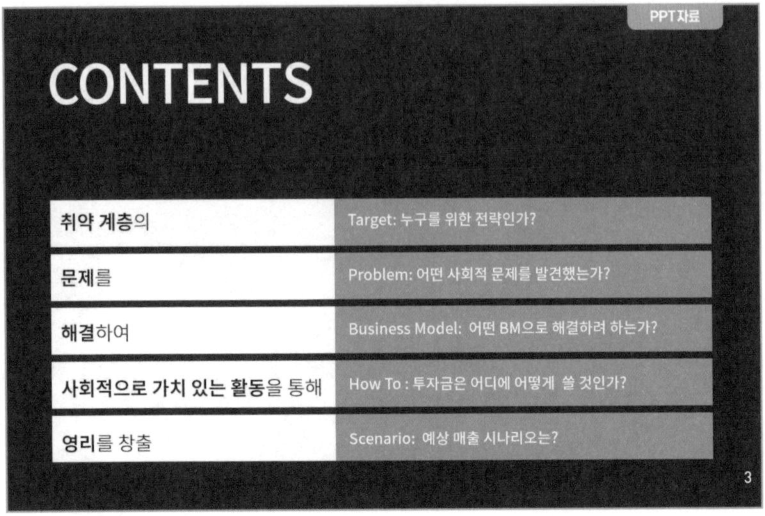
PPT자료
CONTENTS
취약 계층의
Target: 누구를 위한 전략인가?
문제를
Problem: 어떤 사회적 문제를 발견했는가?
해결하여
Business Model: 어떤 BM으로 해결하려 하는가?
사회적으로 가치 있는 활동을 통해
How To : 투자금은 어디에 어떻게 쓸 것인가?
영리를 창출
Scenario: 예상 매출 시나리오는?
3

PPT자료
1
TARGET
누구를 위한 전략인가?
4

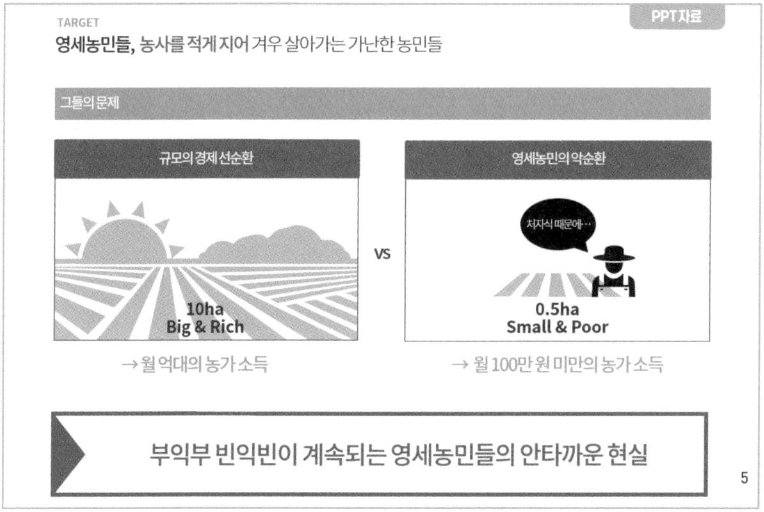
PPT자료
TARGET
영세농민들, 농사를 적게 지어 겨우 살아가는 가난한 농민들
그들의 문제
규모의 경제 선순환
10ha
Big & Rich
→ 월 억대의 농가 소득
VS
영세농민의 악순환
처자식 때문에…
0.5ha
Small & Poor
→ 월 100만 원 미만의 농가 소득
부익부 빈익빈이 계속되는 영세농민들의 안타까운 현실
5

PPT자료
2
ROOT PROBLEM
문제의 원인은 무엇인가?
6

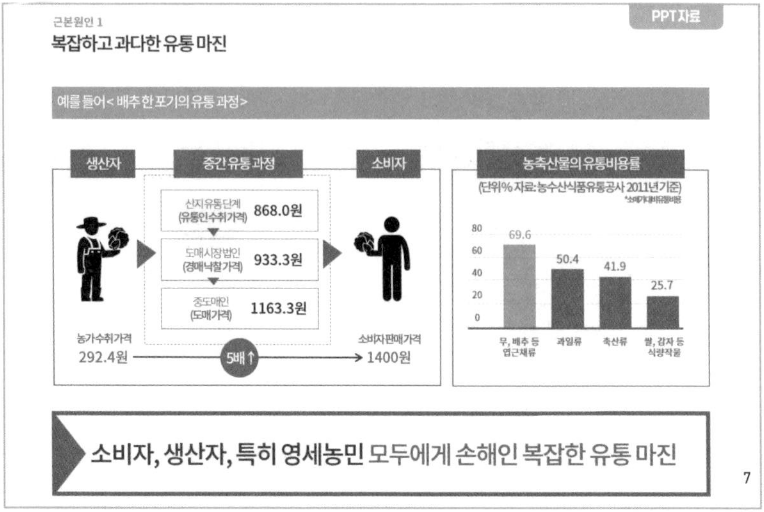
근본원인 1
복잡하고 과다한 유통 마진
PPT자료
예를 들어< 배추 한 포기의 유통 과정>
생산자
중간 유통 과정
소비자
산지유통단계 (유통인수취가격) 868.0원
도매시장법인 (경매낙찰가격) 933.3원
중도매인 (도매가격) 1163.3원
농가수취가격
292.4원
5배↑
소비자판매가격
1400원
농축산물의 유통비용률
(단위% 자료:농수산식품유통공사 2011년기준)
80
60
40
20
0
69.6
50.4
41.9
25.7
무, 배추 등 엽근채류
과일류
축산류
쌀, 감자 등 식량작물
소비자, 생산자, 특히 영세농민 모두에게 손해인 복잡한 유통 마진
7

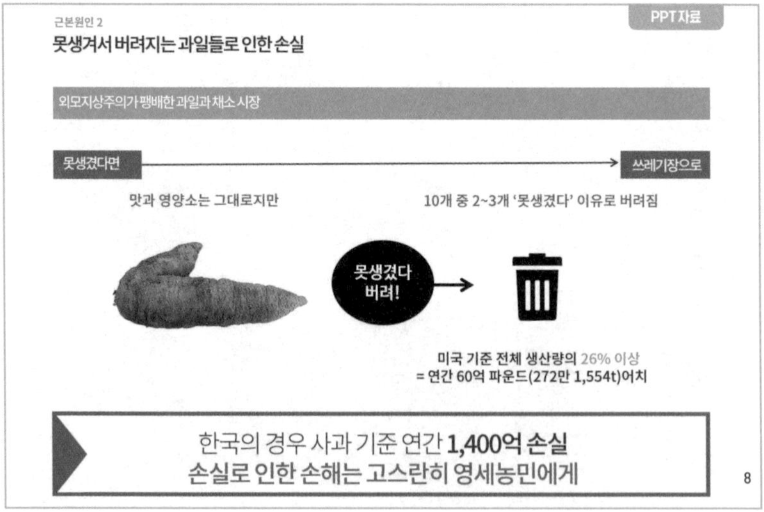
근본원인 2
못생겨서 버려지는 과일들로 인한 손실
PPT자료
외모지상주의가 팽배한 과일과 채소 시장
못생겼다면
쓰레기장으로
맛과 영양소는 그대로지만
10개 중 2~3개 '못생겼다' 이유로 버려짐
못생겼다 버려!
미국 기준 전체 생산량의 26% 이상
= 연간 60억 파운드(272만 1,554t)어치
한국의 경우 사과 기준 연간 1,400억 손실
손실로 인한 손해는 고스란히 영세농민에게
8

PPT자료
3
SOLUTION / BUSINESS MODEL
해결을 위한 BM은 무엇인가?
9

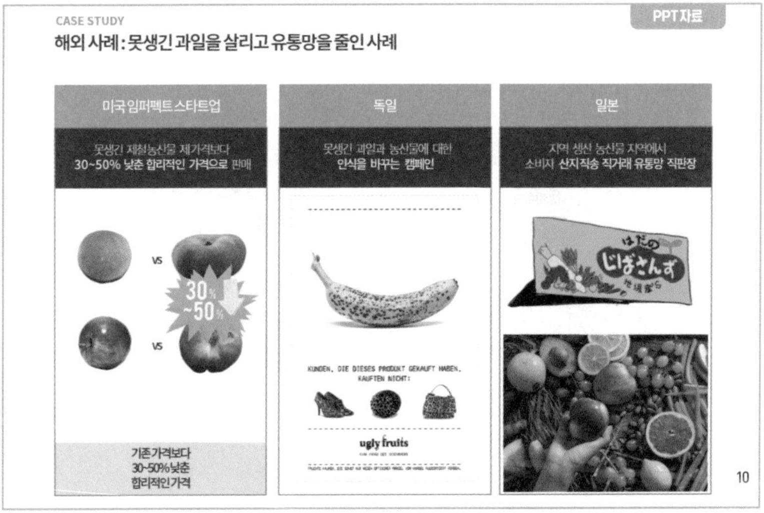
CASE STUDY
해외 사례 : 못생긴 과일을 살리고 유통망을 줄인 사례
PPT자료
미국 임퍼펙트 스타트업
못생긴 제철농산물 제가격보다
30~50% 낮춘 합리적인 가격으로 판매
vs
30%
~50%
vs
기존가격보다
30~50%낮춘
합리적인가격
독일
못생긴 과일과 농산물에 대한
인식을 바꾸는 캠페인
KUNDEN, DIE DIESES PRODUKT GEKAUFT HABEN,
KAUFTEN NICHT:
ugly fruits
일본
지역 생산 농산물 지역에서
소비자 산지직송 직거래 유통망 직판장
10

PPT자료
SOLUTION
그래서 머시주스가 하고 싶은 일
못생겨서
버려지는 농작물
못생겨도 괜찮아요
100% Supernatural 착즙주스
복잡한 유통 단계
과다한 유통 마진
우리 이제 직접 만나요
영세농 직거래 플랫폼
100% 자연의 있는 모습 그대로 담은 착즙주스
Mercy Juice 만들려고 합니다
11

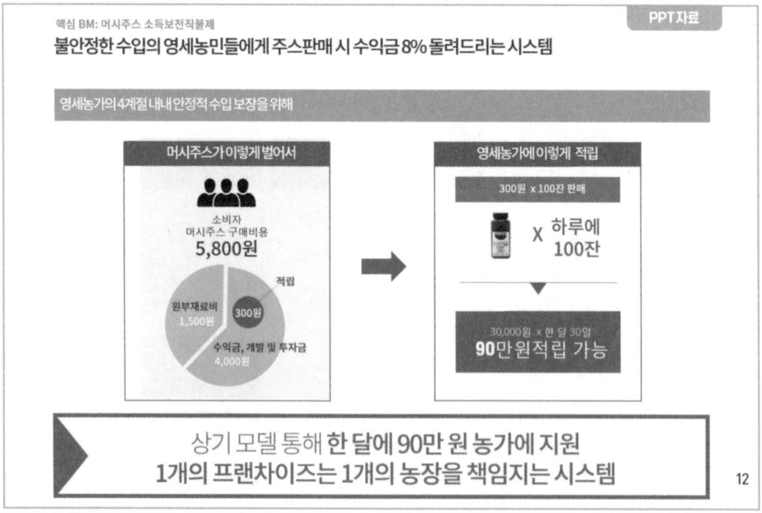
PPT자료
핵심 BM: 머시주스 소득보전직불제
불안정한 수입의 영세농민들에게 주스판매 시 수익금 8% 돌려드리는 시스템
영세농가의 4계절 내내 안정적 수입 보장을 위해
머시주스가 이렇게 벌어서
소비자
머시주스 구매비용
5,800원
적립
원부재료비
1,500원
300원
수익금, 개발 및 투자금
4,000원
영세농가에 이렇게 적립
300원 x 100잔 판매
X 하루에
100잔
30,000원 x 한 달 30일
90만 원 적립 가능
상기 모델 통해 한 달에 90만 원 농가에 지원
1개의 프랜차이즈는 1개의 농장을 책임지는 시스템
12

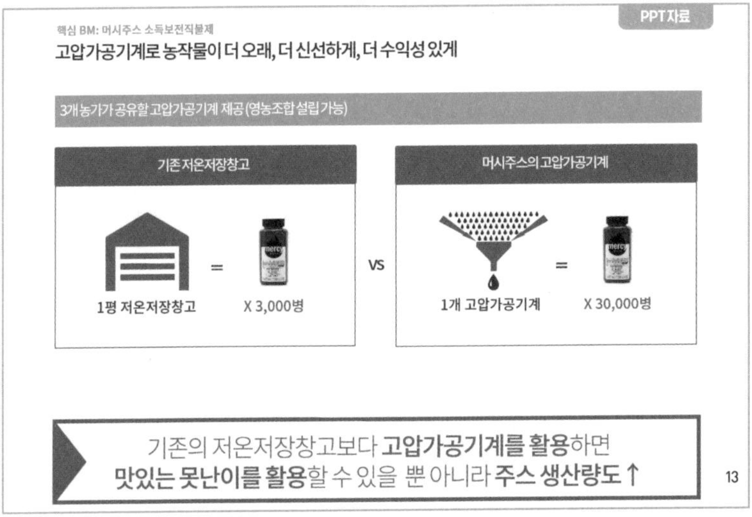
PPT자료
핵심 BM: 머시주스 소득보전직불제
고압가공기계로 농작물이 더 오래, 더 신선하게, 더 수익성 있게
3개 농가가 공유할 고압가공기계 제공 (영농조합 설립 가능)
기존 저온저장창고
1평 저온저장창고
=
X 3,000병
VS
머시주스의 고압가공기계
1개 고압가공기계
=
X 30,000병
기존의 저온저장창고보다 고압가공기계를 활용하면
맛있는 못난이를 활용할 수 있을 뿐 아니라 주스 생산량도 ↑
13

PPT자료
4
HOW TO
투자금은 어떻게 쓸 것인가?
14

지금까지 진행된것

PPT자료

지금까지는 머시주스의 기반을 닦아온 시간들

현재 브랜드, 레시피, 식품 관련 인증 완료

201x.3	201x.5	201x.7	201x.9
브랜드 아이덴티티 정립	핵심 레시피 개발 완료	콜드프레스 기계 도입	HACCP 인증 완료

- 브랜드 개발 완료
  - Logo Guideline
  - Package
- x개 핵심 레시피 개발
- 향후 지속가능 연구개발 위한 LAB실
- 영양소 손실을 최소화하는 콜드프레스 기계
- 비가열 음료 안정성 검증 위해 인증 완료

15

앞으로 해야 할 것

PPT자료

앞으로 머시주스의 지속성장을 위해 해야 할 일

A, B, C 착수 필요 + 관련 소요 예산

201x.3	201x.5	201x.7	201x.9
A	B	C	D
· 관련 내용과 설명	· 관련 내용과 설명	· 관련 내용과 설명	· 관련 내용과 설명

	소요 예산 항목 a	소요 예산 항목 b	소요 예산 항목 c	소요 예산 항목 d
A				
B				
C				
C				

16

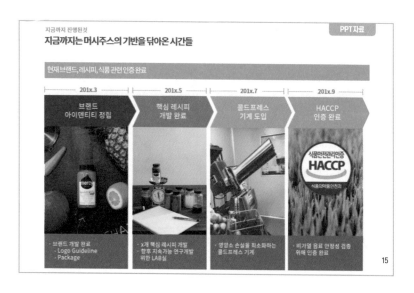

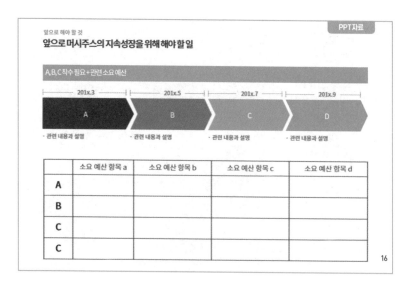

PPT자료
5
다시 한 번
머시는 진정 투자할 만한가?
17

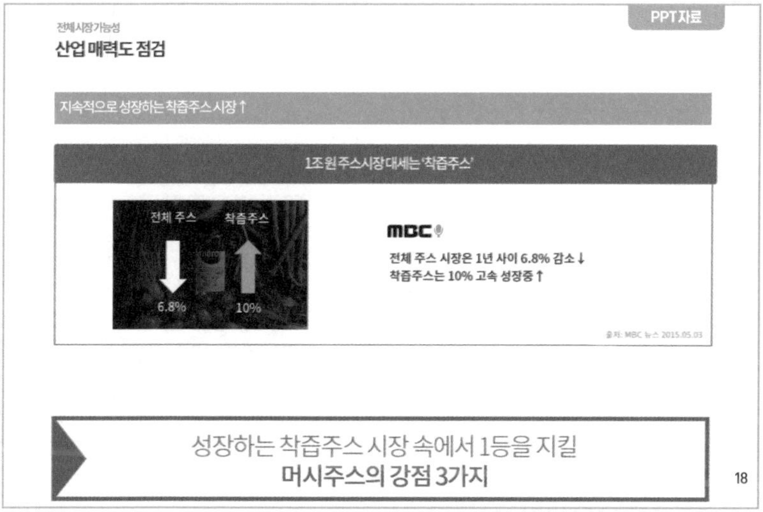
PPT자료
전체시장 가능성
산업 매력도 점검
지속적으로 성장하는 착즙주스 시장 ↑
1조원 주스시장 대세는 '착즙주스'
전체 주스
착즙주스
6.8%
10%
MBC
전체 주스 시장은 1년 사이 6.8% 감소 ↓
착즙주스는 10% 고속 성장중 ↑
출처: MBC 뉴스 2015.05.03
성장하는 착즙주스 시장 속에서 1등을 지킬
머시주스의 강점 3가지
18

PPT자료

사업강점
머시주스의 3가지 강점

1.

무조건 영양소 듬뿍
머시주스의 Cold-Pressed 공법

콜드프레스를 위해
X1 기계 도입

대부분 착즙주스는 착즙 시 **마찰열에 의해 영양소가 파괴**
머시주스는 Cold-Pressed 공법으로 **차갑게 착즙**
→각종 효소와 이로운 균을 열로부터 지켜주며 **고농축 영양소 착즙**

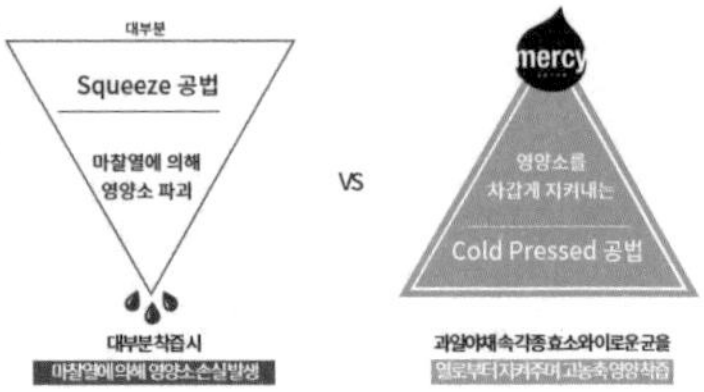

19

PPT자료

사업 강점
머시주스의 3가지 강점

2.

무조건 맛있게
레시피 LAB실

맛 지속 연구개발 위한
머시주스 레시피 LAB실

유명 TV프로그램 '맛있는 착즙주스' 블라인드 테스트 1위!
현재 30여 종 유기농 및 친환경 야채+과일+슈퍼푸드 브랜딩
앞으로도 최고의 레시피를 찾기 위해 지속적 연구

20

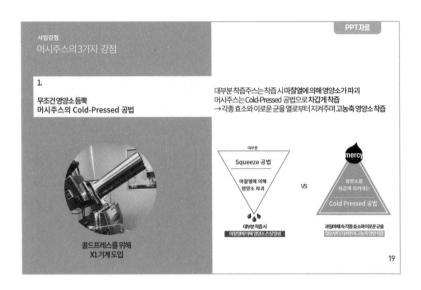

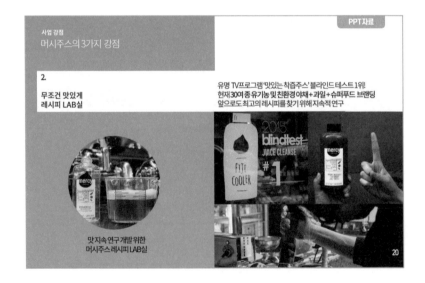

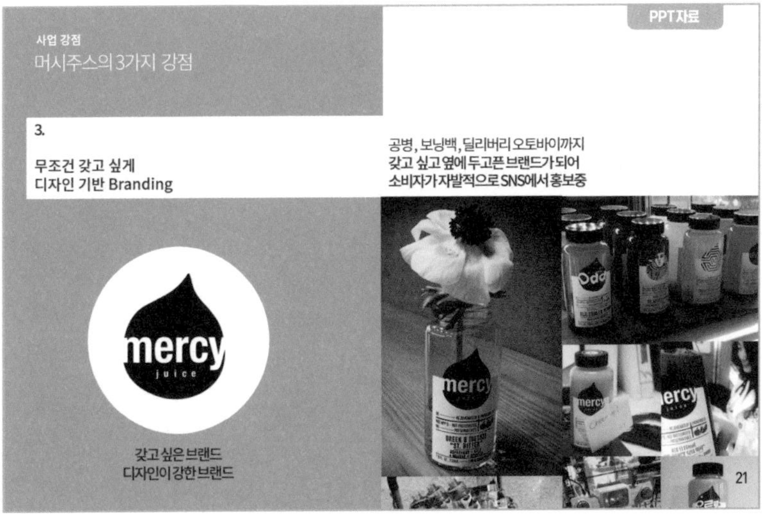
PPT자료
사업 강점
머시주스의 3가지 강점
3.
무조건 갖고 싶게
디자인 기반 Branding
공병, 보닝백, 딜리버리 오토바이까지
갖고 싶고 옆에 두고픈 브랜드가 되어
소비자가 자발적으로 SNS에서 홍보중
mercy
juice
갖고 싶은 브랜드
디자인이 강한 브랜드
21

PPT자료
6
Scenario
예상 매출 시나리오
22

PPT자료

Scenario

분기별 머시주스 매출 시나리오

2018년 100억 원 매출_머시주스와 함께해주세요

Year	Brand	Funds	Sales	Route			
					SHOP	DELIVERY	B2B
2014년	브랜드 시작	2억 원	3.5억 원	건수	1	80	0
				매출	360,000,000,000	12,000,000	0
2015년	브랜드 생존	3.4억 원	20억 원	건수	5	840	3
				매출	1,800,000,000	126,000,000	60,000,000
2016년	브랜드 내실	10억 원	35억 원	건수	8	1,680	15
				매출	2,880,000,000	252,000,000	300,000,000
2017년	국내 시장 1등	20억 원	65억 원	건수	15	2,400	30
				매출	5,400,000,000	360,000,000	600,000,000
2018년	고객 관계 1등	30억 원	100억 원	건수	25	3,600	50
				매출	9,000,000,000	540,000,000	1,000,000,000

*매출 규모 추산
1. SHOP 하루 평균 매출액 100만 x 360일 영업
2. DELIVERY 평균 건당 거래가 15만
3. B2B 평균 거래가 2,000만

23

PPT자료

Scenario

이 선순환을 함께 만들어 가길 기대합니다

자비가 없는 악순환

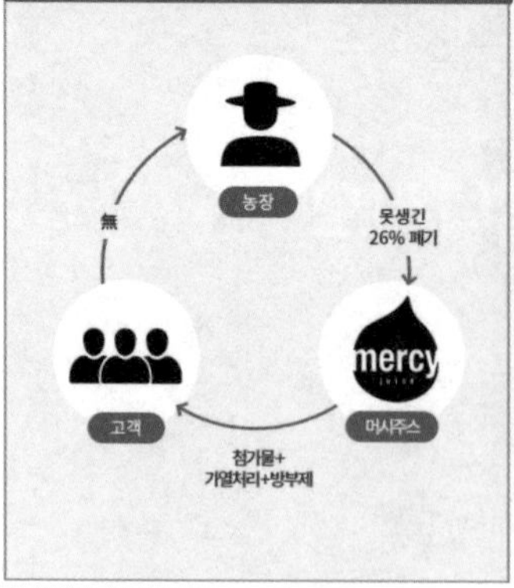

자비가 있는 선순환

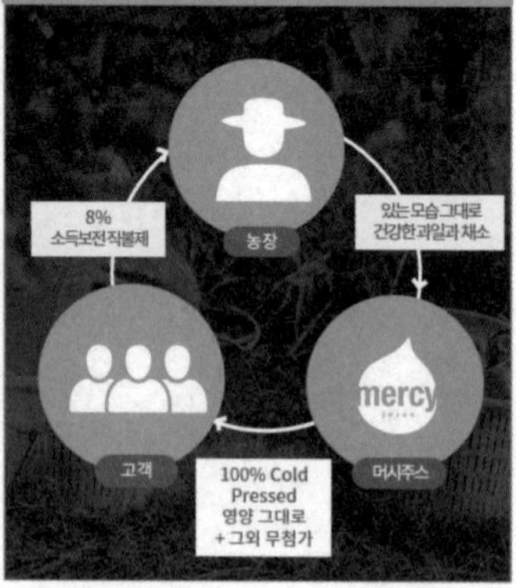

24

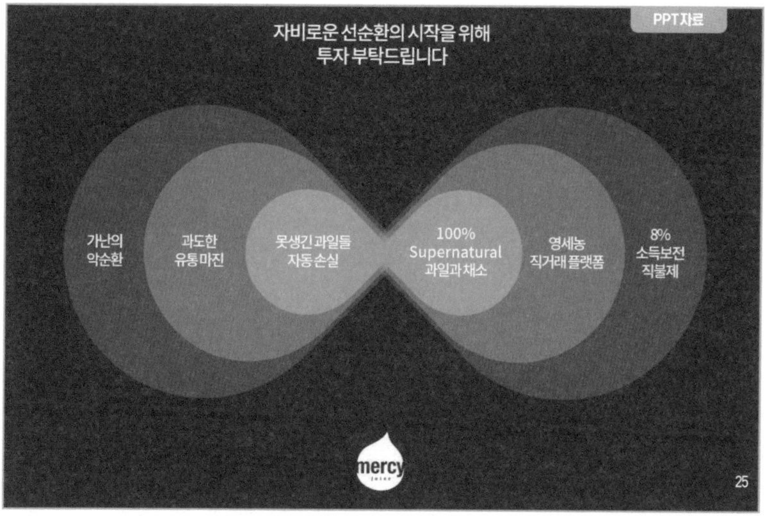

사회적 기업 제안 PPT 정리

<u>사용 폰트</u>

1. 강조: Noto Sans CJK KR Medium

2. 본문: Noto Sans CJK KR Light

<u>폰트 크기</u>

1. 강조: 24

2. 본문: 14, 18

3. 폰트너비 설정: 좁게(T)

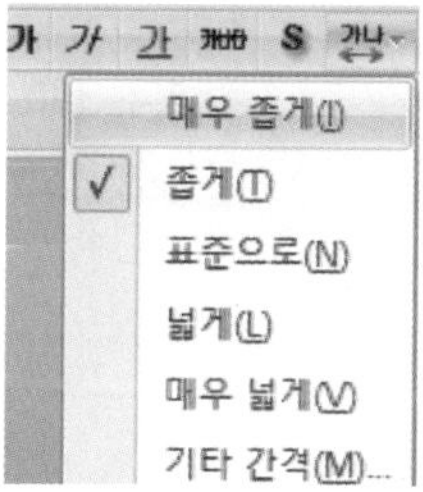

색상

1. 포인트 색: 파스텔 블루 R1 G177 B175

2. 포인트 색 2: 레드핑크 R219 G69 B69

3. 그 외: 다크 그레이 R56 G60 B63

내용에 대한 신뢰감을 주기 위해 블루 계열 컬러 중에서 고심한 끝에 사회적 기업의 따뜻한 느낌을 살리기 위해 파스텔 블루를 선택했다. 따뜻한 느낌으로 다소 루즈해질 수 있기에 그에 반하는 상큼한 레드핑크 포인트 색 하나를 더 추가했다. 그레이 컬러 또한 블루가 섞인 그레이를 선택하여 잘 어울리도록 했다.

슬라이드 크기

〔디자인〕-〔페이지 설정〕-〔슬라이드 크기〕에서 화면 슬라이드 쇼 4:3으로 설정했다.

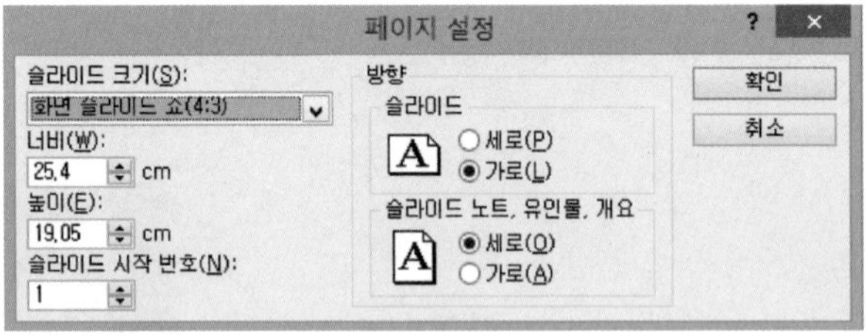

픽토그램 출처

freepik에 의해 설계된 http://www.flaticon.com/에서 사용했다.

사진 출처

머시주스에서 자체 촬영을 했다.

사용한 도형 패키지

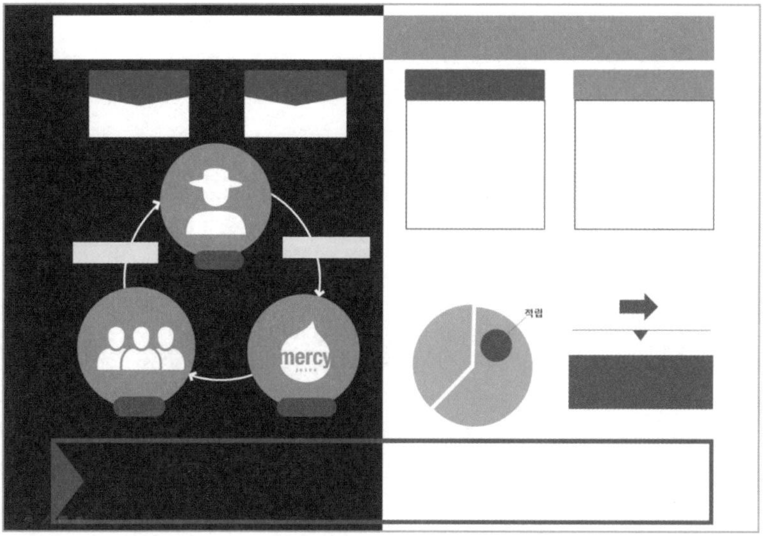

· 6장 ·

디자인 비전공자도 5분 만에 따라 하는 표지 디자인 7

PLANNING
X
PROPOSAL

회사에서 PPT로 예술할 게 아니라면, 우리에게 필요한 것은 '최소한의 시간을 들여', '최대한으로 있어 보이는' 디자인을 만들 수 있는 능력이다. 특히 실컷 열심히 내용을 정리해놓고도 첫인상이라 할 수 있는 표지가 촌스러워 듣는 이의 기대감을 무너뜨리는 경우가 많다. 나 또한 디자인 비전공자로서 표지 디자인이 너무 어려웠기에 가장 쉽고 빠르게 따라할 수 있는 '제안서 표지 디자인 7가지'를 함께 정리해볼까 한다. 바로 따라 할 수 있는 쉽고 심플한 것들로만 엄선했으니 쭉 읽어보시고 직접 실습하며 만들어보자.

1. 5:5 세로형

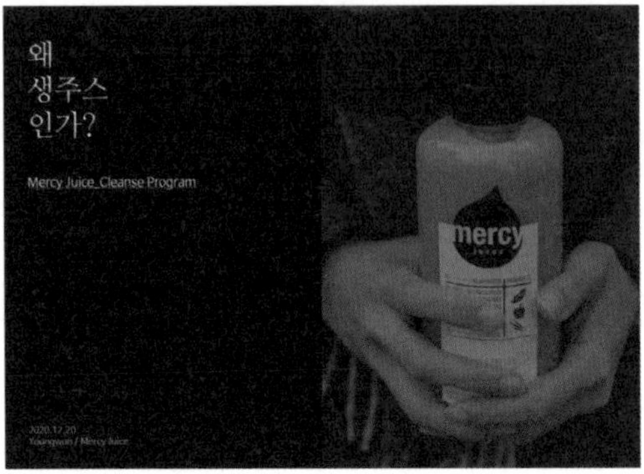

메시지를 잘 나타내는 사진 한 장을 센스 있게 골라 PPT 오른쪽 반쪽에 붙이자(눈금선 이용하여 정확히 5:5인지 가늠할 것).

왼쪽 반쪽에 검은색 네모 박스를 채우자.

왼쪽 반쪽에 타이틀, 부제, 날짜, 담당팀 등을 줄 맞춰서 써넣자.

오른쪽 사진이 너무 밝아 왼쪽 타이틀로 집중이 잘 안 되는 경우에는 (앞서 배운 대로) 오른쪽 사진 위에 투명도 준 검은색 네모 박스를 살포시 덮어주면 좋다.

왼쪽 타이틀이 너무 밋밋하다 싶으면, 오른쪽 사진 속 포인트 컬러를 추출해 왼쪽 타이틀에 가미하자. 여기에서는 오렌지색이니 다음과 같이 완성된다.

내가 말하고 싶은 것을 나타내는 심플한 사진 한 장을 잘 고르고, 투명도 준 검은색 네모 박스 활용할 줄 알고, 텍스트(제목, 부제, 기본 내용) 줄

맞춰 배열할 줄 안다면 반은 먹고들어간다.

지금부터는 자기 사진을 넣어 표지를 만들어보자.

혹은 어지러운 지금 책상을 찍어 표지로 만들어보자.

2. 4:6 가로형

사진이 가로로 긴 스타일이라면 아래와 같이 만들 수 있다. 앞서 배운 것처럼 맨 아래에 사진을 깔고(사진이 너무 튀면 투명도 준 검은색 박스 추가), 그 위에 검은색 네모 박스 만들어 텍스트를 넣어보자. 위아래 비율은 5:5보다 4:6 혹은 3:7로 하는 것이 좋다. 그렇게 아래 사진이 더 커야 안정감 있어 보인다.

3. 투명도 박스형

전면으로 사용할 수 있는 이미지라면, 이미지 위에 투명도 준 박스를 올리고 그 위에 텍스트를 올리면 된다. 우선 안정감 있게 가운데에 투명도 박스를 올려보자.

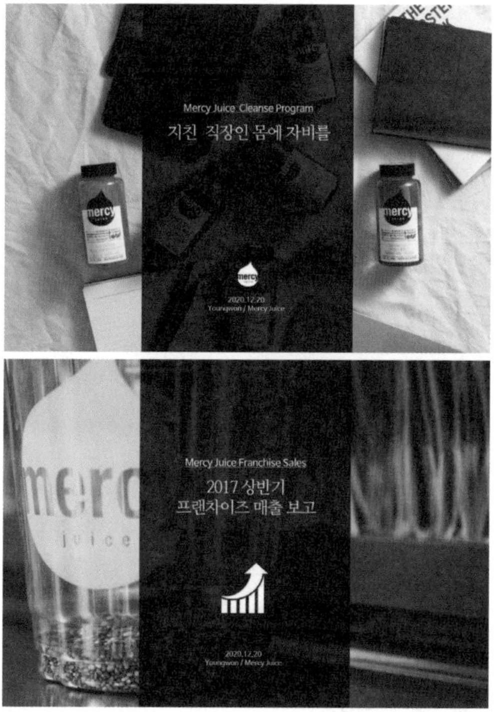

앞에서 픽토그램을 어디에서 찾는지 다 이야기했으니, 매출 보고에 맞

는 픽토그램 하나(과유불급을 기억하며 최소한으로)를 얹어줘도 좋다.

중앙 박스형도 좋다.

꼭 가운데에 있어야만 안정감이 있는 건 아니다. 우리 눈은 왼쪽에서 오른쪽으로 움직이니까 왼쪽에 투명 박스를 두어도 보기 좋다.

아래 사진과 같은 포인트 색을 추가하는 것도 좋다.

사진을 이것저것 넣어보며 좋은 걸 골라보자.

사진은 큰 용량에 화질 좋은 것을 쓰는 것이 가장 좋지만, 그렇지 않은 사진을 써야 하는 경우에는 밝기는 조금 낮게, 대비는 조금 높게 설정해 주면 낮은 화질을 가려주어 표지로 쓰기에 좋아진다.

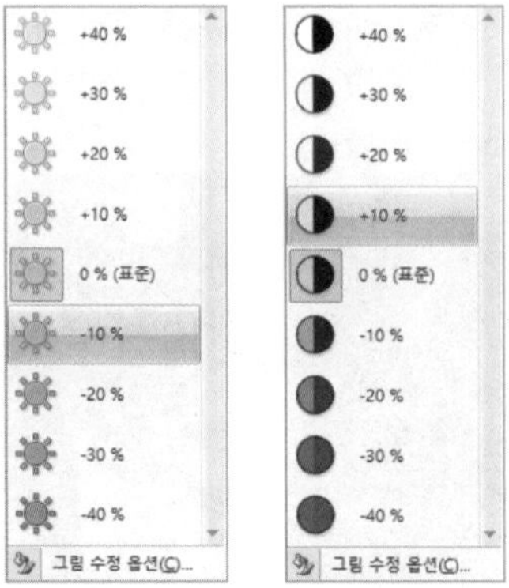

4. 텍스트만 쓰는 형

그리고 지금까지 넣은 투명도 박스들과 사진을 다 지우고, 줄만 잘 맞춘 글씨로 표지를 만들어도 깔끔하다. 어설프고 촌스러운 디자인보다 줄만 잘 맞춰 정리하는 게 회사 내부용으로는 더 보기 좋을 수 있다.

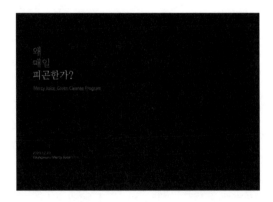

5. 컬러 박스 추가형

그래도 텍스트만 넣는 것이 너무 성의 없어 보인다면, 컬러 박스 2개로 면 분할을 해보자. 밝은색은 위로, 어두운색을 아래로 말이다.

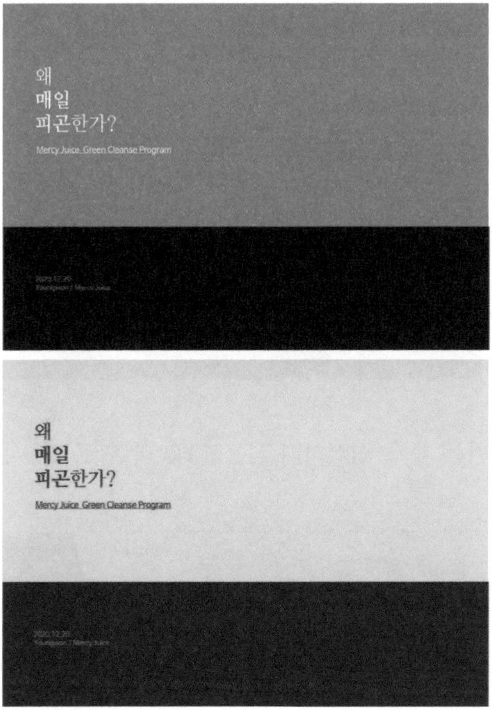

프린터의 잉크가 너무 나간다 싶으면 화이트를 늘려 만들어보자. 너무 썰렁하다 싶으면 앞에서 배운 것처럼 픽토그램 한 개를 넣어주면 좋다.

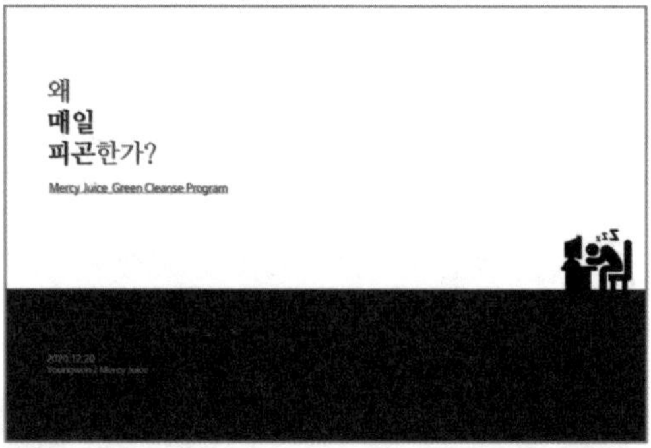

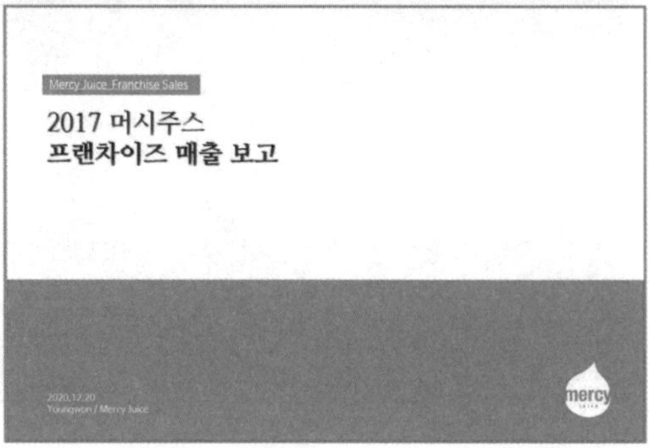

두 칸으로 만든 게 좀 심심하다 싶으면 대각선으로 배열해보자.

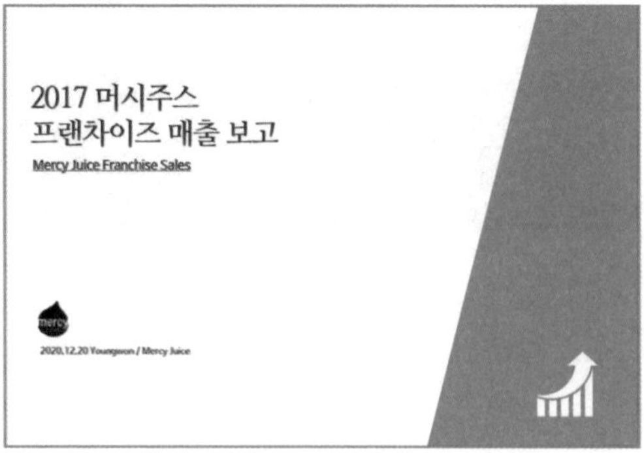

색깔을 두 개로 넣는 것도 좋다.

앞서 배운 대로 사진을 넣고 투명도를 조절해 완성해보자.

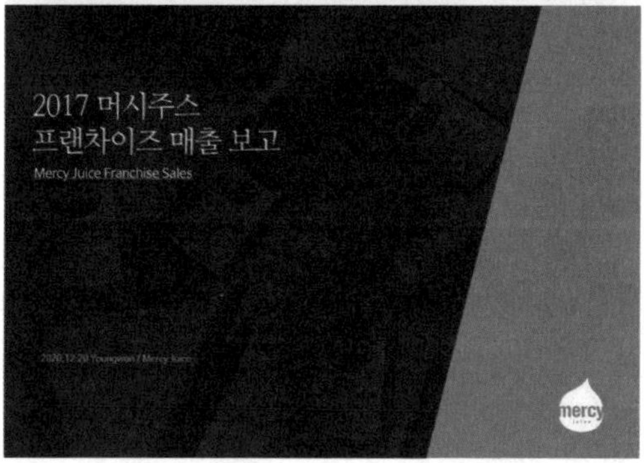

6. 선 추가형

현란하게 디자인할 시간은 없는데 그래도 예쁘게 한 것처럼 보이고 싶다면 선으로 그린 도형을 추가해보자.

네모 선 추가

아래에 큰 사진을 채우고, 그 위에 투명도 준 검은색 박스를 올려주고, 그 위에 네모를 그려 가운데 정렬한 텍스트를 섬세하게 얹어준다.

만사가 다 거슬릴 때는 사진과 투명도 박스를 다 빼고 검은색 바탕만으로 만들어보자.

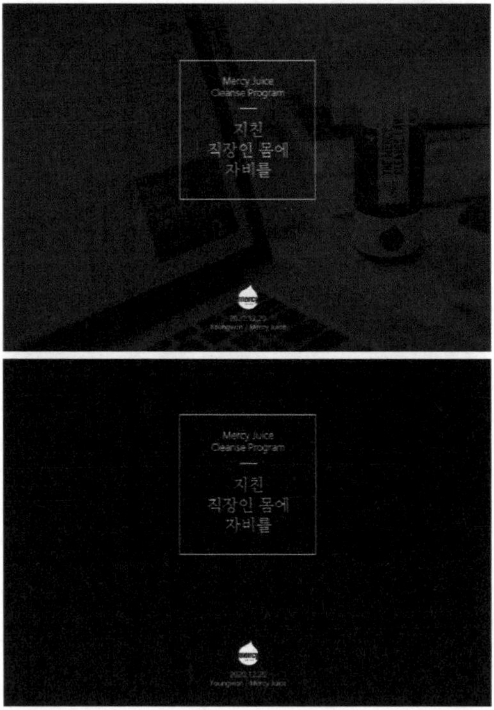

잉크를 아끼고 싶은 실용족이라면 다음과 같이 만들어보자.

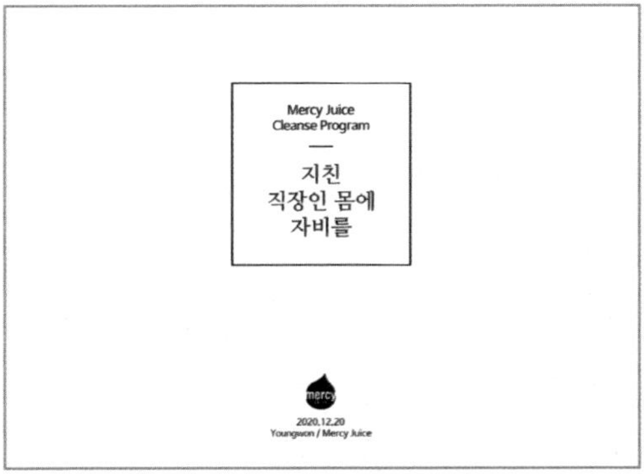

당신이 지금 써야 할 보고서 제목을 넣어 연습해보자.

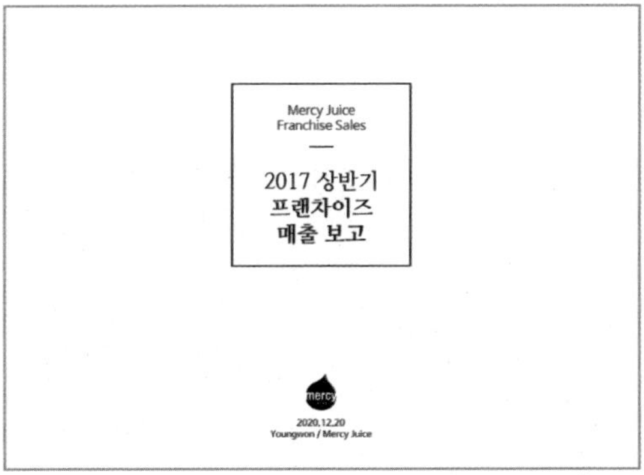

세로선 추가

왼쪽에 세로 줄을 하나 그어주고 왼쪽 정렬로 텍스트를 배치해도 깔끔하다. 표지뿐 아니라 본문도 그러하다.

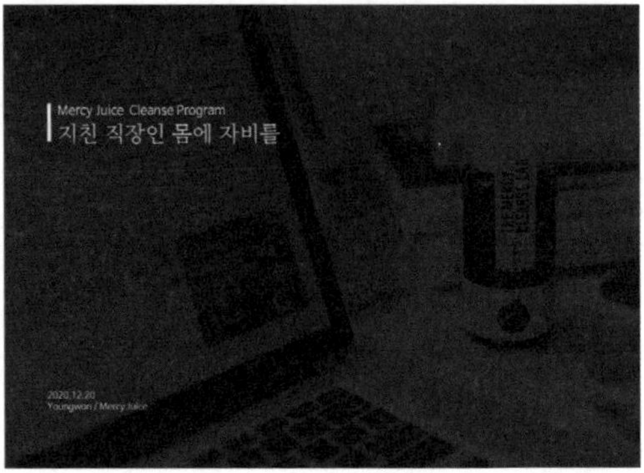

취향에 따라서는 이마저도 다 빼버리고 깔끔하게 갈 수도 있다.

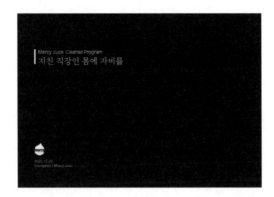

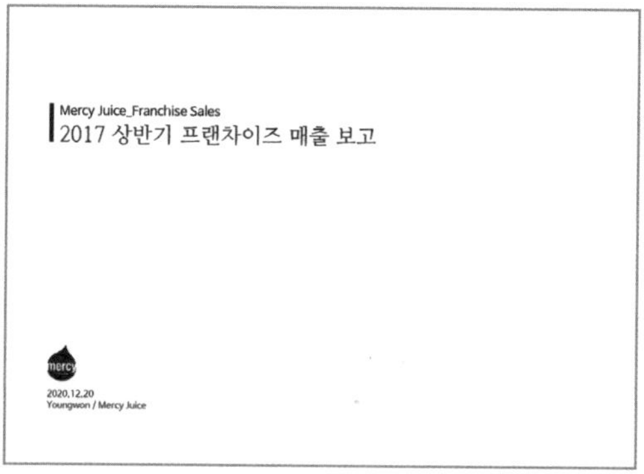
Mercy Juice_Franchise Sales
2017 상반기 프랜차이즈 매출 보고
mercy
2020.12.20
Youngwon / Mercy Juice

가로선 추가

감사를 전할 때, 머시주스
Mercy Juice Thank You Line Proposal

2017 프랜차이즈 매출 보고
Mercy Juice Franchise Sales
2020.12.20 Youngwon / Mercy Juice

괄호 선 추가

흔하디흔한 괄호도 유용하게 쓰인다. 표지뿐만 아니라 본문에도 핵심 내용을 괄호에 묶어 일관성 있는 자리에 넣으면 깔끔하다.

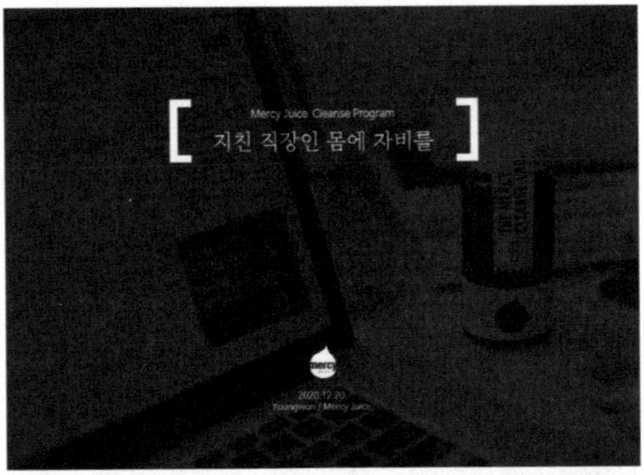

7. 바 추가형

앞서 살펴본 것은 선의 활용이라면 마지막으로 살펴볼 것은 면의 활용이다. 바(bar)를 추가해서 표지를 만들 수 있다.

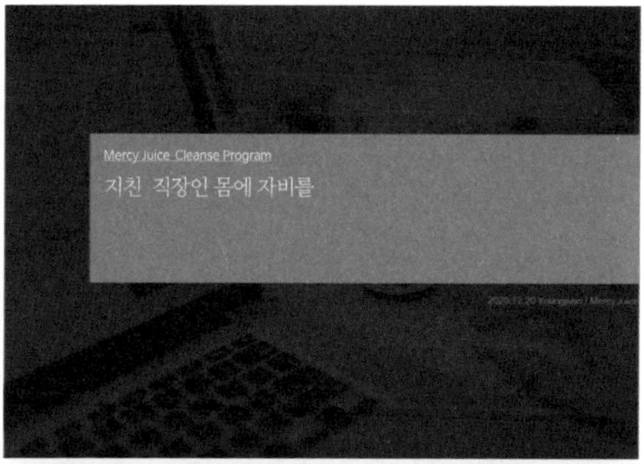

표지에 사용된 폰트들은 다 무료로 다운받을 수 있고 무료로 활용 가능한 네이버에서 배포한 나눔바른고딕과 나눔명조만 사용했다. 따라 하기 쉬운 것만 엄선했으니 기획스쿨 웹사이드 www.planningschool.co.kr에서 PPT를 다운받아서, 글씨 바꿔가며, 사진 바꿔가며 연습해보자. 첫인상이 중요한 건 다들 알 테니!

둘 중에 무엇을 고를 것인가?

아는 것이 힘이다 vs. 모르는 것이 약이다

사실 둘은 반대 이야기다. 그럼에도 불구하고 나는 둘 다 맞는 말이라고 생각한다. 저 두 말은 자신의 상황을 합리화할 근거로 사용된다. 이를테면 "아는 것이 힘인데 너무 몰라서 못하겠어" 혹은 "모르는 것이 약인데 너무 알아서 못하겠어"라고 말하는 거다. 상황에 따라 둘 다 사용하며 얼마든지 핑계를 될 수 있는 것이다.

'내가 조금만 더 잘 알면 잘할 텐데'라는 가정을 앞에 두고 '모르니까 못하지' 하며 아무것도 실천하지 않는다면 '더 잘 아는' 날은 영원히 오지 않을 것이다. 오히려 모르는 것을 무기 삼아 실수해도 "아, 몰라서 그랬어요. 하하하" 하고 웃어넘기며 배우는 것이 중요하다. 배울 수만 있다면, 무식하고 용감하게 시작하는 것이 낫지 않을까.

반대로 "모르는 것이 약인데 너무 알아서 못 하겠어"라고 말하는 경우는 어떤 경우인가? 이름이 너무 알려진 경우, 경력이 오래된 경우, 기대를 많이 받고 있는 경우, 머릿속 지식이 너무 많은 경우가 여기에 속할 것이다. 이런 경우에는 앞서 살펴본 '지식의 저주'에 걸려 '이것도 신경 써야 하는데, 그것도 챙겨야 하는데, 그분도 알아봐야 하는데, 이분의 반론도 넣어야 하는데……' 하면서 한 걸음도 내딛지 못하는 경우이다.

전자가 무엇을 모르는지 모르기 때문에 답답한 경우라면, 후자는 무엇을 모르는지 알고 있기 때문에 그 모르는 부분에 대한 두려움과 '앞으로 할 일이 그 전보다 못하면 어쩌지?'에 대한 두려움 때문에 아무것도 못하는 경우이다. 이때는 모든 좋은 결과의 시작점은 언제나 삽질이었음을 기억하며 용감하게 한 삽을 뜨는 것이 좋을 것이다.

나는 저 두 문장을 합리화의 근거로 사용하기보다는 용기를 내는 근거로 사용하면 좋겠다. 모르면 '모르는 게 약이라잖아. 일단 해봐야겠다' 하고, 많이 알고 있다면 '아는 게 힘이라잖아. 이 정도 아는 게 어디야. 일단 해봐야겠다' 하면 좋겠다. 중요한 건 상황이 좋든 나쁘든 오늘 내게 허락된 상황 안에서 시작하는 것이 아닐까.

답답해 vs. 감성팔이네

앞서 이야기한 우뇌형 사장님과 좌뇌형 부사장님을 기억하는가? 우뇌형 사장님께 컨설팅 보고서 같은 딱딱한 스타일을 들이밀면 '아, 진짜 답답하게 일하시네!'라고 반응하실 것이고, 좌뇌적인 부사장님께 스토리텔링이 가득한 말랑한 스타일을 들이밀면 '아, 진짜 감성팔이하고 계시네!'라고 반응할 수 있다. 이것은 편의상 두 가지로 예상 반응을 든 것이고, 사람마다 취향은 다 다르다. 나도 우뇌적이기만 한 것은 매력이 없어 싫어한다. 감성적으로 시작했다 해도 뭔가 헛헛한 부분을 채워줄 냉철한 논리가 있어야 끌린다. 그러나 또 논리적이기만 한 것은 재미가 없어 싫어한다. 이처럼 우리들은 모두 한마디로 정의내리기 어려운 오묘한 취향을 가진 존재들이라고 할 수 있다.

나는 제일기획에서 경쟁 PT를 하느라 이리저리 팀을 많이 옮겨 다니면서 다양한 팀장님들을 만나왔다. A 팀장님께 칭찬받은 스타일의 기획서가 B 팀장님께는 쓰레기 취급을 받기도 했고, C 팀장님은 A와 B를 섞어야 좋아하시기도 했고, D 팀장님은 섞는 걸 아주 싫어하시기도 했다. 지금은 두고두고 그분들의 다양한 성향에 진심으로 감사드린다. (물론 당시에는 힘들었다.) 분명 A에게는 최고의 평가를 받은 건데 B에게는 쓰레기 취급당하는 걸 경험하며 '아, 이것은 옳고 그름의 문제가 아니라, 취향의 문제이므로 거기에 맞춰서 일을 진행하면 되겠구나' 하고 생각을 바꾸었다.

그렇게 생각하며 일하다 보니 어느새 다양한 스타일을 내 안에 담게 된 것 같다. (물론 당시에는 그렇게 생각하지 못 하고 울고불고 화장실로 뛰어갔다. 그리고 선배님 말씀을 듣고 생각하며 이것에 동의했다.) 즉 '잘했다'는 순간적인 평가에 집착하지 않고, 잘 맞춰드리면서 그것을 내 것으로 만드는 장기적인 내공 쌓기에 더 신경을 썼다. 그래서 이 책에 나오는 것들은 절대적 법칙이라기보다는 여러 가지 취향 중에서 그래도 기본적으로 통과될 골격을 정리해둔 것이라고 보면 된다. 그러니 이 골격을 기반으로 하되 최종적으로 골격에 옷을 입힐 때는 당신의 윗사람에게 답이 있다는 걸 이야기하고 싶다.

나이 먹을수록 심드렁해지는 것은 감각이 너무 활성화되었기 때문이 아닐까? 결혼할 때 식탁을 사고 싶어서 검색을 했는데 처음에는 '그냥' 식탁을 사고 싶었다가 자꾸 검색하니 '원목' 식탁이 눈에 들어왔다. 그러니 내 머릿속에는 '식탁 vs. 원목 식탁'이 새겨졌다. 그러다 원목 식탁을 검색하다 보니 원목도 원목인 것처럼 보이지만 사실 원목 외에 여러 가지가 결합된 MDF원목(이것도 친환경 등급을 받은 것과 받지 않은 것이 있다)이 있고, 진짜 나무로만 만들어진 원목이 있다는 것을 알게 되었다. 그러자 내 머릿속에는 '원목 스타일의 식탁 vs. 원목 식탁'으로 쪼개어 새겨졌다. 좀 더 검색해보니 원목 또한 ○○나무, □□나무 등 등급별 나무로 분류된다는 걸 알게 되었고, 그러자 '원목 식탁 vs. 비싼 나무 원목 식탁'이 머리에 새겨졌다. 좀 더 검색하다 보니 마감을 그냥 오일로 한 것과 천연 오일로 한 것이 있어서 '그냥 오일 마감 원목 식탁 vs. 건강한 천연 오일 마감 원목 식탁'이 머리에 새겨졌다.

갈수록 더 좋은 식탁이 보이면서 예산은 계속 올라갔다. 이는 처음보다 식탁에 대한 감각이 활성화되었기 때문이다. 활성화된 후 알게 된 식탁과 처음 사려고 했던 '그냥' 식탁은 달라도 너무 달랐다. 혹시 예산이 부족해 처음에 사려 했던 '그냥' 식탁을 사게 된다면 아무것도 몰랐을 땐 좋아했겠지만, 나중에 이것저것 알게 되면 아쉬운 마음이 들 것이었다. 그래서 나는 이런 사태를 몇 번 겪으면서 너무 많이 아는 것도 때로는 도움이 되지 않는다는 것을 알게 되었다. 그 후부터는 "워워워, 매트릭스에 대한 감각을 활성화시키지 말자고!", "워워워, 의자에 대한 감각을 활성화시키지 말자고!", "워워워, 소파 내장재가 무엇인지에 대한 감각을 제발 활성화시키지 말자고!"라는 말을 하기도 했다.

때로는 눈 감고 사는 게 더 좋은 것들이 있다. 왜냐하면 감각이 활성화된 영역에서는 '빈틈'이 너무 잘 보이기 때문이다. 빈틈에는 비교가 끼어든다. 그러면 '여기는 이것보다 저렇게 하는 게 좋을 텐데', '이건 저번에 봤던 것보다는 별로다', '아, 그거? 예전에 B로부터 들은 거랑 비슷하네' 하는 생각이 드는 것이다. 이런 식으로 오랜 사회생활을 하며 감각을 활성화시켰기 때문에 윗사람들은 자동반사적으로 비교, 평가, 빈틈 찾기를 잘할 수 있는 것이다. 그러므로 상대방의 시니컬한 반응을 오히려 나의 내공쌓는 데 활용하면 실속이 있을 것이다. (그리고 사실 다 활성화되셨는데

도 모른 척 새삼스레 감탄·감동해주시고 격려해주시는 선배님들의 멋스러운 매너와 여유는 배우고 싶다.)

결과를 중시하는 자 vs. 내공을 중시하는 자

결과를 중시하는 사람들은 '칭찬으로 끝나는 평가' 한 번을 받는 것을 좋아하지만, 내공을 중시하는 사람들은 '피드백으로 끝나는 평가'를 더 좋아한다. 즉 감각이 활성화된 사람이 내가 모르는 빈틈을 공략해주기를 바라는 것이다. (물론, 이 영역이 활성화되고 싶지 않은 분의 취향도 존중한다.) 왜냐하면 인생은 한 번의 결과로 끝나는 것이 아니라 계속 이어지는 것이기 때문이다.

예전에 한 팀장님이 "크리스마스 프로모션 제안서 PPT 만들어와. 빨간색으로……" 하셔서 팀원이 만들어 가져갔더니 "이건 크리스마스 빨간색이 아니잖아! 다시 해와!" 하셨던 적이 있었다. 팀원은 밤새 해간 것이 물거품이 되었으니 힘이 빠졌고, 나는 그 친구가 얼마나 열심히 했는지를 옆에서 지켜봤기에 마음이 좋지 않았다. 결과를 중시하는 사람 입장에서는 이것은 명백한 실패다. 하지만 내공을 중시하는 자 입장에서는 '흠……. 크리스마스 빨간색은 또 뭔가?' 하고 상대방의 취향에 맞추며 감각을 활성화시킬 수 있다. 그 팀원은 후자였기에 다행히 잘 맞춰드린

후 잘 끝났다. 결론적으로 성공적인 성장의 한 걸음을 한 것이다.

당신은 누가 잘못했다고 생각하나? '그 팀장님이 너무 했네' 싶은가? 빨간색에 대해 활성화된 사람 입장에서는 엄연히 다른 빨간색이었기에 당연히 틀린 거라 생각할 수 있을 것이다. 반대로 빨간색에 대해 활성화되지 않은 사람 입장에서는 같은 빨간색이므로 별 문제되지 않는 거라 생각할 수 있다.

그럼, 누가 옳은가? 옳은 것은 없다. 그냥 다를 뿐이다. 그럼, 무엇이 더 좋은가? 더 좋은 것도 없다. 그냥 다를 뿐이다. 더 옳고 더 좋은 게 없다면 어디에 맞춰야 하나? 바로 '너'에게, 즉 의뢰한 자에게 맞추면 된다. 그리고 더 나아가서는 너랑 나랑 감각이 활성화된 게 다르니 서로의 취향만 주장하지 말고 본질적인 것에 맞추면 된다. 즉 '메시지를 전하는 데 가장 도움이 되는 건 뭐지?'를 생각하면 되는 것이다.

그리고 이 원리를 이해하는 팀원이라면 '쫌생이처럼 그런 거나 신경 쓰고! 뭔 빨강인지가 뭐가 중요하다고!'라고 반응하지 말고, 자신의 감각을 활성시키겠다는 목표를 세우고 열심히 묻고 배우시라. "왜 그냥 빨간색이 아닌 크리스마스 빨간색이어야 하는지, 그리고 크리스마스 빨간색은 내가 쓴 빨간색과 뭐가 다르냐?" 하고 묻는 것이다. 물론 팀장님께 물어보기보다는 센스 있게 이쪽으로 활성화된 동기나 선배님께 커피 한 잔 사드리며 물어보는 것이 좋을 것이다.

팀장님 또한 다짜고짜 "너는 무식하게 이런 것도 모르니! 이런 센스 없는 놈!"이라고 하기보다는 구체적으로 설명해서 팀원의 감각을 활성화를 시켜주면 좋을 것이다. "크리스마스 프로모션 제안서니까 크리스마스 빨간색이어야지. ○○가서 그 빨간색 RGB컬러를 뽑아서 그걸로 맞춰서 해 봐"라고 말이다.

우리는 늘 외친다. '결과만 보지 말고 과정을 보라고. 내 의도는 그게 아니었는데 왜 나의 의도를 무시하느냐고. 나를 모르면서 그렇게 평가하지 말라고. 나는 그렇게 단순 분류될 수 있는 사람이 아니니 그렇게 분류하지 말라'고 말이다. 하지만 이런 생각은 당신 앞에 있는 사람도 똑같이 하고 있는 경우가 많다. 그러니 이걸 기억하자. '내가 섬세하게 대접받고 싶은 만큼 남도 섬세하게 대접하기.' 지금 해야 할 일보다는 지금 내 앞의 사람은 어떤 사람인지에 우선순위를 두고 일을 진행하면 보다 수월하게 일을 진행할 수 있을 것이다. '너는 이래야만 한다'보다 '너는 어떠니?', '너는 그렇구나'에 초점을 두면 좋겠다. 답은 당신 앞의 사람에게 있다.

행동하기 전에 생각 좀 해봐라 vs. 생각할 시간에 행동을 더해라

전 세계적으로 손꼽히는 최고의 퓨전재즈 드러머이자, 잡지 『모던 드러머(Modern Drummer)』 선정 '명예의 전당'에 가입되었고 'All Time Best 25'에도 선정된 데이브 웨클(Dave Weckl)이 한전아트센터에서 내한공연을 했다. 남편과 나는 급흥분하여 그의 드럼 연주를 보기 위해 총총걸음으로 달려가 큰 맘 먹고 구입한 표로 맨 앞자리 중간에 앉았다. 그리고 그날 나는 정말 '말이 필요 없다'라는 말이 무슨 말인지 절감했다. 그는 나에게 이야기하는 것 같았다. "신영아, 말이 필요 없다. 말 그만하고 네 인생의 드럼을 쳐라. 말 말고 드럼으로 보여줘라"라고 이야기하는 것 같았다. 그날 이후로 말 좀 그만하고 싶어 SNS도 최대한 줄이고 스마트폰 하느라 줄어든 독서를 더 늘리고 사색과 운동하기에 매진했다.

피터 드러커도 『프로페셔널의 조건』에서 "목표를 달성하려면 모든 지식 근로자, 특히 모든 경영자는 상당한 양의 연속적인 시간을 사용할 수 있어야 한다. 사용 가능 시간이 짧은 단위로 나뉘어 있으면 전체 시간의 양이 아무리 많을지라도 소기의 목적을 달성하는 데에는 불충분하다"라고 이야기했다.

물론 연속적인 시간을 내는 것이 그리 쉬운 것은 아니다. 나 혼자서 내 시간을 모두 조정할 수 있는 것도 아니고, 이것도 해야 하고, 저것도 해야 할 것이다. 하지만 무언가를 이루기 위해서는 연속적인 시간을 내기 위해 이것과 저것은 안 하는(못 하는) 용기가 필요하다. 책을 쓸 때 습관적으로 스마트폰으로 손이 가는 걸 깨닫고 전원을 일부러 꺼놨다. SNS가 긍정적인 면도 많다는 것에 대해서는 의심의 여지가 없지만 집중력을 흐리게 한다는 단점도 분명히 있기에 무언가에 최대한 집중해야 할 때는 멀리하려 노력했다.

사실 그 공연을 가기 전날까지는 머릿속이 너무 복잡했다. 벌써 5번째 책이고, 정석이 없는 영역에 정석을 쓰려니, 수많은 이론 중 어떤 것을 정리해서 낼 것인지에 대해 고민이 많았다. 모든 이론이 나름의 강점과 약점이 있기에 몰랐을 때는 무식하고 용감하게 썼겠지만, 이제는 내 머릿속에 생각이 너무 많아 시작하기 어려웠다. 핑계와 두려움에 휩싸인 생각들이 많았다.

그리고 속으로 남편에게 그리고 하나님께 그리고 데이브 웨클 아저씨에게 우울한 표정으로 이렇게 이야기한 것 같다. '이렇게 하면 누가 이렇게 말할 것 같고요. 저렇게 하면 누가 저렇게 말할 것 같아요. 이렇게 하면 저 논리가 걸리고요. 저렇게 하면 이 논리가 걸리고요. 이렇게 할까요? 저렇게 할까요?'

그때 문득 내가 데이브 웨클의 나이가 되었을 때를 생각해보았다. 그는 1960년 1월 8일생이다. 내가 56살이 되었을 때 지금 나이의 나를 보며 무슨 생각을 할까. 56살의 박신영은 이렇게 말할 것 같았다. "그냥 닥(치고) (네 드럼을)쳐." 그러니까 나에게 주어진 20여 년을 '왜 나는 드럼을 못 칠까'에 대한 묵상에 투자할 것인지, 20여 년을 묵묵히 쳐보는 것에 투자할 것인지 생각해봤다. 답은 너무나 자명했다. 56살의 신영이가 이렇게 말하는 것 같았다. "신영아, 지금 답답해 죽겠지? 근데 그냥 쳐. 모르겠지? 그래도 이렇게 저렇게 계속 쳐봐. 더 배우고, 더 해봐."

그리고 지금 무대에서 드럼에 오롯이 에너지를 다 쏟고 있는 데이브 웨클이 나에게 다음과 같이 이야기하는 것 같았다. "신영아, 에너지를 아끼고 집중해. 아, 그때 한 번이라도 더 연습하고 무대에 오를 걸. 지금 연습 안 하면 이 무대는 절대 가질 수 없어. '왜 내가 드럼을 못 칠 수밖에 없었는가'라는 논리로는 이 무대에 절대 오를 수 없어. 그 논리를 만드는 데 에너지를 쓰면 드럼을 칠 에너지가 없어. 에너지는 한정되어 있거든."

누구나 그 논리를 만들고 싶어 한다. 그 논리가 포근하기 때문이다. 사실 내가 얼마나 힘든지, 사실 내가 얼마나 최악의 상황에 처해 있는지를 생각하다 보면 그것에 설득되어 편안할 때가 있다. 요즘 여러 오디션 프로그램을 많이 보는데, 어떤 사람은 반짝하다가 사라지는데, 어떤 사람은 계속 발전하며 승승장구한다. 그것은 아마 자신이 쌓은 '절대량'이 다르기 때문이 아닐까 싶다. 관건은 누가 어둠 속에서 닥치고 절대량을 많이 쌓았는가, 얼마나 많은 변주를 해봤는가가 될 것이다.

「죽은 시인의 사회」라는 영화를 보았는가? 아마 내가 중학생일 때였을 것이다. 엄마는 부엌에서 콩나물국을 부산스럽게 끓이고 있었는데, 나는 TV에서 나오는 영화를 보면서 울고 있었다. 이 영화 속 선생님은 학생들에게 매일 책상에 앉아 있는 그 관점 말고, 책상 위로 올라가 다른 시선으로 세상을 바라보라고 가르쳤다.

새로운 일과 길을 만들어가는 것은 책상 위에 올라가는 것과 비슷하다고 생각한다. 안 그래도 두 다리로 서 있는 것이 쉽지 않은데, 밑에서 끌어당기는 힘에 저항하며 서 있어야 하니 곱절은 더 힘들게 된다. 그리고

물리적으로 아래에서 끌어당기는 힘이 더 세니 전진하기는커녕 제자리를 지키는 것도 어려워진다.

책상 위에 올라가면 무조건 끌어내리는 사람들이 있다. 아무리 인기 있었던 역대 대통령도 선호도 50%만 넘기면 잘한 것이라 평가받고(50%는 반대편에서 그를 끌어내리는 중이다), 아무리 위대한 사람들도 위대한 행동에 대한 존경을 받지만 더불어 '가식적이다'라는 반대 평가를 받기도 한다.

얼마 전 세계 최고 피아노 콩쿠르인 쇼팽 콩쿠르에서 조성진이 우승을 차지하여 떠들썩했는데, 1등한 그에게 1점을 준 심사위원이 있었다는 것이 알려져 더욱 화제가 되었다. 최악의 1점을 받은 채로 최고의 1등을 한 것도 너무 멋있지만, 나는 그가 1점을 받았다는 사실 자체에서 큰 힘을

얻었다. '전 세계 최고의 연주가도 누군가에게는 1점을 받는구나.'

당신은 어떻게 생각하는가. 1점을 받았다고 조성진이 '어떻게 1점을 줄 수 있어?' 하며 절망해서 피아노를 그만둔다면 당신은 어떻게 생각할까? 대개는 안타까워할 것이다. '1점보다 좋은 점수에 집중하면 좋을 텐데……. 왜 그것 때문에 그만두지? 아, 너무 아쉽다'라고 말이다. 지금 그 시선을 스스로에게 주시라.

이처럼 내가 하는 일에 대한 100% 지지는 없다. 끌어내림은 당연히 있는 것이다. 그러나 이것보다 더 나쁜 것은 나 자신이 나를 끌어내리는 경우다. 내가 책상 위에서 내려와 죽을힘을 다해 나를 끌어내리는 것이다. 내가 가장 싫어하는 말을 하는 사람과 내가 동일 인물이 되는 경우다. '절대 못 하지. 안 되겠지. 그래 봤자지'라며 온 생애를 스스로를 끌어내리는 데 쓰는 경우다. 즉 바로 앞에서 말한 '왜 내가 드럼을 못 치는가'에 대한 논리만 견고하게 만드는 과정과 똑같은 것이다.

에너지는 한정되어 있다. 영원히 젊을 것 같지만, 어느 순간 무엇을 해낼 힘은커녕 존재하는 데에만 온 에너지를 집중해야 할 노년이 올 것이다. 지하철에서 내린 할머니, 할아버지가 엘리베이터가 없는 상황에서 올라가야 할 계단이 까마득한 상황에서 '이를 어쩐다' 하고 절망하시며 어쩔 줄 몰라하시는 걸 본 적이 있다. 청춘에게는 고민조차 되지 않는 그 계단이 삶의 절망인 순간이 오는 것이다. 그때에는 다른 일은커녕, 내가 가진 모든 에너지를 계단 오르는 데에만 써야 한다.

나는 지금 일시적으로 호르몬 치료를 받고 있고, 약 부작용으로 여러 증상을 겪고 있는데, 이 컨디션 때문에 예전에 당연히 했어야 할 일을 요즘은 최선을 다해도 못할 때가 있다. 나는 치료를 위해 선택적으로 이 과정을 겪고 있지만, 몸이 차차 나이 들어가면서 당연히 이 과정을 겪게 된다면 참으로 서글플 것 같다는 생각이 들었다. 몸이 예전 같지 않다는 것, 혹은 에너지가 한정되어 있다는 것을 알게 되었을 때 나는 나의 한정된 에너지를 선택해서 우선순위에 맞게 써야 한다는 것을 절감했다. 언젠가는 계단 오르는 데에만 쓰기에도 에너지가 벅찰 날이 올 텐데, 계단 따위는 뛰어다닐 수 있을 때 이 에너지를 귀히 여겨 어디에 써야 할 것인가를 생각해봤다. 오늘 허락된 만큼만 내가 쓸 수 있는 거라면, 그렇다면 지금 주어진 젊음의 에너지를 끌어내리는 데 쓸지 일어나는 데 쓸지는 스스로 선택해야 할 일이다.

즉 누군가는 자신의 에너지를 오롯이 새로운 관점으로 바라보고 행동하는 데 쓰는데, 누군가는 생애 자체를 끌어내리고자 하는 힘에 대한 저항에 다 쓴다. 후자는 당연히 앞으로 나아갈 수 없고 그저 제자리만 지키면 최선이다. 나조차 나를 끌어내리면 제자리도 지키기 어렵다.

물론 가끔 우울한 날에는 스스로를 너무 끌어내리고 싶을 때도 있다. 그런 날에는 그냥 고요히 제자리를 지키고 있는 것이 좋다. 부정적 에너지를 느꼈을 때 격려까지 할 필요는 없지 않은가? 그저 '안녕?' 인사만 하는 정도로 지나가는 것이 현명하다. 그럴 땐 잠을 자거나 무언가를 보거나 산책을 하는 것이 좋다. 김훈 작가님이 하루에 2시간씩 걸어다니셨다는 걸 책에서 읽고, 나도 하루에 1시간씩 걸어보았다. 생각이 너무 많아질 때마다, 못해먹겠다 싶을 때마다 스마트폰을 끄고 걸었다. 피가 돌고 체력이 생기면서 '아, 바람이 너무 시원하다' 하는 마음이 들었다. 이렇게 자신의 귀한 에너지를 지켜주고 지지해주면 좋겠다.

또한 기획 관점으로 봤을 때는 타깃이 아닌 것에는 에너지를 끄는 것도 필요하다. 머시주스의 경우도 머시주스를 좋아하는 사람, 머시주스를 모르지만 알게 되면 좋아할 사람, 머시주스를 알고 있지만 안 좋아하는 사람, 머시주스를 모르고 알게 되더라도 절대 안 사먹을 사람 등이 있을 것인데, 후자에게 '머시주스를 도대체 왜 안 좋아하냐고!' 화를 내기보다는 '아, 이쪽은 우리가 우선순위로 집중해야 할 타깃이 아니구나' 정도로 생각하며 에너지를 아끼는 지혜가 필요하다. 한정된 에너지를 '절대 우리를 필요로 하지 않을 것이고 좋아하지 않는 대상'에 퍼붓고 지쳐버려 오히려 우리를 좋아할 가능성이 있거나 몰라서 아직 필요를 못 느끼는 이들에게 다가갈 에너지가 없다면 이 얼마나 유감인가. 그리고 이쪽과 저쪽의 모두에게 100% 지지를 받는 기획물은 얼마나 두루뭉술하고 매력이 없겠는가? 타깃이 아닌 이들에게 지지를 못 받을 수 있다는 것을 인정하는 것이 효율적 에너지 관리의 시작이 아닐까.

결론짓는 것 vs. 결론짓지 않고 '다시' 하는 것

나는 성급하게 결론짓는 걸 늘 경계한다. 성급하게 결론짓는 삶이었다면 나는 아주 예전에 '실패'했을 것이다. 나는 되도록이면 결론짓지 않고 그저 오늘 '다시' 더 해보며 내공을 쌓으려고 해왔다. '결과에 초연한 청춘은 결국 진짜가 될 것이다'라는 묵묵한 믿음을 가지면서 말이다.

『시인의 책상』이란 책에 이런 문장이 나온다. "어둠에는 여러 종(種)이 있다. 포근한 어둠도 있다. 차가운 어둠도 있다. 환한 어둠도 있다." 어둠도 그냥 어둠이 아니라 포근하고 환한 어둠이 있을 수 있다는 것이 나에게 매우 신선하게 다가왔다. 나는 프롤로그에서 배움의 1, 2, 3, 4단계에 대한 이야기를 했다. 2단계에 있는 것이 대부분 어둠의 시간이라고 생각할 수 있겠지만, 차가운 어둠일 수도 있고, 따뜻한 어둠일 수도 있는 것이다. 이 또한 자신의 선택이다. '나는 어떤 어둠에 있을까'를 선택하는 것이다. 그래서 나는 스스로를 위해 따뜻한 어둠을 선택하고 빛을 기억하며 나아가려고 노력한다.

앞서 이야기했듯 조성진이 1점을 받았다고 절망하기보다는 '왜 1점을 준 걸까?'를 분석해보고 보완하는 쪽이 더 낫다고 생각한다. 혹시 1점을 준 것이 보완이 필요한 좌뇌적 이유가 아니라 어떤 감성적이고 우뇌적인 이유(인간의 복잡 미묘한 감정에 따른)라면 그것도 인생살이로 배우면서 나름의 길을 찾아가는 것이 중요하다고 생각한다. 차가운 어둠에 휘둘려

멈추지 않고, 따뜻한 어둠으로 나아가는 것이다.

성경에는 "우리가 아직 죄인되었을 때에 그리스도께서 우리를 위하여 죽으심으로 하나님께서 우리에게 대한 자기의 사랑을 확증하셨느니라"(로마서 5:8)란 구절이 나온다. 그냥 이 구절을 읽을 때는 말이 어려워서인지 잘 와 닿지 않았는데, 이 내용을 기반으로 나온 앨범을 보았는데 이해가 잘 되었다.

"나는 너의 가장 약하고 어두운 부분도 사랑한다."

I loved you
at your
darkest

Romans 5:8

나는 이 글귀를 보고 매우 큰 감동과 위로를 받았는데, 대부분의 사람들이 밝음과 빛남을 사랑하지만 하나님께서는 어둠마저 사랑하신다니 마음이 참 따뜻해졌다. 이 책도 당신의 어둡고 외로운 삽질에 빛이 되어주는 작은 등불이 되길 소망한다. 그리고 우리가 아직 어둠에 있을 때, 정답 없는 영역에서 너무 피곤하고 짜증날 때 그 모습 그대로 안아주시고 위로해주시는 하나님의 따뜻함이 이 글을 읽는 당신에게 전해지길 소원한다.

『도덕경』 제 63장에는 이런 이야기가 나온다.

> 어려운 일이 아직 쉽게 느껴질 때 그 일을 행하라.
>
> 큰일이 아직 작게 느껴질 때 그 일을 행하라.
>
> 현명한 사람은 아주 엄청난 일을 시도하지 않으며,
>
> 이로써 위대함을 이룬다.

처음부터 다 하려고 하면 부담돼서 시작도 하지 못한다. 완벽에 대한 환상과 강박 때문에 오히려 아무것도 시작하지 못하는 사람들, 나를 포함해서 많이 봐왔다. 중요한 건 그냥 여기 나온 수많은 것 중 하나를 조금이라도, 불완전하게라도, 진짜 써먹어보는 것이다. 이 책 또한 완벽하게 만들려고 했다면, 시작도 하지 못했을 것이다. 그리고 그것은 불가능하다. 부분 부분 취할 것을 취하며 조금씩 성장해가는 것이 중요한 게 아닐까. 이토록 모든 일은 아주 아주 아주 작게, 확신 없이 시작된다. 그대와 나의 어둠을 안고 디뎌보는 아주 아주 아주 작은 시작을 격려하고 싶다.

또한 기획서의 골격에 대한 책을 쓰며 생각한다. 골격이 강해진다는 것은 본질이 강해진다는 것이고, 본질이 강해진다는 것은 포장지가 필요 없는 날것 자체의 힘이 강해진다는 뜻일 것이다. 날것 자체의 힘을 기르면, 포장지가 필요 없다. 때때로 센스 있는 포장지로 유쾌함을 더할 수는 있다. 하지만 주객이 전도되어 날것 자체의 힘은 기르지 않고 포장지만 더해지는 것을 보면 안타까운 마음이 든다. 날것의 빈약함을 들킬까 봐 포장지는 갈수록 더 화려해지고, 그것을 지켜내기 위해 날것을 훈련할 시간이 없는 경우가 많다. 그러나 시간이 지날수록 포장지만 가득한 것과 날것으로 꽉 찬 것은 드러나기 마련이다.

포장지가 넘쳐나고 포장이 너무 피곤한 시대, 포장지를 다 벗겨냈더니 오히려 시원하고 근사한 골격이 나타날 수 있기를, 날것 그대로 본연의 힘을 기를 수 있기를, 기획서의 골격이든, 스스로에 대한 골격이든, 진심을 다해 응원하며 글을 마친다.

제안서의 정석

지은이 박신영·최미라
펴낸이 오세인
펴낸곳 세종서적(주)

주간 정소연
책임편집 이진아
편집 김하얀
디자인 전성연 전아름
마케팅 조소영
경영지원 홍성우

출판등록 1992년 3월 4일 제4-172호
주소 서울시 광진구 천호대로132길 15, 세종 SMS 빌딩 3층
전화 (02)775-7011
팩스 (02)776-4013
홈페이지 www.sejongbooks.co.kr
네이버 포스트 post.naver.com/sejongbooks
페이스북 www.facebook.com/sejongbooks
원고 모집 sejong.edit@gmail.com

초판 1쇄 발행 2016년 2월 25일
22쇄 발행 2017년 12월 13일
개정판 1쇄 발행 2018년 5월 30일
10쇄 발행 2024년 10월 15일

ISBN 978-89-8407-709-6 03320

• 잘못 만들어진 책은 바꾸어드립니다.
• 값은 뒤표지에 있습니다.